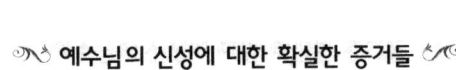

예수님의 신성에 대한 확실한 증거들

예수님은 하나님이신가?

| 김경준 지음 |

머리말

대학교 2학년 때 대학 선교단체인 네비게이토가 주최하는 성경공부에 참석하였다. 당시 나는 나 스스로의 노력으로 죄의 능력을 극복할 수 없다는 것을 알고 있었으므로 죄에서 자유로워지는 다른 방법을 찾고 있었다. 그 성경공부에서 나는 예수님의 도우심으로 나의 모든 죄에서 용서받을 수 있고 하나님과 인격적인 관계도 맺을 수 있다는 사실을 배웠다.

나는 예수님이 내 죄를 위해 죽으셨고 나의 영생이 되기 위해서 부활하셨다는 것을 믿기로 작정했다. 나는 예수님이 나의 구세주와 주님이 되심에 대한 확신도 가지게 되었다.

그 후 예수님의 신성과 인성에 대한 논란이 교회 안에 있음도 알게 되었다. 이것은 교회 역사에서 오랫동안 지속되어 온 논쟁거리다. 나는 성경이 예수님에 대해서 무엇이라고 하는지 궁금해졌고 오랫동안 여기에 대해서 성경공부를 하기 시작하였다. 그리고 성경에 나오는 예수님은 보통 사람과 완전히 다르다는 것을 발견했다. 예수님은 한 번도 죄를 짓지 않으셨고, 당신의 말을 취소하거나 교정하지 않으셨으며, 항상 하나님의 뜻에 완벽하게 순종하셨다. 그

분에게는 아무것도 불확실한 것이 없었다. 한 번도 추측을 하거나 가정을 전제한 말씀을 하시지 않았다. 그분은 한 번도 실수를 하지 않으셨고, 누구에게도 사과한 적이 없으시다. 예수님은 하나님과 동등한 권위를 주장하셨고, 구약성경도 새롭게 해석하여 자신이 성경 이상의 권위를 가졌음을 선포하셨다. 그는 하나님만이 가지고 있는 죄를 사하는 권세와 사람들을 심판하는 권세를 하나님으로부터 받았다고 선포하셨다. 그분은 자신이 하나님과 천국에 대해 다 아는 것처럼 말씀하셨다. 또한 당신 자신이 하늘에서 직접 왔다고도 주장하셨다.

    나는 지난 30여 년 동안 성경의 여러 어려운 구절들을 깊이 연구하였다. 그 결과 성경에는 예수님의 두 가지 성품(신성과 인성)에 대한 많은 증거들이 있음을 발견하였다. 예수님의 인성에 대해서는 큰 논란이 없으므로 이 책에서는 예수님의 신성의 증거들을 제시하는 데 많은 노력을 기울였다. 성경에는 일반 대중들이 알고 있는 생각과 전혀 다른 표현들이 자주 발견된다. 나는 성경 저자들이 전하려고 한 본래의 의미를 이해하려고 많은 책들을 참고하며 씨름하였다. 이 책에는 예수님의 신성에 대한 증거들을 제시하고 또한 논쟁의 대상이 되는 여러 구절들에 대한 나의 생각도 제시하였다.

    구약성경은 메시아에 대한 수많은 예표와 예언을 말하고 있다. 신약성경은 독자들이 메시아 개념에 이미 친숙한 것을 가정하고 쓰여졌다. 그러므로 현대인들이 예수님의 가르침이나 사역을 구약성경의 메시아에 대한 상징들과 제대로 연결하기 위해서는 메시아의 예표와 예언에 대한 광범위한 지식이 필요하다.

메시아 예표는 창조 기사에도 나타난다. 아담과 하와가 창조되었을 때 하나님은 그들에게 선악을 알게 하는 나무의 실과 외에는 모든 실과를 먹어도 된다고 말씀하셨다. 그들이 하나님의 말씀에 순종하고 생명나무 실과를 먹었으면 그들은 영원히 살 수 있었다. 그러나 그들은 사탄을 상징하는 뱀의 유혹을 받아 하나님께 불순종하게 된다. 하나님과 동등하게 될 수 있다는 유혹에 넘어가 그들은 금지된 실과를 따먹었다.

그들은 곧 자신들의 벌거벗음을 깨닫게 된다. 그들은 죄 지은 몸을 가리기 위해 무화과나무 잎으로 치마를 만들어 입었다. 그러나 하나님은 동물을 죽여 그 가죽옷으로 그들을 입히셨다. 하나님이 죽이신 동물은 우리의 죄를 덮기 위해 희생되신 메시아를 가리키는 예표이다. 그 옷은 메시아를 믿는 모든 사람에게 주어지는 메시아의 의를 가리키는 예표이다. 하나님은 인간들을 죄에서 구속하시기 위하여 메시아를 보내시고 메시아의 의를 인간들에게 나누어 주셨다.

아담과 하와가 사탄에게 속아 하나님께 불순종한 후, 하나님은 메시아가 와서 마귀의 상징인 뱀의 권세를 부스러뜨릴 것이지만 메시아도 마귀에게서 해를 받을 것을 말씀하셨다(창 3:15). 이사야서도 메시아가 종으로 와서 인간의 속죄를 위해서 제물이 될 것을 증언하였다(사 53:12).

신약성경에서 예수님은 자신의 죽음과 부활로써 이 예언을 이루었다고 주장하셨다. 베드로도 예수님이 메시아지만 종이 되어 죽은 것을 증언하였다(행 3:13, 4:27). 우리는 구약성경의 메시아에 관한 여러 가지 예표와 예언을 조사하여 예수님이 어떻게 이 예표들과 예언들을 이루셨는가를 자세히 살펴볼 것이다.

나는 예수님이 구약성경의 예표들과 예언들을 놀라운 통찰력으로 파악하셨음을 발견하였다. 그는 그의 짧은 생애에 그것을 이루기 위해 온전히 헌신하셨다. 구약성경의 메시아에 대한 예표들과 예언들과 예수님의 성취하심은 이 책에서 자세히 점검되었다. 이들은 예수님의 신성을 나타내는 중요한 증거들이 된다. 성경은 이외에도 예수님의 대담한 주장을 입증하는 다른 확실한 증거들도 말하고 있다. 독자들은 이 모든 증거들을 검토하여 예수님에 대한 분명한 견해를 갖게 되기를 권한다.

예수님의 신성에 대한 많은 증거들은 성경의 기록에 근거해서 점검했다. 그러나 지난 200년 동안 성경의 신빙성에 대한 심각한 공격이 있었다. 어떤 학자들은 4복음서가 수백 년간 만들어진 전설로 이루어졌다고 주장했다. 그러나 공관복음(마태복음, 마가복음, 누가복음)들은 주후 70년에 일어난 예루살렘 멸망 이전에 쓰여졌음이 확실하다. 왜냐하면 아무 복음서에서도 이 중요한 사건을 언급하지 않기 때문이다. 누가는 사도행전을 누가복음 후에 썼다고 말한다. 사도행전은 바울의 로마 연금 사건(주후 60년)으로 갑자기 끝이 난다. 네로 황제가 사도 바울을 주후 67년 경에 처형했으므로 사도행전은 주후 67년 이전에 기록되었고, 누가복음은 그보다 먼저 주후 60년 전에 기록되었음이 확실하다. 대부분의 학자들은 마가복음이 누가복음 이전에 기록되었다는 주장에 동의한다. 그러므로 예수님을 직접 알거나 예수님과 살았던 사람들과 같은 시대의 사람들이 공관복음을 기록한 것이 확실하다.

역사적 예수 연구를 추구했던 학자들은 4복음서의 신빙성을 공격하였다. 인간의 이성만이 모든 진리의 잣대라고 믿은 이들은, 예수님의 생애 중에 있었던 모든 기적들은 후세의 사람들이 조작한 것이라고 주장했다. 그들은 예수님의 신성의 모습을 모두 제거한 후 도덕적이고 인간적인 나사렛 예수를 새로 만들었다. 그러나 역사적 예수 연구 운동은 그 사회에는 별 영향을 미치지 못하였고 그들을 따르는 자들도 많지 않았다.

제1차 세계대전 이후 사람들은 인간 이성만을 진리의 잣대로 믿은 현대 철학자들에 대해 회의를 품기 시작했다. 사람들은 유한한 인간이 유토피아를 만들 수도 없고 세계의 온갖 비밀들을 이해할 수도 없음을 깨달았다. 모순적으로 보이는 예수님의 신성과 인성의 문제를 푸는 것에는 사람들의 관심이 줄어들었다. 예수님을 어떻게 구세주와 주님으로 영접하는 결단을 했는지에 대한 간증들이 교리 논쟁을 대치하였다. 모순적으로 보이는 세상에서 열정적인 삶의 결단을 할 수 있는 인간의 능력을 강조하는 실존주의가 이성주의 철학보다 훨씬 더 많은 인기를 모았다.

역사적 예수 연구는 사람들의 관심에서 뒤로 물러났다. 사람들은 새신자들이 어떻게 그리스도와 인격적인 만남을 통해 삶이 변화되었는가를 듣는 데 더 열광했다.

많은 사람들은 논리적인 추리나 역사 연구가 예수님을 믿는 것과는 별 연관이 없다고 생각하게 되었다. 실존철학의 선구자 키에르케고르(Kierkegaard)는 그리스도인이 되는 것은 이성적인 설득의 방법으로 되지 않고 믿음의 뛰어넘기(leap of faith), 즉 결단을 통하여 된다고 했다. 예수님의 지상에서의 삶, 죽음, 부활은 급진적 실존철학가인 볼트만(Bultmann)에게는 별로 중요하지 않았다. 그에게 중요한 것은 신도가 지금 믿음의 결단으로 구세주와 주로 고백할 수 있는 부활하신 그리스도를 만나는 것이다.

실존주의를 받아들이면 자동적으로 상대주의도 받아들이게 된다. 왜냐하면 각자가 자기의 선택으로 존재와 생의 의미를 창출하기 때문에 모든 사람의 체험에서 나온 주장들은 동등하게 받아들여져야 하기 때문이다. 종교는 더 이상 공식적으로 발표된 교회의 교리들과는 관계가 멀어지고 각 개인의 주관적인 견해로 변질되어 버렸다. 실존주의자들에게 중요한 것은 인격적인 만남과 헌신 그리고 새로운 삶에 도전함으로써 체험되는 뜨거운 감정이다.

20세기의 뛰어난 신학자들 중의 한 사람인 바르트(Barth)는 정통에서 벗어나 신정통주의라는 신학을 만들었다. 모든 사람이 죄를 범하여 하나님의 영광에 이르지 못하기 때문에(롬 3:23), 하나님의 직접 계시가 없으면 아무도 하나님에 대한 지식을 가질 수 없다. 바르트에게 하나님은 완전히 다른 세상에 계시는 인간을 초월한 분이다. 그러므로 인간의 이성은 하나님의 계시를 전혀 깨달을 수 없다. 하나님의 아들의 성육신이나 삼위일체를 포함한 성경의 많은 진리들이 모순(paradox)되게 보이는 것도 유한한 인간의 이성 때문이다.

바르트는 유한한 인간의 머리로 쓴 성경에는 수많은 오류가 있다고 믿고 다음의 주장들을 하였다. 성경은 근본적인 하나님의 말씀인 예수 그리스도를 증거하는 목적만 가진 부차적인 하나님의 말씀에 불과하다. 하나님이 성경말씀을 사용하여 예수 그리스도를 계시할 때만 그 말씀은 하나님의 말씀이 된다. 바르트는 "성경은 하나님이 자기의 말로 만드실 때, 즉 그 말을 통해 그가 직접 말씀하실

때 하나님의 말씀이 된다"고 말했다.[1]

이 견해는 성경이 하나님의 진리이고 가장 근본적인 하나님의 계시라고 믿는 보수적 견해와는 완전히 다르다. 바르트는 하나님이 3차적인(부차적보다 더 낮은 단계) 계시 방법인 말씀 선포를 통해서도 진리를 계시한다고 주장했다. 설교나 성경공부도 하나님의 계시의 한 방법으로 사용된다는 말이다. 그러나 성령께서 성경이나 설교나 성경공부를 사용해서 예수 그리스도를 계시할 때만 그 말들이 하나님의 말씀이 된다고 바르트는 말했다. 복음주의자들의 신정통주의에 대한 태도는 비판적이기보다는 호감을 가지고 있다. 미국에서 가장 뛰어난 신학교인 프린스턴 신학교와 풀러 신학교는 바르트 신학을 널리 펼치는 데 중요한 역할을 하였다.

그러나 예수님은 성경 전체가 자신을 계시하기 위해 쓰여졌다고 말씀하심으로 성경 계시와 예수 그리스도의 계시가 하나됨을 말씀하셨다. 예수님은 누가복음 24장 44절에서, **"내가 너희와 함께 있을 때에 너희에게 말한 바 곧 모세의 율법과 선지자의 글과 시편에 나를 가리켜 기록된 모든 것이 이루어져야 하리라"**고 말씀하셨다.

그러므로 신정통주의 신학 때문에 여러 가지 좋지 않은 결과가 파생되었다. 첫째로 신정통주의는 이성으로 성경을 비판한 고등비평에 동의하여 성경이 오류가 없는 하나님의 말씀이라는 것을 부인한다. 또한 성령이 사용할 때에만 성경이 하나님의 말씀이라는 주장은 보수적 신앙관과 다르다. 둘째로 인간의 이성은 하나님의 계시를 받을 수 없다고 주장해버리면 기독교 진리의 객관성도 이성과 함께 사라지게 된다.

신조나 성경의 서신들이 구체적으로 경험할 수 없는 추상적이고 논리적인 명제를 말한다는 이유로 신정통주의는 이들을 하나님의 계시가 아니라고 거부하였다. 키에르케고르는 진리와 만나려면 인간 실존의 현장에 열정적으로 뛰어 들어가야지, 현학적 자세로 성경을 지식적으로만 이해하려고 해서는 안 된다고 말했다. 이성의 도움으로 깨닫게 되는 객관적인 명제나 교리는 주관적이며 감정적으로 하나님과 만나는 체험으로 대치되었다. 그러나 그리스도의 생애의 핵심적인 사건들인 성육신, 죽음, 부활은 성경의 서신들, 특히 로마서의 도움 없이는 제대로 해석할 수도 없다.

바르트는 자연의 현상을 연구하여 하나님이 존재하는 증거를 찾는 자연신학도 완전히 거부하였다. 지금까지는 자연이나 역사를 연구하는 일반계시는 성경의 계시를 믿는 데 필요하다는 것이 정설이었다. 하나님이 존재하시는 것에 대한 합리적인 증거도 없이 하나님이 성경에 있는 말들을 했다고 무턱대고 믿기는 어렵다. 그렇게 되면 성경은 한낱 인간의 상상력의 산물이라고 해도 반박하기 힘들다. 성경의 서신들을 제대로 이해하지 못하면서 내가 만난 하나님이 성경의 하나님인 것을 어떻게 알 수 있겠는가? 머리가 혼란에 빠졌다면 마음만으로는 진리와 거짓을 구별할 수 없.

성경은 인간의 이성을 무시하기보다 하나님의 존재의 증명과 하나님의 계시를 이해하기 위해 오히려 이성에 호소하고 있다.

"이는 하나님을 알 만한 것이 그들 속에 보임이라 하나님께서 이를 그들에게 보이셨느니라 창세로부터 그의 보이지 아니하는 것들 곧 그의 영원하신 능력과 신성이 그가 만드신 만물에 분명히 보여 알려졌나니 그러므로 그들이 핑계하지 못할지니라"(롬 1:19-20).

하나님이 우리에게 이성을 주신 것은 우리가 이성을 활용하여 진리를 잘 분별하라는 이유 때문이었을 것이다. 몇 년 전에 하와이의 마우이 섬 정상에 가까운 4,415 미터에 있는 10미터 크기의 거울을 가진 켁 망원경은 130억 광년이 떨어진 곳에 있는 준성(Quasar)을 관측했다고 보고했다(130억 광년은 12,000,000,000,000,000,000,000 km의 거리다). 현대 과학이 발견한 무한대에 가까운 우주는 무한하시고 전능하신 하나님의 존재를 확실하게 증거한다. 우주를 창조하신 하나님은 창세기 1장 1절에 나오는, 공간과 시간과 별들을 창조하신 전능하고 전지하신 분임에 틀림없다. 하나님의 계시를 받기 위해 믿음이나 이성 중 하나를 버릴 필요가 없다. 오히려 하나님의 말씀을 더 잘 이해하고, 더 잘 순종하기 위해서는 믿음과 이성 모두가 필요하다.

성경의 신빙성은 성경 말씀을 편견을 가지고 미리 걸러내지 말고 있는 그대로 조사해서 결정해야 한다. 역사적 예수 연구를 한 학자들은 그들의 이성에 맞지 않는 말들은 성경에서 모두 빼버렸다. 성경의 저자들은 성경을 하나님의 말씀이라고 주장하므로, 그 주장을 검증하기 위해서는 성경 전체를 조사해 보아야 한다. 성경의 하나님은 선지자들에게 자기의 말을 성경에 기록하라고 말했지만 바르트는 성경이 하나님의 말씀인 것을 부인하고 있다.

히브리서는 "옛적에 선지자들을 통하여 여러 부분과 여러 모양으로(성경의 서신에 나오는 명제 포함) 우리 조상들에게 말씀하신 하나님이 이 모든 날 마지막에는 아들을 통하여 우리에게 말씀하셨으니"(히 1:1-2a)라고 말한다. 이 말은 선지자들에게 말한 하나님과 아들에게 말한 하나님이 동일함을 나타내고 있다. 성경은 근본적인

(primary) 계시와 부차적인(secondary) 계시가 다르다고 말하지 않는다. 사도 바울도 성경 전체가 신적 권위를 지닌다고 보증했다.

"모든 성경은 하나님의 감동으로 된 것으로 교훈과 책망과 바르게 함과 의로 교육하기에 유익하니"(딤후 3:16).

재판관은 평결을 내리기 전에 먼저 피고와 원고의 모든 증언을 주의 깊게 들어야 한다. 양쪽의 증언이 모두 제출되고 분명하게 이해된 후에야 증언의 정당성도 조사된다. 그러므로 성경 말씀을 미리 여과하면 안 된다. 성경이 세계 역사에 미친 엄청난 영향과 수십억의 그리스도인들이 성경을 하나님의 권위를 가진 책으로 믿는 것을 고려해 보아도 성경을 열린 마음으로 경청하는 것이 당연하다.

예수님의 신성을 알아보기 위해서 성경의 신뢰성이 중요한 또 다른 이유가 있다. 요한복음 13장에서 17장에 있는 다락방 강화 중 예수님은 "그러나 진리의 성령이 오시면 그가 너희를 모든 진리 가운데로 인도하시리니 그가 스스로 말하지 않고 오직 들은 것을 말하며 장래 일을 너희에게 알리시리라"(요 16:13)고 말씀하셨다.

만약에 성경이 인간의 오류로 가득 차 있다면, 성령은 교회를 모든 진리 가운데로 인도하지 못한 것이고, 예수님은 그의 약속을 지키지 못한 것이 된다. 예수님의 약속이 성취되지 못했다면 예수님은 신이 아니다. 그러므로 성경의 신빙성에 대한 주장과 예수님의 신성에 대한 주장은 서로 손을 맞잡고 간다.

성령은 우리를 성경으로 인도할 뿐 아니라 또한 성경을 이해하도록 도와준다. 한번은 예수님의 형제들이 예수님에게 예루살렘에 가서 자기가 정말 누구인가를 밝히라고 말했다. 예루살렘에 있는 사람들 중 어떤 사람들은 그가 메시아라고 하고 다른 사람들은 아니라고 했다. 어떤 사람들은 그가 좋은 사람이라고 하고, 다른 사람들은 그가 메시아인 체하며 사람들을 속인다고 했다. 심지어 어떤 사람들은 그가 귀신들렸다고 말했다. 예수님은 그들이 알아보지 못하는 것은 하나님이 그들에게 자기를 계시해 주시지 않았기 때문이라고 하셨다.

"선지자의 글에 그들이 다 하나님의 가르치심을 받으리라 기록되었은즉 아버지께 듣고 배운 사람마다 내게로 오느니라"(요 6:45).

하나님의 가르치심은 성령의 내적 사역을 말한다. 다시 말하면 신인(神人)을 알아보려면 신(神)의 도움이 있어야 한다는 말이다.

예수님은 가끔 숨겨진 의미를 가진 비유를 사용하여 가르치셨다. 그는 제자들에게 나중에 비유의 의미를 설명해 주셨지만 진리를 쉽게 왜곡하는 불신자들에게는 설명하시지 않았다. 구약성경에는 또한 쉽게 이해할 수 없는 숨겨진 의미를 지닌 예표들이 매우 많이 있다. 신약성경의 저자들은 자주 이 예표들의 의미를 설명하고 가르쳤다. 그 한 예로 사도 바울은 유월절에 죽이는 양이 우리의 죄를 위해 희생이 되신 메시아를 가리키는 예표라고 말했다(고전 5:7). 이와 같이 성경도 성경을 이해하도록 도와준다.

예수님이 죽음에서 부활하신 후 엠마오라는 마을로 가던 두 제자와 동행하셨다. 처음에 그들은 예수님을 알아보지 못하였다. 나중에 그들이 식탁에 앉았을 때 예수님은 떡을 떼어 그들에게 주셨고 그들의 영안이 떠져 예수님을 알아보았다.

성경 선생이며 유대인 최고 재판소 회원이었던 니고데모는 예수님이 행하신 놀라운 표적에 대해 알고 있었으므로 예수님을 하나님으로부터 온 사람으로 확신했다. 그러나 예수님은 니고데모가 먼저 성령으로 태어나야 왕이신 예수님을 알아볼 수 있다고 하셨다.

예수님은 또한 성령의 사역에 대해 다음과 같이 말씀하셨다.

"보혜사 곧 아버지께서 내 이름으로 보내실 성령 그가 너희에게 모든 것을 가르치고 내가 너희에게 말한 모든 것을 생각나게 하시리라"(요 14:26).

사도 바울도 말했다.

"우리가 세상의 영을 받지 아니하고 오직 하나님으로부터 온 영을 받았으니 이는 우리로 하여금 하나님께서 우리에게 은혜로 주신 것들을 알게 하려 하심이라 우리가 이것을 말하거니와 사람의 지혜가 가르친 말로 아니하고 오직 성령께서 가르치신 것으로 하니 영적인 일은 영적인 것으로 분별하느니라 육에 속한 사람은 하나님의 성령의 일들을 받지 아니하나니 이는 그것들이 그에게는 어리석게 보임이요, 또 그는 그것들을 알 수도 없나니 그러한 일은 영적으로 분별되기 때문이라"(고전 2:12-14).

하나님의 도우심이 없이 이성만으로는 예수님을 메시아로 알아볼 수 없다. 이 책에서 제시한 많은 증거가 있어도 그 누구도 하나님의 은혜가 없이는 예수님을 메시아로 알아볼 수 없다. 그러므로 우리는 비판적 태도보다 진지한 마음으로 하나님의 도우심을 의지하고 제시된 증거들을 점검해야 한다.

예수님은 자기를 알아보기 위한 또 다른 조건을 제시하셨다. 우리는 기꺼이 하나님의 뜻을 행하려고 해야 한다.

"사람이 하나님의 뜻을 행하려 하면 이 교훈이 하나님께로부터 왔는지 내가 스스로 말함인지 알리라"(요 7:17).

예수님은 진리의 빛을 우리의 어두운 마음에 비추기 위해서 왔다고 말씀하셨다. 사도 요한도 증언했다.

"그 정죄는 이것이니 곧 빛이 세상에 왔으되 사람들이 자기 행위가 악하므로 빛보다 어둠을 더 사랑한 것이니라 악을 행하는 자마다 빛을 미워하여 빛으로 오지 아니하나니 이는 그 행위가 드러날까 함이요 진리를 따르는 자는 빛으로 오나니 이는 그 행위가 하나님 안에서 행한 것임을 나타내려 함이라 하시니라"(요 3:19-21).

어떤 사람들은 자기들의 생활 방식을 바꾸기 싫어하여 빛보다 어둠을 선택할 것이다. 아담과 하와가 그들의 죄를 감추려고 했듯이 이들은 자기들의 지치고 괴로운 삶에 그리스도의 빛이 비추는 것을 원하지 않는다. 그러나 어떤 사람들은 빛을 따르기로 결단하고 과거의 삶에서 진리의 삶으로 방향을 바꾼다. 믿음은 선택함으로 나타난다. 예수님의 주장들을 믿게 하는 충분한 증거들을 발견했다면 반드시 마음에 예수님을 구세주와 주님으로 모시는 결단을 해야 한다. 도마는 다른 열 제자들에게서 부활하신 주님에 대해 들었을 때 자기 손가락을 그 못자국에 넣어 보고 자기 손을 그 옆구리에 넣어 보아야 예수님의 육신의 부활을 믿겠다고 주장했다. 예수님은 도마에게 나타나시어 그가 예수님의 부활하신 몸을 검증하게 하셨다. 그리고 예수님은 말씀하셨다.

"너는 나를 본 고로 믿느냐 보지 못하고 믿는 자들은 복되도다"(요 20:29). 즉 직접 보지 못했어도 가능성을 제시하는 증거에 의지해 믿는 자들이 더 복되다는 말씀이다.

예수님의 신성과 인성에 대한 논쟁은 지금도 계속되고 있다. 예수님은 당신 자신이 메시아라고 주장하셨으므로 구약성경에 나오는 메시아가 정말 신성을 소유했는지를 검증하는 것은 매우 중요하다. 예수님은 다른 유대인들이 전혀 이해하지 못한 많은 독특한 메시아관을 가지셨으므로 그의 견해가 구약성경의 메시아관과 일치하는가를 점검하는 것도 매우 중요하다. 예수님이 말한 메시아의 고난과 죽음에 대한 예언은 그 당시 모든 유대인들을 혼란스럽게 하였다. 무리들은 불평했다.

"우리는 율법에서 그리스도가 영원히 계신다 함을 들었거늘(메시아 나라의 영원한 왕으로서) 너는 어찌하여 인자가 들려야 하리라(그리고 죽어야) 하느냐 이 인자는 누구냐"(요 12:34).

유대인들은 지금도 예수님이 메시아임을 부인한다. 그 이유는 그의 초림 때에 그가 자기 왕국을 세워 메시아 왕으로 영원히 다스리지 않았기 때문이다.

이 책의 제1단원에서는 예수님의 많은 독특한 메시아관을 구약성경의 메시아관에 비추어 상세히 점검하였다. 또한 신약성경에 나오는 예수님의 메시아 예표들과 예언의 성취에 대한 주장들도 점검하였다.

제2단원에서는 예수님의 가르침과 성품과 사역 기술들을 여러 각도에서 검토하였다. 예수님의 초문화적 행위와 숭고한 인격도 그가 신성을 소유했다는 견해를 확실하게 입증한다. 예수님의 초인간적 특징을 나타내려고 그의 특징과 다른 종교의 창시자들의 특징도 비교하였다. 이 책은 예수님이 구약성경에 약속한 메시아이고 그러므로 신이라는 주장을 예수님과 제자들의 증언을 기초로 점검해 보기 위해 쓰여졌다.

나는 가급적 본인의 생각을 나타내기보다 성경 말씀을 직접 인용하려고 노력했다. 그래서 성경 말씀이 직접 여러분의 마음에 말씀하기를 기대하였다. 모세가 시내 산에서 십계명을 받아서 내려왔을 때 그의 빛나는 얼굴은 하나님의 영광을 나타내었다. 사람들이 그의 번쩍이는 얼굴을 무서워하였으므로 모세는 수건을 쓰고 그들과 대화하였다. 이 수건은 믿지 않는 마음을 덮고 있는 영적 어둠을 상징한다. 사도 바울은 다음과 같이 말했다.

"그러나 언제든지 주께로 돌아가면 그 수건이 벗겨지리라"(고후 3:16).

누구나 성경에서 신성을 소유한 예수님을 발견하면 그 수건이 벗겨지고 성경 말씀 전체의 의미가 이해되기 시작할 것이다.

이 책이 나오기까지 여러분들의 도움을 받았다. 나의 훌륭한 아내인 정순 씨의 성실한 도움과 기도와 예수사랑교회 성도들의 격려와 기도에 감사드린다. 네비게이토 선교회의 폴유, 진영준, 알란 런스포드, 탐 패치와 기타 여러 분들이 나로 하여금 성경의 기초적인 진리를 아는 수준에서 단단한 식물을 먹을 수 있는 수준으로 이끌어 주었다.

또한 놀웍 하나님의성회 교회의 렉스 헌던 목사님과 딥 리버북스 출판사 편집자들의 많은 논평에도 감사드린다. 특히 영문판 출판에 도움을 주신 캐서린 레깃 여사의 노고에 감사드린다. 이분들의 철저한 도움으로 이 책의 영문판이 먼저 출판되었다(《Is Jesus

Divine, Deep River Books〉 출판).

　나는 이 책을, 성경에 감추어진 메시아에 대한 수많은 놀라운 진리를 발견하도록 도와주신 나의 구세주이시고 주님이신 예수님께 바친다.

2013. 3. 5
김경준

차 례

머리말 • 2

I. 구약성경에 있는 예수님의 신성의 증거들

제1장 예수님의 메시아관 • 22

제2장 메시아 예언의 성취자 • 39

제3장 메시아 출현의 예언들 • 52

제4장 구약성경의 메시아 예표들 • 66

제5장 메시아 예표의 성취자 • 102

제6장 구약성경의 계명의 성취자 • 125

II. 예수님의 신성의 다른 증거들

제7장 예수님의 의와 바리새인의 의 • 142

제8장 문화를 초월한 예수님 • 154

제9장 마음을 새롭게 한 예수님 • 180

제10장 예수님의 신성에 대한 본인의 증언 • 198

제11장 예수님 신성의 궁극적 증거인 부활 • 222

제12장 다른 종교의 창시자들 • 236

맺음말 • 256

주 • 261

예수님의 신성에 대한 확실한 증거들과 중요한 보충 설명들은 굵은 글자체로 표시하였다. 이 책에서는 개역개정 성경을 인용하였는데, 부분적으로 개역한글도 사용하였다.

I.
구약성경에 있는 예수님의 신성의 증거들

하나님은 인간과 우주 만물을 창조하시고 하나님의 말씀을 주셔서 하나님의 모습을 보여주려고 하셨다. 제1단원은 하나님이 어떻게 구약 성경에서 선지자들의 예언과 예표들을 통해 하나님의 모습을 미리 보여주셨는가를 기술하였다.

제1장
예수님의 메시아관

'기름 부음을 받은 자' 라는 의미를 지닌 '메시아' 라는 말은 구약성경의 중심 인물을 가리킨다. 구약성경에 나오는 선지자, 제사장, 왕은 기름 부음을 받음으로 취임하였다. 이들은 성령의 기름 부음을 받고 오실 메시아를 미리 보여주는 예표들이었다. 예수님이나 제자들은 히브리어인 메시아보다 헬라어인 '그리스도' 를 주로 사용하였다. 신약성경에는 메시아라는 말이 두 번만 사용되었고(요 1:41; 4:25) 그리스도라는 말은 여러 곳에서 사용되었다. 성경은 메시아가 와서 사람들을 사탄의 억압에서 건져내고 메시아 왕국을 세울 것을 예언하였다. 메시아라는 이름은 구약성경에서도 두 번밖에 나타나지 않지만(단 9:25, 26) 메시아 주제는 메시아 예표들과 메시아 예언들을 통해 구약성경 전체에 흐르고 있다.

예표(type)라는 말은 헬라어로 투포스($\tau\nu\pi o s$)로 표기된다. 투포스는 본보기, 모형, 원형, 표상 등으로 번역된다. 성경은 예표를 복사판, 그림자, 모형, 본보기 등으로 표현하였다. 미국의 〈헤리티지 사전〉(American Heritage Dictionary, 1997)은 예표를, 신약성경에서 나타날 사람이나 사건을 미리 예시하기 위하여 구약성경에서 사용한 사람이나 사건과 같은 표상, 묘사, 상징이 되는 것들이라고 정의한다. 예표의 목적은 앞으로 올 것을 미리 예고하는 것이다. 예표의 역할은 궁극적인 실체를 가리켜 주는 것이므로 예표는 항상 궁극적인 실체보다 불완전하다. 예표는 장차 어느 때에 나타날 실체의 불완전한 그림일 뿐이다.

예수님은 구약성경에서 여러 가지 메시아 예표들을 열거하셨다. 그의 중보자 역할을 말한 사다리 예표(요 1:51), 신성이 그의 육신 안에 내재함을 가르쳐준 성전 예표(요 2:21), 그의 십자가의 죽음을 설명한 놋뱀 예표(요 3:14), 세상 사람들을 위해 바친 그의 목숨을 의미한 만나 예표(요 6:35), 밤낮 사흘 동안의 그의 죽음을 보여준 큰 물고기 뱃속에 가두어졌던 요나 예표(마 12:40) 등이다. 예수님은 구약성경에서 많은 메시아 예언들도 인용하셨다. 메시아 예언에는 그의 고난과 죽음과 부활에 대한 예언(마 16:21)과 하늘 구름을 타고 다시 오심에 대한 예언(마 24:30) 등이 있다.

그러나 예수님은 다른 유대인들은 한 사람도 이해하지 못한 독특한 메시아관을 가지고 있었다. 예수님이 가르치고 직접 살았던 메시아가 과연 구약성경이 묘사한 메시아와 일치하는가를 점검해 보는 것은 매우 중요하다. 제1장에서는 예수님의 메시아관을 구약성경에 묘사한 메시아와 꼼꼼히 대조, 점검해 보았다. 예수님의 신성을 알아보는 중요한 한 기준은 예수님의 메시아관의 정확성이 될 것이다.

예수님은 또한 자신이 구약성경에 예언한 메시아 사역들을 이루셨다고 주장하셨다. 예수님은 붙잡히시던 날 밤에 오랫동안 하나님께 기도하셨다. "아버지께서 내게 하라고 주신 일을 내가 이루어 아버지를 이 세상에서 영화롭게 하였사오니"(요 17:4)라고 기도하셨다. 또한 숨이 넘어가기 전 예수님은 "다 이루었다"(요 19:30)라고도 하셨다. 예수님은 부활 후에 구약성경에 그에 대해 기록된 것은 모두 이루어야 한다고 말함으로 자신이 메시아에 대한 예표들과 예언들과 명령들을 다 이루었음을 주장하셨다(눅 24:44). 예언의 성취는 2장과 3장에서 점검하였다. 예표의 성취는 4장과 5장에서 다루었다. 계명의 성취는 6장에서 검토하였다.

예수님은 자신이 구약성경에 예언된 메시아라고 직접 주장하셨다. 그는 자신이 메시아라고 사마리아 여인에게 직접 말씀하셨다(요 4:25). 그의 제자 안드레도 예수님을 메시아라고 불렀다(요 1:41). 예수님이 처음 사역을 시작하셨을 때 그의 고향에서 이사야 61장 1-29절을 낭독하셨다.

"주 여호와의 영이 내게 내리셨으니 이는 여호와께서 내게 기름을 부으사 가난한 자에게 아름다운 소식을 전하게 하심이라 나를 보내사 마음이 상한 자를 고치며 포로 된 자에게 자유를, 갇힌 자에게 놓임을 선포하며 여호와의 '은혜의 해' 와……"(사 61:1-2).

이 말씀은 메시아 사역을 구별하는 특징을 밝히고 있다. 예수님은 자신이 이 예언을 이루셨다고 주장하셨다.

"이에 예수께서 그들에게 말씀하시되 이 글이 오늘 너희 귀에 응하였느니라 하시니"(눅 4:21).

예수님은 조금도 주저함이 없이 당신 자신이 기다리던 메시아라고 선포하셨다.

이사야 61장 2b-3절은 위에 인용된 예언에 이어서 계속해서 말하고 있다.

"우리 하나님의 보복의 날을 선포하여 모든 슬픈 자를 위로하되 무릇 시온에서 슬퍼하는 자에게 화관을 주어 그 재를 대신하며 기쁨의 기름으로 그 슬픔을 대신하며 찬송의 옷으로 그 근심을 대신하시고"(사 61:2b-3a)

예수님은 의도적으로 '은혜의 해', 즉 종에서 해방되는 때에서 읽기를 중단하시고 2b절과 3절은 읽지 않으셨다. 그는 그의 초림 때에 이루어질 구원에 관한 예언만 완성하러 왔다고 주장하셨다. 그는 이사야가 쓴 그 뒤의 예언들을 읽지 않으셨다. 왜냐하면 이방나라들의 심판과 이스라엘의 회복은 그의 재림 때에야 이루어지기 때문이다. **예수님은 초림 때에 할 일과 재림 때에 할 일을 분명히 구별하셨지만 그의 제자들을 비롯해 다른 유대인들은 이러한 사실들을 전혀 알지 못했다.**

예수님의 두 단계로 나누어진 메시아 사역에 대한 견해가 과연 역사적으로 이루어지고 있음을 우리는 지금 볼 수 있다.

구약성경의 예언들은 메시아가 성령의 기름 부음을 받아 하나님이 선포한 사역을 한다고 설명한다. 하나님이 메시아를 보내어 좋은 소식(복음)을 전파한다는 약속은 이사야 52장 7-10절에 기록되어 있다.

"'좋은 소식'을 전하며 평화를 공포하며 복된 좋은 소식을 가져오며 구원을 공포하며 시온을 향하여 이르기를 네 하나님이 통치하신다 하는 자의 산을 넘는 발이 어찌 그리 아름다운가. 네 파수꾼들의 소리로다 그들이 소리를 높여 일제히 노래하니 이는 여호와께서 시온으로 돌아오실 때에 그들의 눈이 마주 보리로다 너 예루살렘의 황폐한 곳들아 기쁜 소리를 내어 함께 노래할지어다 이는 여호와께서 그의 백성을 위로하셨고 예루살렘을 구속하셨음이라 여호와께서 열방의 목전에서 그의 거룩한 팔을 나타내셨으므로 땅 끝까지도 모두 우리 하나님의 구원을 보았도다."

이사야는 '좋은 소식'은 구세주(메시아)가 와서 이방인들을 포함한 온 세상 사람들을 구원하는 소식이라고 말했다.

이사야의 예언은 메시아가 와서 가난한 자와 마음에 상처 입은 자와 포로 된 자와 갇힌 자를 섬기며 사탄의 권세에서 놓임 받게 해 주는 구원 사역을 할 것이라고 말한다. 마태복음은 가난한 자는 영적으로 빈곤하여 하나님의 도우심을 간절히 기다리는 자들이며 이들이 천국을 차지한다고 말한다. 예수님도 자기가 병든 자를 치료하고 잃어버린 자를 구원하러 왔다고 말씀하셨다.

세례 요한이 감옥에 갇혔을 때에 그는 그의 제자들을 보내어 예수님에게 자기가 감옥에서 나오도록 도와줄 것인가를 물었다. 세례 요한은 예수님이 즉시 메시아 왕국을 세우고 그를 감옥에서 구출할 것을 기대하였다. 예수님은 요한의 사자들에게 자기는 옛 이스라엘의 영화를 회복하러 온 것이 아니고 불쌍한 사람들을 섬기려고 왔다고 하셨다. 예수님은 자신이 메시아임을 증명하기 위해서, "너희가 가서 보고 들은 것을 요한에게 알리되 맹인이 보며 못 걷는 사람이 걸으며 나병환자가 깨끗함을 받으며 귀먹은 사람이 들으며 죽은 자가 살아나며 가난한 자에게 복음이 전파된다 하라"(눅 7:22)고 말씀하셨다.

예수님은 세례 요한에게 자기가 이사야의 예언대로 메시아의 사역을 하기 때문에 자기가 참 메시아임을 설명해 주었다.

"그때에 맹인의 눈이 밝을 것이며 못 듣는 사람의 귀가 열릴 것이며 그때에 저는 자는 사슴같이 뛸 것이며 말 못하는 자의 혀는 노래하리니 이는 광야에서 물이 솟겠고 사막에서 시내가 흐를 것임이라"(사 35:5-6).

이사야는 또다른 메시아 예언도 하였다.

"하나님 여호와께서 이같이 말씀하시되 나 여호와가 의로 너를 불렀은즉 내가 네 손을 잡아 너를 보호하며 너를 세워 백성의 언약과 이방의 빛이 되게 하리니 네가 눈먼 자들의 눈을 밝히며 갇힌 자를 감옥에서 이끌어 내며 흑암에 앉은 자를 감방에서 나오게 하리라"(사 42:5b-7).

구약성경은 세상의 창조와 인간 창조의 이야기로 시작된다. 하나님이 자기 형상을 닮은 아담과 하와를 창조하신 후, 생육하고 번성하여 땅에 충만하고 땅을 정복하라고 복을 주셨다. 인간은 하나님의 대행자로서 하나님의 영광을 위해 창조된 세상을 경영하는 특권을 부여받았다.

그러나 아담과 하와는 하나님과 같이 될 수 있다는 사탄의 유혹에 넘어가 하나님의 명령을 어기게 된다. 그 후 하나님은 이들을 심판하고 에덴동산에서 내어보내게 된다. 그들은 하나님의 세계를 다스릴 권세도 잃어버렸다. 그러나 하나님은 경건한 아담의 아들인 셋의 후예를 통해 메시아 족보를 유지하도록 하셨다. 그러나 셋의 후예들은 살인자인 가인의 후예들과 혼인하게 되고 모든 인류는 하나님 앞에서 악하게 되어 타락한다.

하나님은 결국 그들 모두를 홍수로 심판하신다. 하나님은 메시아의 족보를 유지하기 위해서 이스라엘의 족장들을 부르고 그들과 언약을 맺으셨다. 하나님은 아브라함과 언약을 맺어 아브라함의 후손, 즉 메시아를 통해 이방인을 포함한 모든 민족에게 복 주시겠다고 선언하셨다. 즉 메시아가 모든 민족에게 복을 주는 언약을 수행하는 자로 오실 것을 약속하셨다.

하나님은 그 후 모세와 또 하나의 언약(모세 언약)을 맺어 이스라엘 백성을 하나님의 백성으로 변화시키려고 하셨다. 그러나 이스라엘은 율법을 전혀 지키지 않았다. 그래서 예레미야 선지자는 미래에 있을 또 다른 언약을 예언하였다.

"여호와의 말씀이니라 보라 날이 이르리니 내가 이스라엘 집과 유다 집에 '새 언약'을 맺으리라 이 언약은 내가 그들의 조상들의 손을 잡고 애굽 땅에서 인도하여 내던 날에 맺은 것과 같지 아니할 것은 내가 그들의 남편이 되었어도 그들이 내 언약을 깨뜨렸음이라"(렘 31:31-32).

예수님은 십자가에서 흘린 그의 피로 '새 언약'의 시대를 열어 예레미야의 예언을 성취하셨다(눅 22:20).

구약성경에 묘사한 메시아는 신성을 소유했고 하나님 아버지와 동등하시다. 하나님은 사탄과 메시아 사이에 세력 다툼이 있을 것을 창세기에서 미리 예고하셨다. 그러나 결국 메시아가 와서 사탄의 머리(권세)를 깨뜨리고 인간들을 구원하게 된다고 하셨다(창 3:15).

이사야 선지자는 메시아에 대해 다음과 같이 말하였다.

"한 아기가 우리에게 났고 한 아들을 우리에게 주신 바 되었는데 그의 어깨에는 정사를 메었고 그의 이름은 기묘자라, 모사라, 전능하신 하나님이라, 영존하시는 아버지라, 평강의 왕이라 할 것임이라"(사 9:6).

이사야는 메시아가 인간 아기로 태어났지만 그가 사실은 영존자 하나님이라고 선언하였다!

하나님은 이스라엘의 왕이었던 다윗과도 언약(다윗 언약)을 맺으셨다. 시편 89편 26-29절은 이 언약을 잘 설명하고 있다.

"그가 내게 부르기를 주는 나의 아버지시요 나의 하나님이시요 나의 구원의 바위시라 하리로다 내가 또 그를 장자로 삼고 세상 왕들에게 지존자가 되게 하며 그를 위하여 나의 인자함을 영원히 지키고 그와 맺은 나의 언약을 굳게 세우며 또 그의 후손을 영구하게 하여 그의 왕위를 하늘의 날과 같게 하리로다."

하나님은 그의 축복을 메시아와 다윗의 육신의 후손들에게 동시에 하셨다. 그러나 다윗의 육신의 아들들은 불완전하였으므로 다윗 언약을 성취할 수 없었다. 그들 중 왕으로 군림하는 자는 지금 아무도 없다. 그들의 왕권은 오래 전에 상실되었다. 그들은 단지 궁극적 왕인 메시아를 가리키는 예표들에 불과하였다(시 89:38-51).

다윗은 죽기 전 하나님과의 언약을 이루는 조건을 아들 솔로몬에게 말해 주었다.

"너는 힘써 대장부가 되고 네 하나님 여호와의 명령을 지켜 그 길로 행하여 그 법률과 계명과 율례와 증거를 모세의 율법에 기록된 대로 지키라 그리하면 네가 무엇을 하든지 어디로 가든지 형통할지라 여호와께서 내 일에 대하여 말씀하시기를 만일 네 자손들이 그들의 길을 삼가 마음을 다하고 성품을 다하여 진실히 내 앞에서 행하면 이스라엘 왕위에 오를 사람이 네게서 끊어지지 아니하리라 하신 말씀을 확실히 이루게 하시리라"(왕상 2:2b-4).

다윗에게 완전한 후손이 있었으면 이 언약이 이루어졌을 것이다.

그러나 다윗의 자녀 중 하나도 하나님 앞에 완전하지 못했다. 완전한 아들이신 메시아가 와서 비로소 다윗 언약을 이루었다. 하나님은 당신 자신이 메시아를 보내어 다윗 언약을 이루겠다고 다시 약속하셨다(렘 23:5-6). 예레미야는 다윗의 의로운 가지, 즉 메시아가 와서 왕 중 왕으로 온 세상을 영원히 다스린다고 예언하였다.

누가는 다윗의 의로운 가지가 어떻게 이스라엘에 왔는가를 기록하였다. 예레미야가 예언한 때부터 600년 후, 천사 가브리엘이 다윗의 후손인 요셉과 정혼한 한 처녀에게 나타났다. 천사는 말했다. "마리아여 무서워하지 말라 네가 하나님께 은혜를 입었느니라 **보라 네가 잉태하여 아들을 낳으리니 그 이름을 예수라 하라 그가 큰 자가 되고 지극히 높으신 이의 아들이라 일컬어질 것이요 주 하나님께서 그 조상 다윗의 왕위를 그에게 주시리니 영원히 야곱의 집을 왕으로 다스리실 것이며 그 나라가 무궁하리라**"(눅 1:30-33).

가브리엘은 처녀 마리아가 성령의 능력으로 아들을 낳는다고 말했다. 그녀의 아들이 다윗 언약을 완성하며 왕으로 다스리게 된다.

그러나 예수님은 메시아가 다윗의 후손이라는 전통적인 메시아관에 의문을 제시하였다. 그는 시편 110편 1절을 인용하면서 다윗도 메시아를 그의 주님으로 불렀다는 것이다. 다윗은 이 시편에서 "주(여호와)께서 내 주(메시아 하나님)께 이르시되 내가 네 원수를 네 발 발등상으로 삼을 때까지 내 우편에 앉았으라 하셨다"고 말했다(눅 20:42). 다윗은 메시아가 그의 후손 이상인 분임을 말했다. 그는 메시아를 주라고 부름으로 메시아의 근원은 영원하심을 말했다. 예수님은 메시아가 다윗 왕의 주(하나님)이시므로 메시아는 신성을 가졌다고 말했다. 메시아의 신성은 그 당시 대제사장이었던 가야바도 인정하였다(마 26:63).

예수님은 죽음에서 부활하신 후에 그의 제자들에게 열한 번 나타나셨다. 그가 부활하신 날에 그는 엠마오로 향하던 그의 두 제자에게 나타나셨다. 부활한 예수님을 알아보지 못한 그의 제자들은 예수님이 이스라엘을 구속할 자가 되기를 바랐다고 예수님께 푸념하였다.

그들은 예수님이 이스라엘을 로마의 속박에서 해방시키고 하나님의 나라를 세우기를 기대하였다. 그들은 예수님이 죽어버려 실망했다고 말했다. 예수님은 그들의 불신을 꾸짖고 성경 말씀을 설명하시면서 그들의 영안을 여시어 예수님을 알아보게 하셨다.

"이르시되 미련하고 선지자들이 말한 모든 것을 마음에 더디 믿는 자들이여 **그리스도가 이런 고난을 받고 자기의 영광에 들어가야 할 것이 아니냐 하시고 이에 모세와 모든 선지자의 글로 시작하여 모든 성경에 쓴 바 자기에 관한 것을 자세히 설명하시니라**"(눅 24:25-27).

구약성경에서 메시아라는 말은 다니엘서에만 나오기 때문에 예수님은 메시아를 설명하시기 위해 메시아 예표와 예언을 사용하셨음에 틀림없다. 예수님의 메시아관은 놀랍다. 왜냐하면 다른 어떤 유대인도 메시아가 고난을 받고 죽은 후 다시 부활한다고는 상상도 하지 못했기 때문이다. 유대인들은 메시아가 와서 하나님 나라를 세우고 영원히 왕 노릇한다는 것만 굳게 믿고 있었다.

엠마오로 가던 두 제자가 예수님을 만난 것을 예루살렘에 있던 제자들에게 보고하고 있을 때 예수님이 그들에게 다시 나타나셨다. "내가 너희와 함께 있을 때에 너희에게 말한 바 곧 모세의 율법과 선지자의 글과 시편에 나를 가리켜 기록된 모든 것이 이루어져야 하리라 한 말이 이것이라 하시고"(눅 24:44).

예수님은 당신 자신이 성경의 주인공이고 메시아 예표와 예언을 이루셨음을 분명히 밝히셨다.

예수님은 자신이 세상 끝날에 다시 와서 언약의 나머지 내용들을 모두 완성할 것이라고 약속하셨다. 하나님은 대심판(7년 대환란) 후에 메시아의 재림의 징조가 하늘에 나타나면 지상의 모든 족속들이 예수를 메시아로 알아보지 못한 실수로 인해 통곡할 것이라고 말씀했다. 다니엘이 예언했듯이 예수님은 능력과 큰 영광 가운데 하늘 구름을 타고 와서 지상에 그의 메시아 왕국을 건설한다(마 24:30). 예수님의 독특한 메시아관은 매우 놀랍다. 왜냐하면 유대인 중 아무도 메시아가 두 번 오는 것을 안 사람은 없었기 때문이다. 그는 젊은 목수에 불과하였고 랍비(유대인 선생)에게서 배운 적도 없었다. 유대인들은 그의 가르침에 놀라 서로 물었다.

"이 사람은 배우지 아니하였거늘 어떻게 글을 아느냐"(요 7:15b).

예수님은 구약성경을 하나님의 말씀으로 받아들이셨고 성경의 권위에 온전히 복종하셨다. 예수님의 구약성경에 대한 견해는 산상수훈의 가르침에 요약되어 있다.

"내가 율법이나 선지자를 폐하러 온 줄로 생각하지 말라 폐하러 온 것이 아니요 완전하게 하려 함이라 진실로 너희에게 이르노니 천지가 없어지기 전에는 율법의 일점 일획도 결코 없어지지 아니하고 다 이루리라 그러므로 누구든지 이 계명 중의 지극히 작은 것 하나라도 버리고 또 그같이 사람을 가르치는 자는 천국에서 지극히 작다 일컬음을 받을 것이요 누구든지 이를 행하며 가르치는 자는 천국에서 크다 일컬음을 받으리라"(마 5:17-19).

예수님 당시 구약성경을 '율법'이나 '선지자', '율법과 선지자'로 불렀다. 예수님은 누가복음 24장 27절에서 모세(의 율법)와 모든 선지자를 구약성경을 가리키는 말로 사용하셨다. **예수님은 여기에서 당신 자신을 구약성경 전체를 이루려고 온 메시아라고 말씀하셨다.**

예수님이 자기가 구약성경을 이루려고 오셨다는 말에 대해 여러 가지 다른 해석이 있다. 예수님이 계명의 목적을 이미 이루었다는 견해가 있고, 우리가 계속 계명을 지켜야 한다는 견해도 있다. 한 예로 유대인들은 구약성경의 음식법에 의해 돼지고기를 먹지 않았다. 시리아 왕이었던 안티오쿠스 에피파네스는 주전 167년에 예루살렘을 정복하고 성전의 제단에 돼지를 제사드려 성전을 더럽혔다. 돼지고기는 레위기와 신명기에 부정하다고 기록되어 있지만 그는 유대인들에게 돼지고기를 강제로 먹였다. 유대인 마타티아스와 그의 추종자들은 숫자적으로 우세한 시리아 군대를 대항해 게릴라 전쟁을 벌였다. 마타티아스의 셋째 아들인 유다 마카비는 마침내 시리아 군대를 몰아내고 성전을 정화하는 데 성공하였다.

이 사건 후 유대인들은 부정한 음식들과 돼지고기를 금하는 음식법을 어기면 매우 흥분하였다. 그러나 예수님은 유대인들에게 놀라운 말씀을 하셨다.

"무엇이든지(돼지고기를 포함해서) 밖에서 사람에게로 들어가는 것은 능히 사람을 더럽게 하지 못하되 사람 안에서 나오는 것이 사람을 더럽게 하는 것이니라"(막 7:15-16).

"이는 마음으로 들어가지 아니하고 배로 들어가 뒤로 나감이라 이러므로 모든 음식물을 깨끗하다 하시니라"(막 7:19).

모든 음식물이 깨끗하다는 말은 마가의 추가 설명이다.

예수님의 추종자들은 이 말들을 제대로 깨닫지 못했다. 예수님의 승천 후 사도 베드로는 예수님을 믿지 않던 유대인들을 전도하려고 유대 지역을 돌아다니고 있었다. 한번은 그가 욥바에서 기도하는 중에 환상을 보았다. 그 환상에는 큰 보자기에 담긴 온갖 부정한 동물들이 있었다. 하나님은 그에게 그 동물들을 하나님이 깨끗하게 하셨으므로 잡아 먹으라고 하셨다. 그가 그 환상의 의미에 의아해하고 있을 때 로마인 백부장이 복음을 전해달라고 그를 초청하였다. 그때 그는 부정한 동물들이 예수님의 구속을 믿어 깨끗해지는 이방인들을 가리키는 예표인 것을 깨달았다.

그러므로 구약성경의 음식법은 사람을 정결하게 하는 예수님의 피의 역할을 가리키는 예표이다. 성경은 모든 부정한 것은 피를 뿌려야 정결하게 된다고 말한다(히 9:22). 즉 음식법은 마음이 피로 씻겨야 정결하게 되는 것을 가르쳐 주기 위하여 제정되었다. 예수님을 믿는 자의 마음은 예수님의 피로 정결하게 씻기므로 예수님은 음식법의 목적을 십자가로 완성하셨다. 그러므로 더이상 돼지고기를 먹어도 되는지 안 되는지를 논란할 필요가 없으며, 그리스도 안에 거하면 거룩해진다는 확신을 소유해야 한다. **음식법은 예수님이 어떻게 구약성경의 예표와 계명을 성취하셨는가를 보여주는 한 예가 된다.**

그리스도인들은 종교적이나 의식적인 법을 더 이상 지키지 않는다. 예수님은 이 법들의 목적을 다 이루셨다. 사도 바울은 말했다.

"그러므로 먹고 마시는 것과 절기나 초하루이나 안식일을 이유로 누구든지 너희를 비판하지 못하게 하라 이것들은 장래 일의 그림자이나 몸은(실체는) 그리스도의 것이니라"(골 2:16-17).

구약성경 시대에 행해진 동물 제사도 메시아의 궁극적인 희생을 가리키는 예표였다. 성전은 2천 년 전에 불에 타서 없어졌으므로 아무도 더 이상 성전 제단에 동물 희생을 바칠 수 없다. 하나님은 성전과 제단의 파괴를 허락하심으로 더 이상 피의 제사가 필요가 없음을 분명히 하셨다. 그리스도인들은 음식이나 절기를 위한 의식법에 매이지 않는다. 구약시대에 이러한 법들을 지킨 이유는 궁극적으로 예표들을 성취하신 분을 가르쳐 주기 위해서였다.

그러나 예수님은 구약성경의 모든 도덕법들은 실천하고 가르치라고 명령하셨다.

"내가 너희에게 이르노니 너희의 의가 서기관과 바리새인보다 더 낫지 못하면 결코 천국에 들어가지 못하리라"(마 5:20).

이 말은 우리가 스스로의 노력으로 의롭게 된다는 말이 아니다. 사도 바울은 우리가 의로운 행위로 구원받는 것이 아니고 예수님의 구원 사역을 믿음으로 구원을 받고 그 후에 선한 행위를 하여야 한다고 말했다(엡 2:8-10). 그러므로 예수님이 말한 의는 구원받은 자의 열매를 가리킨다.

마태복음 5장에서 7장에 기록된 의의 기준은 스스로 의롭다고 믿은 바리새인의 위선적인 의보다 훨씬 높다. 예수님은 우리를 죄에서 구하시려고 의식법을 성취하셨지만 그의 추종자들에게 도덕법은 지키라고 명령하셨다. 마태복음 5장 후반부에서 예수님은 십계명에 있는 도덕법들을 새롭게 해석하셨다. 그는 이 도덕법들을 형식적으로 따르지 말고 마음의 태도를 바르게 고쳐 도덕법을 지키라고 강조하셨다.

예수님은 하늘 아버지가 온전하신 것처럼 우리도 온전해야 한다고 말씀하셨다. 그러나 분명한 것은 아무도 자기 힘으로 이 기준에 도달할 수는 없다는 것이다. 이사야는 메시아의 의를 통해서 많은 사람이 의롭게 되는 것을 예언했다.

"그가 자기 영혼의 수고한 것을 보고 만족하게 여길 것이라 나의 의로운 종이 자기 지식으로 많은 사람을 의롭게 하며 또 그들의 죄악을 친히 담당하리로다"(사 53:11).

예레미야도 메시아의 의를 우리에게 주실 것을 예언하였다.

"여호와의 말씀이니라 보라 때가 이르리니 내가 다윗에게 한 의로운 가지를(후손을) 일으킬 것이라 그가 왕이 되어 지혜롭게 다스리며 세상에서 정의와 공의를 행할 것이며 그의 날에 유다는 구원을 받겠고 이스라엘은 평안히 살 것이며 그의 이름은 여호와 우리의 공의라 일컬음을 받으리라"(렘 23:5-6).

"예수께서 이르시되 너희가 인자를 든 후에 내가 그인 줄을 알고 또 내가 스스로 아무것도 하지 아니하고 오직 아버지께서 가르치신 대로 이런 것을 말하는 줄도 알리라 **나를 보내신 이가 나와 함께하시도다 나는 항상 그가 기뻐하시는 일을 행하므로 나를 혼자 두지 아니하셨느니라**"(요 8:28-29).

아무도 다른 사람을 항상 기쁘게 하지 못한다. 더구나 거룩하신 하나님을 항상 기쁘게 하는 것은 불가능하다. 예수님만이 하나님을 온전히 따른 유일한 의로우신 분이다. 그러나 우리도 예수님의 의를 선물로 받으면 온전해질 수 있다. 사도 바울은 말했다.

"하나님이 죄를 알지도 못하신 이를 우리를 대신하여 죄로 삼으신 것은 우리로 하여금 그 안에서 하나님의 의가 되게 하려 하심이라"(고후 5:21).

예수님은 당신 자신의 의를 선물로 받고자 하는 자들을 위해 자신의 의를 거저 주심으로써 도덕법도 우리를 위해 성취하셨다. 사도 바울도 이것을 설명하였다.

"이제는 율법 외에 하나님의 한 의가 나타났으니 율법과 선지자들에게(구약성경) 증거를 받은 것이라 곧 예수 그리스도를 믿음으로 말미암아 모든 믿는 자에게 미치는 하나님의 의니 차별이 없느니라"(롬 3:21-22).

믿음으로 의롭게 된 신자들은 마음에 내재하는 성령의 능력으로 점진적으로 더욱 삶에서 그리스도의 의를 체험하며 믿음으로 성장하게 된다(고후 3:18; 롬 1:17). 그러므로 예수님이 도덕법의 중심이 되는 사랑을 우리에게 행하라고 명령하셨듯이 신자들은 성령의 도우심으로 도덕법을 삶에서 성취하도록 더욱 사랑에 힘써야 한다(롬 13:10).

예수님은 또한 다음 장에서 말하듯이 구약성경에 있는 많은 메시아 예언들을 성취하셨다.

예수님은 3년 반 동안 사역하시면서 많은 아픈 사람들을 고쳐주셨다. 마태는 예수님이 이사야의 메시아 예언을 성취하시기 위해 치료 사역을 하셨다고 말했다. 이사야는 메시아의 치료 사역을 예언하였다.

"그는 실로 우리의 질고를 지고 우리의 슬픔을 당하였거늘 우리는 생각하기를 그는 징벌을 받아 하나님께 맞으며 고난을 당한다 하였노라"(사 53:4).

마태는 예수님이 구약성경의 메시아 예표와 예언을 성취하신 것을 반복해서 말하고 있다.

성경 전체가 메시아에 대해서 말하고 있다. 예수님은 자신이 바로 그 메시아이며, 자기는 **'메시아 예언'**을 성취하려고 왔다고 하셨다. 그는 메시아의 역할을 가리키고 있는 **'메시아 예표'**들을 또한 이루려고 오셨다. 그는 또 메시아의 신성을 계시하고 있는 **'하나님의 계명'**들의 취지를 달성하기 위해서 오셨다.

제2장

메시아 예언의 성취자

예수님은 구약성경의 많은 메시아 예언들을 성취하였다.

마태복음에만 구약성경에서 50여 개의 구절을 직접 인용하였고 75개의 구절이 예수님이 메시아 예언을 성취하셨음을 암시한다.[1]

예수님은 항상 구약성경의 예언들을 성취하기 위해 의도적으로 노력하셨다. 예수님이 성취하신 구약성경의 예언을 다 나열하려면 너무 많아 따로 한 권의 책을 저술하여야만 한다. 시편의 저자도 성경의 메시아 예언들을 성취하려고 헌신한 메시아에 대해 예언하였다.

"주께서 내 귀를 통하여 내게 들려주시기를 제사와 예물을 기뻐하지 아니하시며 번죄와 속죄제를 요구하지 아니하신다 하신지라 그때에 내가 말하기를 내가 왔나이다 나를 가리켜 기록한 것이 두루마리 책에 있나이다 나의 하나님이여 내가 주의 뜻 행하기를 즐기오니 주의 법이 나의 심중에 있나이다 하였나이다"(시 40:6-8).

귀를 통하였다, 혹은 귀를 뚫었다는 말은 하나님의 말씀을 받기 위하여 영적으로 귀가 열렸다는 의미로 해석된다.

히브리서의 저자는 이 구절들을 히브리서 10장 5-7절에 인용하였다. 예수님의 삶과 사역은 구약성경에 기록된 메시아 예표인 종교 의식들을 뛰어 넘어 하나님의 본래의 의도들을 성취하였다. 구약성경에 기록된 예언들을 성취하기 위해 헌신한 예수님의 모습은 그의 마지막 날에 일어난 사건들에 잘 나타나 있다.

예수님의 제자 중 하나인 가룟 유다가 예수님을 배반하고 로마 군인들과 성전의 군관들을 데려와 예수님을 체포하려고 하였다. 급박한 상황을 눈치챈 베드로는 예수님이 체포되는 것을 막으려고 자기의 칼로 대제사장의 종을 쳤다. 예수님은 베드로를 말리시고 말씀하셨다.

"너는 내가 내 아버지께 구하여 지금 열두 영 더 되는 천사를 보내시게 할 수 없는 줄로 아느냐 내가 만일 그렇게 하면 이런 일이 있으리라 한 성경이 어떻게 이루어지겠느냐 하시더라"(마 26:53-54, 개역한글).

단 한 명의 천사가 와도 인간의 아무리 큰 군대도 당할 수 없음은 분명한 사실이다. 열두 영의 천군은 7만 2천이나 되는 천사로 구성되어 있다. 예수님은 자신을 지키시기 위해 수만의 천군도 동원하실 수 있으셨지만 성경을 이루기 위해 자원해서 체포되신 것이다.

예수님은 자기를 따르는 군중들을 두려워하여 밤에 잡으러 온 군인들과 군관들을 꾸짖으셨다. 그들이 예수님을 체포하는 것이 옳은 일이라고 믿었다면 군중을 무서워할 것 없이 낮에 체포하러 왔어야 했다. 그러나 예수님은 구약에 예언된 메시아의 생애를 성취하시기로 작정하셨으므로 체포되는 것을 무서워하지 않으셨다. "그러나 이렇게 된 것은 다 선지자들의 글을 이루려 함이니라"(마 26:56a)고 예수님은 말씀하셨다.

예수님이 십자가에 못 박히셨을 때 먼저 세 마디의 말씀을 하셨다. 그를 처형한 자들의 용서와 그의 옆에 달린 죄수의 구원과 그의 어머니를 돌보아 달라는 말이었다. 그 후에 큰 소리로 외치셨다.

"나의 하나님, 나의 하나님, 어찌하여 나를 버리셨나이까"(마 27:46b).

이 기도는 그가 겟세마네에서 고민하면서 드린 기도의 연속이며 시편 22편 1절에 나오는 메시아 예언의 성취를 알려주고 있다. 그의 비명은 세상의 죄가 되기 위해 아버지와 분리됨에서 오는 아픔의 소리였다.

시편 22편은 잘 알려진 메시아를 예언하는 시편이다. 시편 기자는 22편 16절에서 메시아의 손과 발이 찔림을 받을 것을 예언하고 있다. 예수님의 손과 발은 십자가에 못 박혔다. 시편 22편 18절에 예언되었듯이 로마 군인들은 예수님의 겉옷을 나누고 속옷을 제비뽑았다. 시편 22편 28절에 예언되었듯이 예수님의 부활 후 복음이 열방의 모든 족속에게 전파되었다. 예수님은 시편 22편 1절을 인용하시면서 그의 생각은 시편 22편의 모든 예언을 이루는 것에 집중하고 있었음이 틀림없다.

예수님이 그 다음에 하신 말은 시편 69편에서 인용되었다. 요한은 예리한 통찰력을 가지고 그의 생각을 기록하였다.

"그 후에 예수께서 모든 일이 이미 이루어진 줄 아시고 성경을 응하게 하려 하사 이르시되 내가 목마르다 하시니"(요 19:28).

예수님의 신음소리를 듣고 사람들이 신포도주를 머금은 해융(sponge)을 예수님에게 주었다. **이 행동이 메시아의 죽음에 대한 마지막 예언을 성취하였다.** 시편 69편 21절은 "그들이 쓸개를 나의 음식물로 주며 목마를 때에는 초를 마시게 하였사오니"라고 예언하였다. 예수님은 신포도주(초)를 마시고 말씀하셨다. "다 이루었다 하시고 머리를 숙이니 영혼이 떠나가시니라"(요 19:30). 이 짧은 말은 예수님이 인류의 구원을 위해 필요한 모든 구속 사역을 완수했다는 의미를 포함할 수도 있지만 또한 메시아의 구속적 죽음에 대해 기록된 모든 예언들이 다 성취되었다고도 이해될 수 있다. 예수님의 말씀과 행위는 메시아 예언들을 모두 성취하기 위한 예수님의 헌신적인 노력을 잘 보여준다. 예수님은 승천 때에도 마지막 심판과 메시아 왕국을 지상에 건설하는 예언을 성취하시기 위해 다시 오실 것을 약속하셨다.

신약성경은 메시아의 오심에 대한 구약성경의 예언들을 예수님이 성취하셨음을 강조하였다. 이미 1장에서 말했듯이 예수님은 자신이 구약성경에서 예언된 메시아임을 분명히 선포하셨다. 그러나 그가 말한 메시아는 이스라엘 사람들이 생각한 메시아와는 완전히 다른 메시아였다. 베드로가 예수님에게 그리스도(메시아)이고 살아 계신 하나님의 아들이라고 고백했을 때, 예수님은 유대인 지도자들이 자신을 죽일 것일 제자들에게 설명하기 시작하셨다.

베드로는 메시아가 오면 지상에 다윗의 왕국을 다시 세우고 영원한 왕으로 다스릴 것을 믿었기 때문에 예수님을 설득하려고 달려들었다. 그러나 예수님은 베드로가 가진 잘못된 메시아관 때문에 그를 꾸짖으셨다.

"예수께서 돌이시키며 베드로에게 이르시되 사탄아 내 뒤로 물러 가라 너는 나를 넘어지게 하는 자로다 네가 하나님의 일을 생각하지 아니하고 도리어 사람의 일을 생각하는도다"(마 16:23).

성경 주석가들은 예수님의 거친 말들을 바꾸어 보려고 시도해 보았다. 그들은 예수님이 베드로를 현혹시키는 사탄에게 말했다는 주장을 제시한다. 그것이 사실이라고 하더라도 베드로가 당한 굴욕은 없어지지 않는다. 베드로는 자신이 사탄의 대변인으로 행동했다는 비난을 피할 길이 없다.

나는 작은 교회에서 20년을 섬겼지만 성도 그 누구에게도 그러한 모욕적인 말을 한 적이 없다. 또한 다른 목사님들이 성도들에게 그런 말을 했다는 것을 들어본 적이 없고, 만일 그런 말을 했다면 그 교회에 남아 있을 성도도 없을 것이다. **그러나 예수님은 일반 대중이 믿은 메시아관은 잘못되었고 자신의 메시아관은 그들과 다르다는 것을 여기에서 분명하게 밝히셨다.** 신약성경이 기록된 주후 1세기에는 베드로가 초대교회의 지도자 자리에 있었으므로 성경 저자들이 이러한 놀라운 사건을 조작해서 썼다고 보기는 불가능하다.

세례 요한을 제외하고, 메시아가 와서 세상의 죄를 대신 지고 죽어야 한다는 것을 예수님만이 안 것에는 매우 중요한 의미가 있다. 세례 요한도 예수님이 세례를 받을 때 성령이 그의 위에 비둘기같이 임함을 보고 그가 하나님의 희생양임을 알았다고 고백하였다. **아무런 정규 교육도 받지 못한 한 목수가 어떻게 독특한 메시아관을 가지고 철저하게 대속의 죽음을 향한 신념에 찬 삶을 살았는가를 인간적으로 이해하기는 매우 힘들다.**

그러나 메시아의 죽음은 구약성경 여러 곳에 예언되어 있다. 이사야는 다음과 같이 예언하였다.

"그가 곤욕과 심문을 당하고 끌려갔으나 그 세대 중에 누가 생각하기를 그가 살아 있는 자들의 땅에서 끊어짐은(죽음은) 마땅히 형벌받을 내 백성의 허물 때문이라 하였으리요 그는 강포를 행하지 아니하였고 그의 입에 거짓이 없었으나 그의 무덤이 악인들과 함께 있었으며 그가 죽은후에 부자와 함께 있었도다"(사 53:8-9).

다니엘도 "기름부음을 받은 자(메시아)가 끊어져 없어질 것이며"(단 9:26)라고 예언하였다. 끊어졌다는 것은 죄인으로 참수당했다는 뜻이고, 없어졌다는 것은 그를 따르는 자들이 메시아를 버리고 도주했다는 것을 의미한다.[2]

놀라운 것은 이스라엘 사람들이 그들의 죄 사함을 위해 매일 동물 제사를 드렸다는 사실이다. 특히 속죄일에는 염소를 죽여 그 피를 언약궤의 뚜껑(시은좌)에 뿌려 염소의 죽음이 그들의 죄를 가려 주기 위한 메시아의 대속의 죽음을 상징하는 것을 보여주었다.

이러한 피의 의식들은 사람들의 속죄를 위한 메시아의 죽음을 가리켜 주는 예표들이었다. 그러나 이스라엘 사람들은 모두 다 메시아가 자기들의 죄를 속하기 위해 죽는 사명을 가졌음을 이해하지 못하였다.

신약성경은 예수님이 구약성경에 예언한 이방인의 구원을 성취하셨음을 강조하고 있다. 하나님은 갈대아 우르에서 아브람을 불러 그와 언약을 맺으셨다. 하나님은 아브람에게 말씀하셨다.

"너는 너의 고향과 친척과 아버지의 집을 떠나 내가 네게 보여줄 땅으로 가라 내가 너로 큰 민족을 이루고 네게 복을 주어 네 이름을 창대하게 하리니 너는 복이 될지라 너를 축복하는 자에게는 내가 복을 내리고 너를 저주하는 자에게는 내가 저주하리니 **땅의 모든**

족속이 너로 말미암아 복을 얻을 것이라 하신지라"(창 12:1-3)

하나님은 아브람의 이름을 '아브라함'으로 고치셨다.

"보라 내 언약이 너와 함께 있으니 너는 여러 민족의 아버지가 될지라 이제 후로는 네 이름을 아브람이라 하지 아니하고 아브라함이라 하리니 이는 내가 너를 여러 민족의 아버지가 되게 함이니라" (창 17:4-5).

히브리어로 아브람은 '존귀한 아버지'를 뜻하고 아브라함은 '많은 무리(열국)의 아버지'를 뜻한다.

하나님은 이스라엘을 제사장 나라로 불렀다. 모세가 이스라엘을 애굽에서 시내 산으로 인도해 내었을 때 하나님은 아브라함과 맺은 언약을 다시 새롭게 하셨다.

"세계가 다 내게 속하였나니 너희가 내 말을 잘 듣고 내 언약을 지키면 너희는 모든 민족 중에서 내 소유가 되겠고 너희가 내게 대하여 제사장 나라가 되며 거룩한 백성이 되리라"(출 19:5-6).

하나님은 이스라엘이 거룩한 나라가 되어 율법을 잘 지키는 빛나는 모범의 나라가 되기를 바랐다. 솔로몬이 이스라엘의 왕이었을 때 시바의 여왕이 와서 솔로몬의 지혜와 이스라엘의 화려함에 깊은 인상을 받고 개종하여 이스라엘의 하나님을 믿게 되었다.

이스라엘 백성은 모두 다 사역자로 불렸다. 그들에게는 하나님의 말씀을 선포하고 희생적 봉사로 하나님의 사랑을 만인에게 증거하는 사명이 있었다. 그러나 이스라엘은 이방 민족들에게 복의 근원이 되는 것에는 관심이 없었으므로 아브람과 맺은 언약을 이루는 사명에는 실패하였다.

이스라엘이 제사장 나라로서 제대로 역할을 하지 못한 것은 요나서에 잘 나타나 있다. 하나님은 요나를 앗수르에 선지자로 파견하였다. 그러나 그 당시 앗수르는 이스라엘을 침략하려고 압박하고 있었다. 요나는 앗수르 사람들에게 하나님의 은혜를 베푸는 복의 전달자가 되기를 거부하고 앗수르의 수도였던 니느웨를 피해 반대 방향으로 도주하였다. 결국 요나는 큰 물고기의 뱃속에서 3일을 지내게 된다. 이것은 마태복음 12장 39-41절에서 설명했듯이 예수님이 죽어 무덤에서 3일을 지나게 되는 것을 예표하는 대표적 사건이다.

큰 물고기는 요나를 육지에 토해내었고 요나는 임박한 심판의 메시지를 니느웨 사람들에게 선포하였다. 앗수르의 모든 백성들은 요나의 메시지를 듣고 회개하고 하나님의 용서하심을 경험하였다.

이 사건은 장차 메시아의 복음을 들은 이방인들이 회개할 것을 가리키는 또 하나의 예표다. 요나는 하나님이 이스라엘의 대적에게까지 은혜와 긍휼을 베푸시는 것을 보고 화가 나서 뜨거운 태양을 피해 박넝쿨의 그늘 아래에 앉았다. 그때 하나님이 보내신 벌레가 박넝쿨을 씹어 죽였다. 요나는 박넝쿨의 죽은 것에 심히 분노하였다. 그러나 하나님은 요나가 이방인들보다 박넝쿨을 더 아끼는 잘못을 꾸짖으셨다.

이사야는 이방 나라들의 구원이 결국은 이스라엘의 도움으로 되는 것이 아니라고 예언하였다.

"여호와여 잉태한 여인이 산기가 임박하여 산고를 겪으며 부르짖음같이 우리가 주 앞에서 그와 같으니이다 우리가 잉태하고 산고를 당하였을지라도 바람을 낳은 것 같아서 땅에 구원을 베풀지 못하였고 세계의 거민을 출산하지 못하였나이다"(사 26:17-18).

이사야는 결국에는 메시아가 이방인을 위한 아브라함 언약을 성취한다고 말하였다. 이사야는 이스라엘이 겪은 모든 고난은 헛수고로 끝났지만 하나님의 종이신 메시아가 이방 나라들의 구원을 성취하게 된다고 예언하였다.

"내가 붙드는 나의 종, 내 마음에 기뻐하는 자 곧 내가 택한 사람을 보라 내가 나의 영을 그에게 주었은즉 그가 이방에 정의를 베풀리라 그는 외치지 아니하며 목소리를 높이지 아니하며 그 소리를 거리에 들리게 하지 아니하며(온유하신 분) 상한 갈대를 꺾지 아니하며 꺼져가는 등불을 끄지 아니하고(인내하는 분) 진실로 정의를 시행할 것이며 그는 쇠하지 아니하며 낙담하지 아니하고 세상에 정의를 세우기에 이르리니 섬들이 그 교훈을 앙망하리라"(사 42:1-4).

마태는 마태복음 12장 17-21절에서 이 구절들을 인용하면서 메시아로 오신 예수님이 이사야의 메시아 예언을 성취하셨다고 말하였다.

이사야는 이방 나라들의 메시아에 의한 구원의 예언을 계속하였다.

"나 여호와가 의로 너를 불렀은즉 내가 네 손을 잡아 너를 보호하며 너를 세워 백성의 언약과 이방의 빛이 되게 하리니 네가 눈먼 자들의 눈을 밝히며 갇힌 자를 감옥에서 이끌어 내며 흑암에 앉은 자를 감방(감옥)에서 나오게 하리라"(사 42:6-7).

이방 민족들을 하나님의 나라에 영입시키는 것은 메시아의 사역을 통해 하나님이 직접 하시게 된다. 하나님은 여러 번 반복된 예언을 통해 그의 약속을 지킬 것을 확고히 하셨다. 이사야는 또 예언하였다.

"그가 이르시되 네가 나의 종이 되어 야곱의 지파들을 일으키며 이스라엘 중에 보전된 자를 돌아오게 할 것은 매우 쉬운 일이라 내가 또 너를 '이방의 빛'으로 삼아 나의 구원을 베풀어서 땅 끝까지 이르게 하리라"(사 49:6).

예수님은 자기가 이사야서에 예언된 메시아라고 주장하셨다.

"예수께서 또 말씀하여 이르시되 나는 '세상의 빛'이니 나를 따르는 자는 어둠에 다니지 아니하고 생명의 빛을 얻으리라"(요 8:12).

예수님의 추종자들도 예수님의 빛을 반사하여 세상을 비추는 빛이 된다. 예수님은 그의 제자들에게 말씀하셨다.

"너희는 '세상의 빛'이라……너희 빛이 사람 앞에 비치게 하여 그들로 너희 착한 행실을 보고 하늘에 계신 너희 아버지께 영광을 돌리게 하라"(마 5:14, 16).

예수님은 교회 시대를 열어서 이방인의 구원을 위한 하나님의 언약을 성취하셨다. 예수님은 그의 제자들에게 그가 유대인뿐만 아니라 이방인들을 위해서도 죽는다고 말씀하셨다.

"나는 양을 위하여 목숨을 버리노라 또 이 우리에 들지 아니한 다른 양들(이방인들)이 내게 있어 내가 인도하여야 할 터이니 그들도 내 음성을 듣고 한 무리가 되어 한 목자에게 있으리라"(요 10:15-16).

예수님은 그의 대제사장적 중보 기도에서 유대인 그리스도인들과 이방인 그리스도인들이 하나가 됨을 강조하셨다. 그는 하나님께 기도하셨다.

"내가 비옵는 것은 이 사람들만 위함이 아니요 또 그들의 말로 말미암아 나를 믿는 사람들(이방인)도 위함이니 아버지여, 아버지께서 내 안에, 내가 아버지 안에 있는 것같이 그들도 다 하나가 되어 우리 안에 있게 하사 세상으로 아버지께서 나를 보내신 것을 믿게 하옵소서"(요 17:20-21).

예수님은 죽은 자들 가운데서 부활하신 후 제자들에게 아브라함 언약을 성취하라고 위임하셨다.

"그러므로 너희는 가서 모든 민족을 제자로 삼아 아버지와 아들과 성령의 이름으로 세례를 베풀고 내가 너희에게 분부한 모든 것을 가르쳐 지키게 하라 볼지어다 내가 세상 끝날까지 너희와 항상 함께 있으리라 하시니라"(마 28:19-20).

그 이후 2천 년 동안 예수님은 그가 세우신 교회를 통해 모든 민족을 제자 삼는 것에 성공하셨고 아브라함 언약도 성취하셨다.

신약성경은 구약성경에 예언된 하나님 나라의 설립을 예수님이 성취한 것도 강조하고 있다. 사도 바울은 "그가(하나님이) 우리를 흑암의 권세에서 건져내사 그의 사랑의 아들의 나라(하나님 나라)로 옮기셨으니 그 아들 안에서 우리가 구속 곧 죄 사함을 얻었도다"(골 1:13-14)라고 말했다. 빌라도가 예수님에게 그가 유대인의 왕인가를 추궁했을 때 예수님은 자기의 나라가 이 세상에 속하지 않았다고 대답하셨다. 예수님의 나라 백성들은 육적으로 태어나는 것이 아니라 성령의 역사로 영적으로 태어난다(요 3:5). 그의 나라는 전쟁이나 혁명으로 이루어지는 것이 아니고 하나님의 뜻에 순복함으로 세워진다. 하나님 나라에 들어가려면 예수님의 사랑에 감동되어 그를 믿는 믿음이 먼저 있어야 한다. 사도 베드로는 예수님 나라의 모든 백성들은 왕과 같은 제사장들이라고 말했다.

"그러나 너희는 택하신 족속이요 왕 같은 제사장들이요 거룩한 나라요 그의 소유가 된 백성이니 이는 너희를 어두운 데서 불러내어 그의 기이한 빛에 들어가게 하신 이의 아름다운 덕을 선포하게 하려 하심이라"(벧전 2:9).

제사장들의 나라로 형성된 교회는 모세의 언약을 성취하였다. 모세를 통해 주어진 언약은 "너희가 내게 대하여 제사장 나라가 되며 거룩한 백성이 되리라 너는 이 말을 이스라엘 자손에게 전할지니라"(출 19:6)고 하신 말씀에 요약되어 있다.

사도 바울도 자기의 사역은 하나님이 모세와 맺으신 언약을 이루기 위함이라고 하였다. 그는 로마서 서신에서 "이 은혜는 곧 나로 이방인을 위하여 그리스도 예수의 일꾼이 되어 하나님의 복음의 제사장 직분을 하게 하사 이방인을 제물로 드리는 것이 성령 안에서 거룩하게 되어 받으실 만하게 하려 하심이라"(롬 15:16)고 말했다.

이스라엘은 모든 나라들을 위해 제사장 나라가 되는 것에 실패했지만 예수님은 교회를 세워 미래의 궁극적인 메시아 왕국을 가리키는 길잡이(guidepost) 역할을 하며 모든 민족을 복음으로 섬기는 제사장 사역을 감당하게 하였다.

사도 요한은 예수님과 그의 추종자들이 예수님의 재림 때에 완전한 메시아 왕국을 세울 것을 예언하였다.

"(성도들이 다시) 살아서 그리스도와 더불어 천 년 동안 왕 노릇 하니(그 나머지 죽은 자들은 그 천 년이 차기까지 살지 못하더라) 이는 첫째 부활이라 이 첫째 부활에 참여하는 자들은 복이 있고 거룩하도다 둘째 사망(지옥)이 그들을 다스리는 권세가 없고 도리어 그들이 하나님과 그리스도의 제사장이 되어 천 년 동안 그리스도와 더불어 왕 노릇 하리라"(계 20:4b-6).

이방인 구원에 대한 중요한 언약과 예언을 아래에 모았으니 참고하기 바란다.

[이방 민족 구원을 위한 구약성경의 언약과 예언]

아브라함 언약(창 12:3, 22:17-18),

이삭 언약(창 26:4), 야곱 언약(창 28:14),

출 19:6; 시 2:8, 22:27-28, 18:43-49, 47:7-9, 67:1-7;

사 2:2-3, 11:10, 42:6, 49:6-7, 18-23, 52:15;

호 1:10, 2:23; 미 4:1-4; 슥 8:20-23; 욘 4:10-11; 욜 2:28; 대하 6:33

제3장
메시아 출현의 예언들

　다니엘서는 구약성경에서 가장 중요한 예언서로 여겨진다. 이스라엘 남쪽에 있던 유다 왕국이 주전 586년에 바벨론에 의해 멸망했을 때 포로로 잡혀간 유대인 다니엘이 다니엘서를 집필하였다. 북쪽에 있던 이스라엘은 주전 722년에 앗수르 왕국에게 이미 멸망하였다. 다니엘서는 300-400년 후에 일어난 시리아(셀루쿠스)와 애굽(톨레미)과 로마 간의 충돌을 에피파네스 안티오쿠스 왕(175-164 BC) 때까지 매우 상세하게 예언하고 있으므로 많은 학자들은 이 책이 주전 163년 후인 마카비 혁명 때나 그들이 세운 하스몬 왕조 때에 쓰여졌다고 추측하였다.

　그러나 1947년에 팔레스타인에 살던 한 목동이 사해 근처의 동굴에 있던 수많은 토기 항아리들을 발견하였다. 이 항아리들 안에는 에스더서를 제외한 모든 구약성경을 기록한 가죽 두루마리들이 보관되어 있었다. 이 고대 문서들은 주전 2세기에서 3세기에 기록된 것임이 밝혀졌다. 이 문서들의 발견 이후 다니엘서가 나중에 조작되었다는 설은 사라졌다.

다니엘은 메시아의 출현과 죽음에 대한 중요한 예언들을 기록하였다. 그는 또한 미래의 이스라엘과 세계 나라들의 역사에 대한 예언을 하였다.

하루는 바벨론 왕국의 왕이었던 느부갓네살이 인간의 몸과 같이 생긴 큰 신상이 서 있는 꿈을 꾸었다. 그 신상은 앞으로 이스라엘을 정복하고 다스릴 왕국들을 상징하는 인간의 몸의 지체들로 구성되어 있었다. 다니엘은 바벨론 왕의 꿈이 미래에 이루어질 이방 제국들의 역사인 것을 해석해 주었다.

다니엘은 왕에게 인간의 몸의 지체로 상징된 왕국들은 바벨론, 메대와 바사 연합국, 그리스, 톨레미(애굽)와 셀루쿠스(시리아)를 포함한 그리스 이후의 4개국, 로마와 로마 후의 10개의 연합국이라고 말하였다. 다니엘은 모든 인간 왕국의 말년에 하늘에서 온 돌(메시아 왕국)이 신상을 부수어 버린다고 말했다.

다니엘은 미래의 이스라엘 역사에 대한 시간표를 예언하였다. 하나님의 사자인 가브리엘 천사가 다니엘에게 시간표를 알려주었다.

"네 백성과 네 거룩한 성(예루살렘)을 위하여 '칠십 이레'로 기한을 정하였나니 허물이 마치며 죄가 끝나며 죄악이 영속되며 영원한 의가 드러나며 이상과 예언이 응하며 또 지극히 거룩한 자(메시아)가 기름부음을 받으리라"(단 9:24, 개역한글).

이 예언은 다니엘의 '칠십 이레' 예언으로 알려져 있다. 이 예언은 이스라엘과 예루살렘의 미래의 역사를 알려준다.

히브리 언어로 이레(일곱)는 7일이나 7년을 의미한다. 이 예언에 나오는 이레는 분명히 7년을 가리킨다. '칠십 이레' 즉 490년 끝에 하나님은 이스라엘의 범죄를 끝나게 하고, 이스라엘의 범죄에 대한 마지막 심판을 베풀며(7년 대환난), 이스라엘의 악을 위해 속죄를 베풀며, 새로운 의의 나라를 이스라엘에 세우며, 모든 예언들을 성취하게 하고, 예루살렘에서 거룩한 성전을 헌당하게 한다. 예수님의 죽음과 부활이 이러한 예언들을 부분적으로 성취하였다고 주장할 수 있지만 유대인들은 그들의 구원자가 와서 이 예언들을 이루기를 기다리고 있다. 위의 예언들이 아직 인간 역사상에 성취된 적이 없으므로 이 예언들은 미래에 이루어질 것으로 보아야 한다.

다니엘 선지자가 죽은 후 또 다른 선지자가 와서 비슷한 예언을 하였다. 스가랴 선지자도 인류 역사의 끝에 메시아가 와서 이 모든 예언들을 성취한다고 말했다. 다니엘서가 완성된 지 10년 후에 스가랴가 나타나 메시아를 배척한 벌로 오게 될 이스라엘의 멸망(슥 11:15-17)과 예루살렘에 세워질 메시아 왕국(슥 12장-14장)을 예언하였다.

참 메시아를 배척한 이스라엘은 거짓 목자를 따르게 되고 결국에는 거짓 메시아를 환영하게 되는데, 신약성경에서는 이 사람을 적그리스도라고 부른다(요일 2:18).

스가랴는 거짓 목자에 대해서도 예언하였다.

"보라 내가(여호와가) 한 목자를 이 땅에 일으키리니 그가 없어진 자를 마음에 두지 아니하며 흩어진 자를 찾지 아니하며 상한 자를 고치지 아니하며 강건한 자를 먹이지 아니하고 오히려 살진 자의 고기를 먹으며 또 그 굽을 찢으리라"(슥 11:16).

많은 좌절과 낭패를 당한 후에야 이스라엘은 자신들의 과오를 깨닫게 될 것이다. 스가랴의 예언은 계속된다.

"내가 다윗의 집과 예루살렘 주민에게 은총과 간구하는 심령을 부어 주리니 그들이 그 찌른 바 그를 바라보고 그를 위하여 애통하기를 독자(하나님의 독생자)를 위하여 애통하듯 하며 그를 위하여 통곡하기를 장자(메시아)를 위하여 통곡하듯 하리로다"(슥 12:10).

이 말씀을 본 사람은 누구나 의아해할 수밖에 없다. 이스라엘은 수천 년이나 기다린 메시아를 보고 왜 기뻐하지 않았는가? 왜 메시아를 보고 울게 되는가? 스가랴의 예언의 말씀은 메시아가 첫 번째 왔을 때 그들이 메시아를 몰라보고 십자가에서 그를 찌른 잘못 때문이라고 말한다. 그들이 배척한 메시아가 바로 하나님의 장자임을 비로소 깨달았기 때문이다.

그때 하나님은 이스라엘을 외부에서 공격해 오는 적들에게서 구원하고 회개의 영을 보내시어 영적으로도 구원하게 된다.

"그날에 죄와 더러움을 씻는 샘이 다윗의 족속과 예루살렘 주민을 위하여 열리리라"(슥 13:1).

그때에 여러 나라들이 연합하여 예루살렘을 정복하려고 공격할 것이다. 스가랴는 이때에 메시아가 갑자기 감람 산에 나타나 이스라엘을 적들로부터 구한다고 말한다(슥 13:4-5).

예수님이 초림 때에 감람 산에서 하늘로 올라간 것은 우연으로 볼 수 없다(행 1:12). 예수님과 동행한 두 천사는 말하였다.

"갈릴리 사람들아 어찌하여 서서 하늘을 쳐다보느냐 너희 가운데서 하늘로 올려지신 이 예수는 하늘로 가심을 본 그대로 오시리라"(행 1:11).

스가랴가 예언한 대로 예수님은 감람 산에 다시 오신다고 천사들은 말했다. 마지막 때에 메시아는 예루살렘을 외부의 적들에게서 기적적으로 구해내고 그 후 이스라엘은 자기들이 참 메시아를 배척

제3장 메시아 출현의 예언들 55

한 것을 깨닫게 된다. 스가랴는 메시아가 그때에 온 세상을 다스리는 왕국을 세우게 될 것을 예언하였다.

"여호와께서 천하의 왕이 되시리니 그 날에는 여호와께서 홀로 한 분이실 것이요 그의 이름이 홀로 하나이실 것이라"(슥 14:9).

가브리엘 천사는 다니엘에게 '칠십 이레' 예언을 일러주면서 메시아와 가짜 메시아의 출현 시기도 알려주었다.

"그러므로 너는 깨달아 알지니라 예루살렘을 중건하라는 영이 날 때부터 기름부음을 받은 자(메시아) 곧 왕이 일어나기까지 일곱 '이레'와 육십이 '이레'가 지날 것이요 그 때 곤란한 동안에 성이 중건되어 거리와 해자가 이룰 것이며 육십이 '이레' 후에 기름부음을 받은 자가 끊어져(죽음) 없어질 것이며 장차 한 왕의 백성이 와서 그 성읍과 성소를 훼파하려니와 그의 종말은 홍수에 엄몰됨 같을 것이며 또 끝까지 전쟁이 있으리니 황폐할 것이 작정되었느니라 그가 장차 많은 사람으로 더불어 한 '이레' 동안의 언약을 굳게 정하겠고 그가 그 '이레'의 절반에 제사와 예물을 금지할 것이며 또 잔포하여 미운 물건(우상)이 날개를 의지하여 설 것이며 또 이미 정한 종말까지 진노가 황폐케 하는 자에게 쏟아지리라 하였느니라"(단 9:25-27, 개역한글).

가브리엘은 메시아의 출현에 대한 구체적인 시간표를 제시하였다. 예루살렘을 중건하라는 영이 난 때부터 육십구(7+62) '이레'에 대한 여러 가지 견해를 점검했지만 성경 해설 주석책(Expositor's Bible Commentary)의 견해가 가장 옳은 것 같다.[1] 솔로몬 성전은 주전 586년에 불에 타 없어졌지만 포로 생활에서 놓여나 이스라엘에 돌아온 유대인들은 성전 재건축을 꿈꾸고 있었다. 그러나 페르시아

(바사)의 왕 아닥사스다는 자기가 새로운 영을 내릴 때까지 예루살렘 중건을 중단하라고 칙서를 내렸다(스 4:21). 새 영은 주전 457년, 아닥사스다 7년에 율법 학자인 에스라에게 내려져서 성전 의식을 다시 시작하고 율법을 가르쳐 영적 부흥 운동을 시작하게 되었다.

그리하여 에스라는 예루살렘 중건을 위한 영적인 토대를 쌓았다. 아닥사스다 왕은 13년 후에 느헤미야에게 두 번째 영을 내렸다. 느헤미야는 그 영을 받고 예루살렘에 와서 예루살렘을 보호하기 위한 성벽을 쌓았다. 그러나 예루살렘 중건은 성벽을 쌓는 것보다 헌신된 사람들을 먼저 준비한 에스라의 사역에서 시작되었다.

거리와 해자를 모두 만드는 데 36년이 더 걸렸다. 예루살렘 중건은 모두 합하여 49년(13+36=7×7=49년)이 걸렸다. 예루살렘 중건의 첫 영이 내린 주전 457년에 일곱 '이레'를 더하면 주전 408년(BC 457-49년=BC 408)이 된다.

이 일곱 '이레' 후에 육십이 '이레'를 빼면(BC 408-62×7년 = AD 26) 주후 26년이 된다.

서양 달력은 주전 1년에서 주후 0년 없이 주후 1년으로 넘어가기 때문에 주후 26년은 실제로는 주후 27년이 된다. 모든 학자들은 예수님의 공적 사역이 주후 27년에 시작되었다고 동의하고 있다. **그러므로 가브리엘이 예언한 메시아가 출현하는 해는 실제로 예수님이 이스라엘에 공적으로 나타난 해와 정확하게 일치한다.**

헤롯 대왕은 주전 20년부터 예루살렘의 성전을 개축하기 시작하였다. 예수님이 그의 사역을 시작하셨을 때 성전을 정결하게 하시려고 하였다. 요한은 헤롯 대왕이 처음 개축을 시작한 때부터 이때까지 46년이 지났다고 말했다(요 2:20). 그러므로 -20(BC) +46+1=

27(AD), 즉 예수님이 사역을 시작한 해는 주후 27년이다. 앞에서 설명했듯이 서양 달력은 주전 1년에서 0년을 뛰어넘어 바로 주후 1년으로 가기 때문에, 예수님의 사역은 주후 26년이 아니고 주후 27년에 시작되었다.

가브리엘은 기름부음 받은 자(메시아)가 그 후에 갑자기 죽는다고 말하였다. 그 죽음 후에 한 백성들이 와서 예루살렘과 성소를 훼파한다고 예언하였다(단 9:26). 가브리엘의 예언처럼 예수님은 3년간의 사역 후 갑자기 십자가에 처형되셨다. 그의 처형 후 40년이 지나면서 로마의 디도 장군이 대군을 이끌고 와서 예루살렘을 점령하였다. 유대인 역사학자 요세푸스에 의하면 9만 7천 명의 유대인이 포로로 잡혀가고 110만 명이 죽음을 당했다고 한다.

예수님은 이스라엘 백성들에게 머지 않아 닥쳐올 위험을 경고하셨다.

"너희가 예루살렘이 군대들에게 에워싸이는 것을 보거든 그 멸망이 가까운 줄을 알라 그때에 유대에 있는 자들은 산으로 도망갈 것이며 성(예루살렘)내에 있는 자들은 나갈 것이며 촌에 있는 자들은 그리로 들어가지 말지어다 이날들은 기록된 모든 것을 이루는 징벌의 날이니라 그날에는 아이 밴 자들과 젖먹이는 자들에게 화가 있으리니 이는 땅에 큰 환난과 이 백성에게 진노가 있겠음이로다 그들이 칼날에 죽임을 당하며 모든 이방에 사로잡혀 가겠고 예루살렘은 '이방인의 때'가 차기까지 이방인들에게 밟히리라"(눅 21:20-24).

로마 군대가 처음 쳐들어왔을 때 모든 기독교 유대인들은 요단강을 건너 펠라라는 곳으로 도망갔다고 기독교 역사학자인 유세비우스는 말하였다. 유세비우스는 그가 기록한 《교회사》에서 예루살렘 멸망 때 단 한 명의 그리스도인도 죽지 않았다고 말했다.

주전 70년 봄에 로마의 장군인 디도는 8만 명의 군사로 예루살렘 성을 포위하였다. 그때가 유월절 절기 바로 전이었으므로 많은 유대인들이 지중해 전역에서 모여와 있었고 이들은 성을 방어하기 위해 성 안으로 들어갔다. 디도 장군은 보급과 증원군을 막으려고 시 전체를 둘러싼 포위 성벽을 만들어 세웠다. 그 결과 성 안의 많은 사람들이 굶어죽어 갔다.

예수님의 제자들이 성전의 웅장함을 자랑하자 예수님은 성전의 앞날에 대한 예언을 하셨다.

"너희가 이 모든 것을 보지 못하느냐 내가 진실로 너희에게 이르노니 돌 하나도 돌 위에 남지 않고 다 무너뜨려지리라"(마 24:2).

유대인들이 결사항전을 하였으므로 디도는 매우 화가 나서 로마 군대를 명하여 예루살렘을 파괴하고, 예루살렘 성전을 불태우게 하였다. 성전 안에 보관되었던 많은 양의 금과 은이 불에 타 녹아 성전의 돌틈 사이로 흘러내렸다. 군인들은 돌에 붙어 있는 귀금속들을 긁어내려고 긴 막대기를 지렛대로 사용해 무거운 성전의 돌들을 들어 옮겼다. 그 결과 예수님이 예언하신 대로 돌 하나도 돌 위에 남지 않고 다 무너졌다.[2]

디도 장군의 통역관이었던 역사학자 요세푸스는 로마군의 예루살렘 침략을 직접 목격하였다. 그는 예수님이 예루살렘과 성전에 대해 예언한 그대로 이루어졌음을 그의 책에 상세하게 묘사하였다. 예루살렘 점령 후 디도는 예루살렘 성과 성전을 완전히 파괴하라고 명령하였다. 성전의 서쪽 벽만 제외하고 예루살렘의 모든 벽은 완전히 파괴되었다. 예루살렘에 사람이 살았다는 흔적마저 모두 제거

되었다.

예수님이 누가복음 21장 24절에서 예언하셨듯이 예루살렘은 2000년 동안 이방인에게 짓밟혔다. 예수님은 이 기간을 '**이방인의 때**'라고 하셨다. 그리스도인들은 이 기간을 교회시대라고 부른다. 이때 예수님의 복음이 세상 만민에게 전파되었다.

분명히 하나님은 성전의 파괴를 허락하심으로 우리에게 메시지를 보내셨다. 이스라엘 민족은 성전의 재건축을 간절히 소원했지만 하나님은 지난 2000년 동안 재건축을 허락하시지 않았다. 히브리서의 저자는 말하였다.

"율법은 장차 올 좋은 일의 그림자(예표)일 뿐이요 참 형상이 아니므로 해마다 늘 드리는 같은 제사로는 나아오는 자들을 언제나 온전하게 할 수 없느니라 그렇지 아니하면 섬기는 자들이 단번에 정결하게 되어 다시 죄를 깨닫는 일이 없으리니 어찌 제사 드리는 일을 그치지 아니하였으리요 그러나 이 제사들에는 해마다 죄를 기억하게 하는 것이 있나니 이는 황소와 염소의 피가 능히 죄를 없이 하지 못함이라"(히 10:1-4).

즉 성전에서 드린 동물 제사들은 메시아의 십자가 희생을 가리키는 예표에 불과하였다. 그러므로 이 제사들은 죄인들의 죄책감을 제대로 해소시키지 못했다. 구약성경 시대에는 이스라엘인들이 성전 안에서 계속해서 동물 제사를 드려야만 하였다. 히브리서는 시편 40편 6-8절을 다음과 같이 인용하였다.

"그러므로 주께서 세상에 임하실 때에 이르시되 하나님이 제사와 예물을 원하지 아니하시고 오직 나를 위하여 한 몸을 예비하셨도다 번제와 속죄제는 기뻐하지 아니하시나니 이에 내가 말하기를 하나님이여 보시옵소서 두루마리 책(성경)에 나를 가리켜 기록된 것과 같이 하나님의 뜻을 행하러 왔나이다 하셨느니라"(히 10:5-7).

다윗은 시편 40편 7-8절에서 하나님의 궁극적인 계획은 우리의 죄에 대한 심판을 대신 받을 (메시아의) 몸을 제공하는 것이라고 말했다.

히브리서는 계속해서 이 사실을 설명하고 있다.

"그 첫째것(동물 제사)을 폐하심은 둘째 것(메시아의 희생)을 세우려 하심이라 이 뜻을 따라 예수 그리스도의 몸을 단번에 드리심으로 말미암아 우리가 거룩함을 얻었노라 제사장마다 매일 서서 섬기며 자주 같은 제사를 드리되 이 제사는 언제나 죄를 없게 하지 못하거니와 오직 그리스도는 죄를 위하여 한 영원한 제사를 드리시고 하나님 우편에 앉으사 그 후에 자기 원수들을 자기 발등상이 되게 하실 때까지 기다리시나니 **그가 거룩하게 된 자들을 한 번의 제사로 영원히 온전하게 하셨느니라**"(히 10:9b-14).

구약성경에 명령하셨듯이 동물 제사를 계속 드리기 위해 성전이 필요했다면, 하나님은 분명히 성전을 계속 있도록 하셨을 것이다. 그러나 메시아의 죽음이 모든 믿는 자를 영원토록 완전하게 하였으므로 더 이상 속죄 제사를 드리기 위한 성전이 필요없게 된 것이 확실하다. 그러므로 하나님은 성전을 제거하셨고 지난 2000년 동안 성전을 주지 않으셨다.

하나님의 전령인 천사 가브리엘은 다니엘에게 그의 백성(이스라엘 민족)과 그의 거룩한 성(예루살렘)을 위해 70주(490년)를 정했다고 말했다. 69주가 지나서 메시아가 나타났다. 이스라엘 백성들을 위한 모든 예언이 이루어지기 위해 1주(7년)만 남았다. 가브리엘은 다니엘에게 마지막 한 주에 대해 말해 주었다.

"그(적그리스도)가 장차 많은 사람으로 더불어 한 이레(1주) 동안의 언약을 굳게 정하겠고 그가 그 이레의 절반에 제사와 예물을 금지할 것이며 또 잔포하여 미운 물건(우상)이 날개를 의지하여 설 것이며 또 이미 정한 종말까지 진노가 황폐케 하는 자에게 쏟아지리라 하였느니라"(단 9:27, 개역한글).

대부분의 학자들은 69이레와 마지막 1이레 사이에 오랫동안 중단된 기간이 있다고 믿는다. 예수님이 예언하셨듯이 **'이방인의 기간'** 이라고(교회시대) 불리는 이 기간 동안 이방인들이 예루살렘을 점령하였다. 그러나 이스라엘이 예루살렘을 완전히 회복하면 마지막 1이레가 시작된다. 가브리엘은 가짜 메시아(적메시아)가 나타나 이스라엘과 화평의 조약을 맺는다고 말했다.

그러나 3년 반(1이레의 절반) 후에 적메시아는 하나님께 드리는 제사와 예물을 금지시키며 자기의 정체를 드러내게 된다. 그는 성전 옆(날개)에 사탄의 흉상(미운 물건)을 세우고 이스라엘 백성들에게 예배하도록 강요하게 된다. 이 증오스러운 우상에 절하기를 거부하는 이스라엘인들에게 큰 핍박이 임하게 된다.

이스라엘 백성들은 마침내 자기들이 적메시아에게 속은 것을 알게 되고 그에게 대항하게 될 것이다. 적메시아는 10개국의 도움을 얻어 하나님을 믿는 성도들을 대항해 전쟁을 일으켜 잠깐 동안 이기게 된다(단 7:21).

스가랴 선지자도 마지막 1이레가 끝나갈 때에 외국 나라들이 적메시아와 연합하여 예루살렘을 공격한다고 예언하였다. 이 전쟁을

'아마겟돈 전쟁'이라고 부른다(계 16:14-16, 19:11-21). 신약성경은 적메시아를 '적그리스도'라고 부르거나 '짐승'이라고 부른다.

이스라엘이 위기에 몰렸을 때 메시아와 모든 성도들이 하늘에서 감람 산에 내려와 이스라엘을 구원하게 된다(슥 14:1-5). 앞에서 언급했듯이 예수님의 승천 때에 동행했던 천사들도 예수님의 재림을 예언했다(행 1:11-12).

스가랴는 메시아가 감람 산 위에 그의 두 발로 설 것을 예언했다. 메시아는 적메시아와 외국 나라들의 침략을 물리친 후 메시아 왕국을 세우게 된다(슥 14:8-9).

다니엘도 메시아가 하늘에서 직접 올 것을 예언하였다.

"내가 또 밤 환상 중에 보니 '인자'(메시아) 같은 이가 하늘 구름을 타고 와서 옛적부터 항상 계신 이에게 나아가 그 앞으로 인도되매 그에게 권세와 영광과 나라를 주고 모든 백성과 나라들과 다른 언어를 말하는 모든 자들이 그를 섬기게 하였으니 그의 권세는 소멸되지 아니하는 영원한 권세요. 그 나라는 멸망하지 아니할 것이니라"(단 7:13-14).

메시아의 재림 때에는 그가 이사야 9장 6절에 예언한 것같이 아기로 태어나지 않고 하늘에서 구름을 타고 오게 된다. 그러므로 메시아는 한 번밖에 오지 않고 그가 오면 바로 메시아 왕국을 세운다고 주장하는 이스라엘 사람들의 입장은 성경의 예언과 조화될 수 없다. 이사야와 다니엘의 예언은 이러한 견해와 확실히 상치된다. 다니엘은 모든 나라의 모든 백성들은 메시아를 경배하게 된다고 말했다. 메시아는 이때 모든 예언을 다 이루며 메시아 왕국을 세우게 된다.

예수님은 다니엘서의 이 예언에 따라 자주 자신을 '인자'라고 하셨다. **예수님은 메시아의 초림 때에는 그는 죽음과 부활과 승천을 해야 함을 잘 아셨다. 그리고 재림 때에는 하늘에서 내려와 메시아 왕국을 세워야 함도 아셨다. 예수님을 제외하고 그 당시 아무도 이 사실을 알지 못했다.** 메시아의 재림이 구약성경에 분명히 예언되어 있지만 이스라엘 사람들은 이것을 받아들이지 않았다.

그들은 예수님이 메시아이면 그의 초림 때에 메시아 왕국을 세웠어야 했다고 주장한다(요 12:34).

한번은 바리새인들이 예수님께 하나님의 나라가 언제 임하느냐고 물었다. 예수님은 "하나님의 나라는 볼 수 있게 임하는 것이 아니요 또 여기 있다 저기 있다고도 못하리니 하나님의 나라는 너희 안에 있느니라"(눅 17:20-21)고 대답하셨다.

예수님 당시에는 소수의 사람만 예수님을 왕으로 영접했으므로 하나님의 나라가 사람들에게 감추어져 있었다. 그러나 하나님의 나라가 하늘에서 임할 때에는 모든 사람에게 보이게 된다고 예수님은 말씀하셨다. 그가 하늘의 천사들의 군대를 데리고 올 때에는 이스라엘을 포함한 모든 나라들이 그를 왕으로 영접할 것이다.

마태복음에서 예수님은 제자들에게 그의 재림에 대해 다음과 같이 말씀하셨다.

"그때에 인자의 징조가 하늘에서 보이겠고 그때에 땅의 모든 족속들이 통곡하며 그들이 '인자'가 구름을 타고 능력과 큰 영광으로 오는 것을 보리라"(마 24:30).

예수님은 자신이 다니엘 7장 13-14절에서 예언된 '인자'이며 자기가 다시 올 때에 하늘로부터 구름을 타고 온다고 말씀하셨다.

예수님이 제자들에게 자기가 예루살렘에서 죽어야 한다고 말씀하셨을 때 베드로와 나머지 제자들은 그 말을 이해하지도 못하였고 그러한 무서운 말을 하는 것 자체를 막으려고 애썼다. 예수님은 잡히시던 날 밤에 다락방 강화(요 13-17장)를 제자들에게 하셨다.

예수님이 자기가 곧 떠나게 되고 죽게 된다고 말하자 제자들은 매우 낙담하였다. 예수님은 그들을 위로하면서 약속해 주셨다.

"가서 너희를 위하여 거처를 예비하면 내가 다시 와서 너희를 내게로 영접하여 나 있는 곳에 너희도 있게 하리라"(요 14:3).

예수님은 그의 재림을 굳게 서약하셨다.

예수님의 부활 후에도 제자들은 여전히 혼란에 빠져 예수님에게 물었다.

"주께서 이스라엘 나라를 회복하심이 이때니이까"(행 1:6).

예수님은 그 당시에 메시아 왕국을 세우는 것이 하나님의 계획이 아니라고 말씀하셨다. 그의 제자들은 기다리던 메시아가 이미 오신 예수님이고 그 분은 세상 끝에 다시 오신다는 복음의 소식을 전파하는 데 모든 힘을 기울이라는 분부를 받았다.

제4장
구약성경의 메시아 예표들

제4장에서는 구약성경에 나오는 모든 중요한 메시아 예표들을 살펴보고자 한다. 메시아 예표의 한 예로 사도 바울은 아담을 메시아의 표상, 즉 예표라고 불렀다(롬 5:14). 또 바울은 고린도전서 15장 44-45절에서 아담이 첫 육신을 소유한 것처럼 그 모든 후손들도 육신을 소유하게 되었고 부활한 메시아가 첫 영체를 소유한 것처럼 그의 영적 후손들도 영체를 소유하게 된다고 말했다.

"육의 몸으로 심고 신령한 몸으로 다시 살아나나니 육의 몸이 있은즉 또 영의 몸도 있느니라 기록된 바 첫 사람 아담은 생령이 되었다 함과 같이 마지막 아담은 살려주는 영이 되었나니"(고전 15:44-45)

사도 바울은 첫 사람 아담은 땅의 흙으로 만들어졌지만 마지막 아담은 하늘에서 온 영체로 되었다고 말한다. 마지막 아담을 따르는 모든 사람들은 그리스도의 재림 때에 영체를 소유하게 된다(요일 3:2). 아담과 그의 육신은 메시아와 그의 영체를 가리키는 예표였지만 본질(메시아와 영체)에 비해서는 월등하게 열등하였다. 더군다나 아담의 죄로 인해 육신은 더 유한하고 연약하게 되었다. 그러나 영체는 영원하며 하늘의 영광을 나타낸다.

창세기에 나오는 요셉도 메시아를 예표하는 인물이다. 아버지의 사랑을 받던 아내의 아들이었던 요셉은 그 아버지 야곱에게 특별히 총애를 받았다. 그의 형제들은 질투심에 불타서 요셉을 애굽에 종으로 팔았다. 그러나 요셉은 여러 가지 유혹과 핍박 가운데서도 믿음을 지켜 나갔다. 마침내 애굽의 왕이 요셉의 신묘한 지혜에 깊은 감명을 받고 요셉을 그 나라의 국무총리로 임명하였다. 그 후 요셉은 하나님께서 그의 백성들을 기근에서 구원하시려고 자기를 애굽에 미리 보내셨다고 그의 형제들에게 고백하였다. 요셉은 이방 백성을 포함한 모든 사람들을 구원하기 위해 보냄을 받은 고난의 메시아를 잘 보여주고 있다. 예수님도 자기 백성들에게 배척받고 고난을 받으셨지만 하나님은 오히려 그의 죽음의 공로를 이용하여 이스라엘과 이방인을 구원하시게 된다.

예수님은 솔로몬도 자기를 예표한다고 말씀하셨다(마 12:42). 솔로몬 왕은 인류 역사상 가장 지혜로운 사람이었다. 솔로몬은 제왕시인 시편 72편과 지혜시인 시편 127편을 포함해 수천 개의 잠언과 시가를 저술하였다. 그는 또 전도서와 아가서와 잠언의 대부분도 기록하였다. 솔로몬이라는 이름은 '평화의 사람'이라는 뜻을 가지고 있다. 그는 또 성전도 건축하였다. 솔로몬은 분명히 메시아의 예표적인 인물이었다. 솔로몬에게서 나타난 메시아적 특징들을 예수님에게서도 발견할 수 있다. 예수님의 지혜는 모세의 법을 재해석한 것에서 잘 드러난다. 예수님은 스스로 의롭게 여기는 자들의 위선을 들추어 내셨고 그들이 마음으로부터 변해야 할 것을 가르쳐 주셨다. 예수님은 평화의 왕으로서 평화와 사랑을 전파하셨다. 그는 메시아 왕국에서 영원히 왕으로 다스리실 것이다.

구약성경의 여러 가지 예표들은 다 각각 메시아의 다른 면들을 묘사하고 있다. **그 중 가장 중요한 메시아 예표는 백성의 속죄를 위해 죽는 메시아를 가리키는 동물 제사다.** 동물 제사를 드린 두 중요한 행사일은 유월절과 속죄일이다. 죽음의 천사가 애굽의 모든 초태생들을 죽일 때에 이스라엘의 모든 초태생들은 보호받은 것을 기념하여 이스라엘 사람들은 유월절을 지켰다. 유월절의 가장 중요한 행사는 어린 양을 죽여 먹는 것인데, 이 양은 우리의 구속을 위해 희생될 메시아의 몸을 가리킨다. 예수님은 우리가 받아야 할 죄의 심판을 대신 받으시기 위해 십자가에 자기의 몸을 제물로 바치셨다.

이스라엘 사람들은 죽은 양의 피를 집의 문설주에 발라 그 가족의 죄를 속죄함을 나타냈었다. 예수님은 자신이 유월절 양처럼 고난을 받고 죽을 것을 제자들에게 말씀해 주셨지만 아무도 그의 말을 알아듣지 못했다. 예수님은 대제사장으로 와서 자기의 몸을 속죄 제물로 바치시고 자기를 십자가에 못 박은 자들을 위해서도 중보의 기도를 드리셨다.

대제사장은 속죄일에 자신의 죄와 모든 이스라엘의 죄를 위해 속죄 제사를 드렸다. 그는 황소와 염소의 피를 가지고 지성소에 들어갔다. 지성소의 언약궤 위에 임재하신 하나님을 향해 대제사장은 혼자서만 접근할 수 있었다. 대제사장은 언약궤 뚜껑 위에 염소의 피를 뿌림으로 죄의 값을 지불하는 속죄 행사를 거행하였다. 이것은 메시아의 희생의 피가 백성들의 죄를 덮어준다는 것을 상징하였다. 대제사장은 그의 손을 다른 살아있는 염소 머리에 얹어 이스라엘 백성들의 죄를 고백하였다. 이스라엘의 죄가 멀리 사라졌다는 것을 상징하기 위해 이 염소는 광야로 보내어졌다. 이사야는 메시아가 백성들의 죄를 속하기 위해 산 자들의 땅에서 끊어진다(죽는다)고 예언하였다(사 53:8b). 이러한 예표들은 분명히 메시아의 죽음을 가리키고 있고 우리의 죄가 용서받기 위해 대신 희생되신 예수님의 죽음과도 잘 일치하고 있다.

성경은 메시아의 역할을 가르치기 위해 기름부음 받은 직분들을 사용하였다. 스가랴는 메시아에 관한 여러 가지 예언들을 하였다. 주의 천사는 스가랴에게 대제사장이던 여호수아와 다른 제사장들은 장차 올 인물에 대한 상징적 역할을 한다고 말했다.

스가랴는 이 제사장들이 '하나님의 종' 혹은 '나무줄기(순)' 라고 불리는 미래의 메시아의 예표들이라고 말한다.

"대제사장 여호수아야 너와 네 앞에 앉은 네 동료들은 내 말을 들을 것이니라 이들은 예표의 사람들이라 내가 내 종 싹을 나게 하리라"(슥 3:8).

메시아는 하나님의 뜻을 섬기는 자이므로 스가랴는 메시아를 '하나님의 종' 이라고 불렀다. 예수님도 자신의 목숨을 바쳐 우리를 섬기는 종이라고 말씀하셨다.

"인자가 온 것은 섬김을 받으려 함이 아니라 도리어 섬기려 하고 자기 목숨을 많은 사람의 대속물로 주려 함이니라"(막 10:45).

제사장들은 백성들을 성전에서 섬김으로 메시아의 섬기는 역할을 미리 보여주었다. 그들은 백성들의 속죄를 위해 제사를 드렸다. 메시아는 다윗 왕의 후손이므로 가끔 나무줄기(순)라고도 불렀다. 메시아 예표 인물인 여호수아는 첫 대제사장인 아론의 후예가 됨으로 '순' 이라고 불렀다.

스가랴는 메시아를 '돌' 이라고도 불렀다.

"만군의 여호와가 말하노라 내가 너 여호수아 앞에 세운 돌을 보라 한 돌에 일곱 눈(성령)이 있느니라 내가 거기에 새길 것을 새기며 이 땅의 죄악을 하루에 제거하리라"(슥 3:9).

메시아가 다시 오실 때에 모든 나라들을 심판하게 된다. 믿지 않는 자들에게 그는 거치는 돌(걸려 넘어지게 하는 돌), 걸리는 반석(떨어질 때 부딪히는 반석)이 된다(사 8:14-15). 그러나 믿는 자들에게는 안전한 장소, 피난처, 환난 때의 은신처인 반석이 된다(사 28:16). 예수님은 시편을 인용하여 이스라엘이 자신을 배척하는 것을 묘사하였다. "건축자가 버린 돌이 집 모퉁이의 머릿돌이 되었나니"(시 118:22). 그 돌 위에 떨어지는 자는 가루와 같이 부서진다고 예수님은 경고하셨다. 자기를 배척한 사람들은 장차 최후의 심판관인 자신을 대할 것을 또한 예고하셨다.

천사는 하나님이 마지막 때에 이 땅 백성들의 죄를 하루에 제거할 것이라고 스가랴에게 일러 주었다. 예수님도 자신이 대환난 후에 다시 온다고 약속하셨다. 그때에 이스라엘에 회개운동이 일어나며 큰 통곡이 있다고 말씀하였다(슥 12:10-14). 이때에 하나님은 이스라엘의 죄를 용서해 주신다(슥 13:1).

앗수르 제국은 그 주위의 나라들을 계속 침략해서 정복하고 있었다. 그때 아람(시리아)과 이스라엘은 연맹을 맺어 앗수르에 대항하여 자기 나라를 지키려고 하였다. 그 당시 이스라엘은 팔레스타인의 북쪽을 차지하고 있었고 유다는 남쪽을 다스리고 있었다. 유다왕 아하스는 아람과 이스라엘의 연맹에 가담하라는 압력을 받으며 고민하고 있었다. 선지자 이사야는 유다왕 아하스가 앗수르에게 도움을 청하기보다 하나님을 의뢰하라고 격려하였다. 이사야는 북쪽 연맹의 두 왕이 수년 내에 나무 장작과 같이 불에 타버린다고 아하스에게 말해주었다.

이사야는 아하스에게 자신의 예언을 확신하는 데 도움이 되는 하나님의 징조를 구하는 기회를 주었지만 그 기회를 거부하였다. 아하스는 속마음으로는 이사야의 예언을 믿지 않았다. 그러나 이사야는 하나님이 아하스에게 징조를 주시리라고 말했다. **그 징조는 '임마누엘' 이라는 이름을 가진 남자 아이가 처녀에게서 태어난다는 것이었다**(사 7:14).

임마누엘은 '하나님이 우리와 함께 계신다' 는 뜻이다. 이 소년은 메시아를 가리키는 예표다. 마태와 누가는 이 예언대로 처녀 마리아가 요셉과 동거하기 전에 예수를 낳았다고 기록하고 있다. 이사야는 이 소년이 선과 악을 구별하기 전에 북쪽의 연맹이 깨어진다고 예언하였다. 이사야의 예언이 있은 지 2년 후에 앗수르 군대가 와서 연맹한 두 왕을 제거해 버렸다.

이사야는 소년 임마누엘의 예언을 먼 훗날에 올 메시아에게로 연장하였다.

"전에 고통받던 자들에게는 흑암이 없으리로다 옛적에는 여호와께서 스불론 땅과 납달리 땅이 멸시를 당하게 하셨더니 후에는 해변 길과 요단 저쪽 이방의 갈릴리를 영화롭게 하셨느니라 흑암에 행하던 백성이 큰 빛을 보고 사망의 그늘진 땅에 거주하던 자에게 빛이 비치도다 주께서 이 나라를 창성하게 하시며 그 즐거움을 더하게 하셨으므로 추수하는 즐거움과 탈취물을 나눌 때의 즐거움같이 그들이 주 앞에서 즐거워하오니 이는 그들이 무겁게 멘 멍에와 그들의 어깨의 채찍과 그 압제자의 막대기를 주께서 꺾으시되 미디

안의 날과 같이 하셨음이니이다 어지러이 싸우는 군인들의 신과 피 묻은 겉옷이 불에 섶같이 살라지리니 **이는 한 아기가 우리에게 났고 한 아들을 우리에게 주신 바 되었는데 그의 어깨에는 정사를 메었고 그의 이름은 기묘자라, 모사라, 전능하신 하나님이라, 영존하시는 아버지라, 평강의 왕이라 할 것임이라** 그 정사와 평강의 더함이 무궁하며 또 다윗의 왕좌와 그의 나라에 군림하여 그 나라를 굳게 세우고 지금 이후로 영원히 정의와 공으로 그것을 보존하실 것이라 만군의 여호와의 열심이 이를 이루시리라"(사 9:1-7).

이사야는 하나님의 아들인 메시아가 와서 갈릴리 사람들을 섬기게 된다고 말했다. 갈릴리는 이스라엘 북쪽 경계선에 가까이 위치해 있다. 예수님이 성장한 나사렛은 갈릴리 지역에 포함되어 있다. 예수님의 사역의 중심 도시인 가버나움도 갈릴리 중심에 놓여 있다. 이사야는 메시아가 기묘자며 모사이고, 영존하는 하나님이시며 평강의 왕이라고 예언하였다. 기묘자며 모사라는 말은 메시아가 하나님의 지혜를 가진 자라는 의미를 포함한다. 이사야 11장 2절은 메시아에게 성령 즉 지혜와 총명의 신이며 모략과 재능의 신이 임재한다고 말한다. 예수님은 사역하실 때 초자연적인 지혜를 나타내셨다. 이 책의 제2단원에서 예수님의 신적 지혜를 나타낸 몇 가지 예를 다루게 된다.

한번은 여호와의증인을 믿는 사람에게 이사야의 이 본문을 보여준 적이 있었다. 그는 하나님은 전능하시지 능한 자가 아니라고 주장했다(한글 성경은 메시아를 '전능하신 하나님'이라고 번역했지만 원어는 '능하신 하나님'으로 되어 있다).

나는 그에게 여호와 하나님을 '능하신 하나님'으로 표현한 구절을 보여주었다.

"그날에 이스라엘의 남은 자와 야곱 족속의 피난한 자들이 다시는 자기를 친 자를 의지하지 아니하고 이스라엘의 거룩하신 이 여호와를 진실히 의지하리니 남은 자 곧 야곱의 남은 자가 '능하신' 하나님께로 돌아올 것이라"(사 10 : 20-21).

그러나 그 사람은 혼란스러운 표정을 지으며 나를 피해버렸다.

하나님의 아들을 영존하신 아버지라고 부른 것에 대해 3위 1체 교리와 연관해서 의문을 가질 수 있다. 히브리인들은 아버지라는 말을 아버지같이 돌보는 자나 보호자라는 의미로도 사용한다. 이사야가 강조한 것은 메시아가 아버지라는 뜻보다 그가 우리를 영원히 돌보는 자라는 뜻을 가진다. 이사야 22장 2절에도 비슷한 표현을 볼 수 있다. 여기에서 하나님은 그의 종 엘리아김을 유다 집의 아비로 임명해 백성들을 돌보게 하고 있다.

메시아는 또한 그의 왕국에서 평화의 왕으로 다스릴 것이다.

여호와의증인이나 몰몬 교도들은, 예수님은 하나님이 아니고 천사라고 주장한다. **그러나 복음서에 의하면 예수님은 여러 번 제자들에게서 경배를 받으셨다. 천사들은 경배 받기를 거부한다.** 사도 요한이 마지막 때에 대한 말씀을 전한 천사에게 엎드려 경배하려고 하였을 때 그 천사는 말했다.

"그가 내게 말하기를 나는 너와 네 형제 선지자들과 또 이 두루마리의 말을 지키는 자들과 함께 된 종이니 그리하지 말고 하나님께 경배하라 하더라"(계 22:9).

그러나 예수님이 물 위를 걸었을 때 그의 제자들은 그를 경배하며 말했다.

"진실로 하나님의 아들이로소이다"(마 14:33b).

예수님은 그의 제자들이 엎드려 경배하며 그의 신성을 고백했을 때 그러한 행동을 거부하신 적이 없다. 예수님은 부활 후에 갈릴리에서 제자들을 다시 만나셨다. 그들은 예수님을 보고 경배하였다. **예수님은 그들이 경배하는 것을 멈추게 하기보다는 오히려 신의 권세로 모든 민족으로 제자를 삼으라고 명령하셨다**. 그는 또 아버지와 아들(예수)과 성령의 이름으로 세례를 주라고 함으로써 아버지와 성령과 같은 권세를 주장하셨고 삼위일체 하나님의 한 분으로 그의 주님 되신 권세에 온전히 복종할 것을 요구하셨다(마 28:18-20). **예수님이 세상 끝날까지 우리와 항상 함께 있겠다는 약속은 임마누엘, 즉 하나님이 우리와 함께 계신다는 예언의 성취라고 볼 수 있다.**

예수님의 처녀 탄생은 오랫동안 논쟁의 대상이 되었다. 가브리엘 천사가 마리아에게 말했다.

"천사가 이르되 마리아여 무서워하지 말라 네가 하나님께 은혜를 입었느니라 보라 네가 잉태하여 아들을 낳으리니 그 이름을 예수라 하라 **그가 큰 자가 되고 지극히 높으신 이의 아들이라 일컬어질 것이요 주 하나님께서 그 조상 다윗의 왕위를 그에게 주시리니 영원히 야곱의 집을 왕으로 다스릴 것이며 그 나라가 무궁하리라**" (눅 1:30-33).

가브리엘은 마리아를 통해서 하나님의 아들이신 메시아를 보낸다고 말했다. 가브리엘은 메시아가 메시아 왕국을 세워 다윗에게 한 하나님의 약속을 성취하신다는 예언을 하였다.

마리아는 자신이 아직 처녀이므로 그것은 불가능하다고 말했지만 천사는 마리아가 하나님의 능력으로 거룩한 아들을 잉태한다고 말했다.

"성령이 네게 임하시고 지극히 높으신 이의 능력이 너를 덮으시리니 이러므로 나실 바 거룩한 이는 하나님의 아들이라 일컬어지리라"(눅 1:35).

예수님이 그의 사역을 시작하셨을 때 그의 고향 사람들은 예수님의 출생에 대해 비꼬아 말했다.

"이 사람이 마리아의 아들 목수가 아니냐 야고보와 요셉과 유다와 시몬의 형제가 아니냐……"(막 6:3).

그들은 예수님이 마리아의 남편인 요셉의 아들이라고 하지 않았다. 그들은 예수님이 결혼 생활 중에 태어난 적자가 아님을 말하고 있었다. 예수님이 유대인들이 그들의 아버지 마귀에게 속하므로 죄의 종이 되었다고 공격했을 때 유대인들은 예수님의 출생을 비난하였다.

"우리가 음란한 데서 나지 아니하였고……"(요 8:41b).

그들은 예수님이 마리아와 요셉이 동거하기 전에 태어났음을 말하고 있다.

최근에 '돌리'라는 양이 수컷 없이 유전자 조작으로 새끼를 낳은 예도 있지만 처녀 탄생설은 그리스도인들 간에도 잘 받아들여지지 않고 있다. 그러나 예수님의 처녀 탄생은 그의 부활 사건보다 더 불가능한 기적적인 사건은 아니다. 만약에 하나님이 우주와 인간을 창조하신 분이라면 지금 과학자들도 할 수 있는 처녀 탄생은 그에게 그리 어려운 일이 아니다. 처녀 탄생은 기독교의 독특한 교리이지만 예수님의 신성을 믿으려면 꼭 필요하다.

성경은 아담 이후 태어난 모든 사람이 죄인이라고 말한다. 죄가 없는 사람은 아무도 없다. 어떤 사람도 항상 자신의 생각과 행동을 하나님의 기준에 완벽하게 맞출 수는 없다. 예수님이 보통 인간과 같이 아담의 후손으로 태어나셨다면 그도 다른 사람들과 같이 죄를 지었을 것이다. 죄의 성품을 타고나지 않으려면 하나님의 직접적인 개입이 있어야 하며, 메시아의 탄생은 하나님의 특별한 방법으로 이루어졌다. 예수님이 죄가 있었다면 그는 인류의 속죄를 위한 제물의 자격을 상실하게 된다.

다른 한편으로는 만약 예수님이 여인의 몸에서 태어나지 않았다면 신성을 가진 예수님은 인간이 될 수 없었을 것이다. 메시아는 성육신을 함으로써 임마누엘(하나님이 우리와 함께하심)이 된 것이다.

덴마크의 철학자 키에르케고르는 흥미로운 이야기를 하였다. 한 왕자가 마차를 타고 가난한 마을을 지나가고 있었다. 그는 커튼 뒤에서 자기를 훔쳐보고 있는 예쁜 소녀를 발견하였다. 그는 그 소녀에게 어떻게 청혼을 할까 하고 고민하였다. 자기가 왕자로서 그녀에게 자기의 아내가 되라고 명령할 수 있었지만 그렇게 하면 그녀는 그에게 하인처럼 되어 버리고 말 것이다. 자기가 부자의 아들인 것같이 변장하여 비싼 선물을 보낼 수도 있었다. 그러나 그녀는 결국에는 그의 정체를 알게 될 것이고 자신이 선물로 매수되었다고 느낄 것이다. 그 왕자는 왕복을 벗고 농사꾼의 옷을 입기로 작정하였다. 그는 그녀의 친구가 되기 위해 그녀의 옆집으로 이사하고 그녀가 하는 말을 배우기 시작하였다. 한참 후에 그녀가 그의 정체를 알았을 때 그녀는 그의 희생적 헌신에 깊은 감명을 받았다. 그녀는 그의 사랑을 신뢰하게 되었고 그녀의 마음을 기꺼이 그에게 주었다. 이것이 메시아가 임마누엘이 되신 이유다.

　구약성경에서 중요한 관직의 취임 행사는 성령의 능력을 받는 것을 상징하기 위해 기름을 붓는 것으로 거행되었다. 메시아라는 말은 구약성경에서 거의 사용되지 않았다. 그러나 기름을 붓는 것과 연관하여 메시아에 대한 수많은 예표와 예언이 사용되었다. **왕이나 제사장이나 선지자가 취임할 때 기름을 머리에 붓는다. 이 직분들은 장래의 메시아의 역할을 가리키는 중요한 예표들이다. 이사야는 메시아의 역할로 종의 개념을 도입하여 4개의 종의 노래에서 메시아를 묘사하려고 하였다.**

　왕은 메시아의 역할을 가리키는 첫 번째 예표다. 다윗은 이스라엘의 가장 위대한 왕이었다. 다윗은 성공적으로 나라를 세운 후 영구한 하나님의 집을 지을 계획을 세웠다. 그러나 하나님은 그것보다 영원한 다윗의 집(가문)을 다윗을 위해 세우시겠다고 하셨다. 다윗의 집에 속한 왕들은 메시아의 계보를 이루며 메시아의 조상들이 된다는 것이다. 하나님은 다윗에게 말씀하셨다.

　"여호와가 또 네게 이르노니 여호와가 너를 위하여 집을 짓고 네 수한이 차서 네 조상들과 함께 누울 때에 내가 네 몸에서 날 네 씨를 네 뒤에 세워 그의 나라를 견고하게 하리라 그는 내 이름을 위하여 집을 건축할 것이요 나는 그 나라 왕위를 영원히 견고하게 하리라 나는 그에게 아버지가 되고 그는 내게 아들이 되리니"(삼하 7:11b-14a).

　'다윗 언약'으로 알려진 이 약속은 다윗의 육신의 후손들과 궁극적인 후손인 메시아 왕을 위한 것이다. 다윗 이후의 왕들은 메시아 대관식을 위해 쓰인 시편들을 읽고 왕위에 올랐지만 이 왕들은 메시아의 예표적 인물들에 불과하였다.

제사장직은 메시아의 역할을 가리키는 두 번째 예표다. 성경에 나오는 첫 번째 제사장은 멜기세덱이었다. 그는 살렘의 왕이었고 또한 제사장이었다. 그는 떡과 포도주를 가지고 하나님의 이름으로 아브람을 축복하였고 아브람이 적으로부터 빼앗은 전리품에서 십분의 일을 받았다(창 14:18-20). 히브리서의 저자는 멜기세덱이 그리스도 즉 메시아를 미리 보여주는 인물이라고 말했다(히 7:3).

모세가 레위기에서 제사 제도를 제정했을 때 아론을 대제사장으로 그의 아들들을 제사장들로 임명하여 장막에서 섬기게 하였다.

앞에서 이미 말하였지만 속죄일에는 아론이 장막 안에 있는 지성소에 들어가 황소의 피를 언약궤의 뚜껑과 그 앞에 뿌렸다. 이 행동은 언약궤 안의 십계명 돌판이 상징하는 하나님의 법의 심판에서 죄인들을 가려 주는 대속 제물의 죽음을 상징한다. 레위기의 제사 제도는 메시아의 대속의 죽음을 가리키는 또 하나의 예표이다.

다윗이 쓴 시편 110편은 메시아 예언 시편의 하나이다. 이 시편은 다윗이 그의 주에게 말하고 있다.

"여호와께서 내 주에게(메시아) 말씀하시기를 내가 네 원수들로 네 발판이 되게 하기까지 너는 내 오른쪽에 앉아 있으라 하셨도다" (시 110:1).

원수로 발등상이 되게 한다는 말은 원수를 완전히 발 밑에 굴복시킨다는 뜻을 지닌다. 이 예언은 아담이 죄를 범했을 때 하나님이 주신 첫 번째 메시아 약속을 다시 확인하고 있다.

"내가 너(사탄)로 여자와 원수가 되게 하고 네 후손도 여자의 후손(메시아)과 원수가 되게 하리니 여자의 후손은 네 머리를 상하게 할 것이요 너는 그의 발꿈치를 상하게 할 것이니라"(창 3:15).

하나님은 사탄이 인간의 후손 즉 메시아를 죽이려고 할 것이나 메시아가 결국 사탄의 권세를 부수어 버릴 것을 미리 말씀하셨다. 수천 년 후 사탄은 예수님을 십자가에 못 박아 죽이려 했지만 하나님은 사탄의 계획을 좌절시키시고 예수님을 죽음에서 부활시키심으로 사탄의 권세를 분쇄하셨다. 사도 바울은 이 예언이 예수님의 재림 때에 완전히 성취된다고 증언하였다.

"그 후에는 마지막이니 그가 모든 통치와 모든 권세와 능력을 멸하시고 나라를 아버지 하나님께 바칠 때라 그가 모든 원수를 그 발 아래에 둘 때까지 반드시 왕 노릇 하시리니"(고전 15:24-25).

시편 110편에서 다윗은 하나님이 메시아를 아론의 제사장직의 후계가 아니고 멜기세덱의 후계로 참 제사장을 삼았다고 말했다.

"여호와는 맹세하고 변하지 아니하시리라 이르시기를 너는 멜기세덱의 서열을 따라 영원한 제사장이라 하셨도다"(시 110:4).

히브리 서신은 왜 멜기세덱의 제사장직이 아론의 제사장직보다 더 우월한가를 설명하고 있다.

창세기 14장 18절에서 멜기세덱은 갑자기 나타났다가 갑자기 사라져 버린다. 그의 가족의 유래나 후손에 대한 이야기나 그의 출생과 죽음에 대한 아무런 언급이 없다. 멜기세덱은 메시아의 영원성을 상징하는 인물이다. 그 반면에 아론은 인간 제사장을 대표한다. 아론이 죽었을 때 그의 제사장직은 그의 후손을 통해 계승되었다. 메시아는 항상 살아계셔서 우리를 위해 중보하시기 때문에 하나님께 나아가는 모든 자들을 언제나 구원할 수 있다(히 7:25).

아론과 그의 후손들은 다른 사람들과 같은 죄인이기 때문에 다른 사람들을 위한 제사를 드리기 전에 먼저 자신들의 죄를 위해 제사를 드려야 했다. 그러나 메시아는 죄가 없고 하나님이시므로 자신을 위한 속죄 제사를 드릴 필요가 없으시다. 아브람은 멜기세덱이 자기보다 더 높은 분임을 알았으므로 그를 통하여 복을 받았다. 그러므로 아브람은 그에게 십일조를 바쳤다. 멜기세덱은 또한 살렘(후대의 예루살렘)의 왕이었다. 멜기세덱은 왕과 제사장과 선지자의 직분을 모두 가진 메시아를 예표하는 인물이었다.

예수님은 다윗의 후손으로 태어나셨지만 자기의 기원은 하늘에 있다고 말씀하셨다.

"하늘에서 내려온 자 곧 인자 외에는 하늘에 올라간 자가 없느니라"(요 3:13).

"내가 하늘에서 내려온 것은 내 뜻을 행하려 함이 아니요 나를 보내신 이의 뜻을 행하려 함이니라 나를 보내신 이의 뜻은 내게 주신 자 중에 내가 하나도 잃어버리지 아니하고 마지막 날에 다시 살리는 이것이니라"(요 6:38-39).

예수님은 자기가 하늘에서 온 것과 누구든지 자기를 믿는 자에게 영생을 주는 것이 하나님이 자기에게 주신 사명임을 확실히 알고 계셨다.

그는 잡히시던 날 밤에 말씀하셨다.

"내가 아버지에게서 나와 세상에 왔고 다시 세상을 떠나 아버지께로 가노라"(요 16:28).

예수님은 당신이 세상에 오신 목적을 이 짧은 구절에서 잘 요약하여 말씀하셨다. "내가 아버지에게서 나와"는 그의 성육신을, "세상에 왔고"는 자신을 낮추심을, "다시 세상을 떠나 아버지께로 가

노라"는 그의 부활과 승천과 존귀의 회복을 말한다.[1]

선지자직은 메시아의 역할을 가리키는 세 번째 예표다. 선지자들은 하나님의 말씀을 선포하였다. 선지자들이 한 예언들은 세 종류로 구분된다.[2] 예언의 첫 번째 그룹은 이스라엘의 운명에 대한 내용을 이야기한다. 선지자들은 이스라엘의 불순종에 대한 하나님의 심판과 얼마간의 추방생활 후 그들의 회복에 대한 미래의 약속을 선포하였다.

이스라엘은 메시아의 예표의 역할을 하라는 분부를 받았지만 그 역할에 완전히 실패하였다. 하나님은 이스라엘의 조상인 아브라함을 불러 만민을 위한 복의 근원이 되라고 명하셨다(창 12:3). 그러나 이스라엘은 자신들이 받을 복에만 집착하였고 아브라함 언약은 완전히 무시하였다. 그러나 하나님은 메시아의 제자들을 이방을 위한 빛으로 보내어 아브라함 언약을 성취하였다. 하나님은 고난을 통해 이스라엘을 변화시키시어 결국은 그들도 세상의 빛의 역할을 하도록 만드실 것이다.

이스라엘의 또 다른 중요한 역할은 메시아의 오심을 준비하는 것이다. 이스라엘이 하나님께 불순종했을 때 하나님은 그들이 바벨론에서 70년 동안 포로 생활을 하도록 하셨다. 그 후 에스라의 끈질긴 노력으로 이스라엘은 과거의 죄를 회개하였다. 그들은 가나안 민족의 신인 바알을 더 이상 섬기지 않고 성경 말씀을 공부하는 데 노력하였다.

그 결과 유대 지도자들은 대부분 메시아이신 예수님을 알아보지는 못하였지만 상당한 성경 지식을 소유하고 있었으므로 예수님과 의미있는 성경 토론을 많이 할 수 있었다. 예수님의 추종자들은 대부분 유대인이었다. 유대인 회당은 기독교의 교회 모임에 큰 도움이 되었다. 메시아의 재림을 준비하기 위하여 에스겔 37장 1-14절에 예언된 대로 이스라엘은 1,900년의 방랑 생활을 마치고 나라를 회복하였다. 1948년 5월 15일에 이스라엘은 그의 고국에서 독립을 쟁취하였다. 1967년에 일어난 6일 전쟁의 결과로 이스라엘은 예루살렘의 일부를 회복하였다. 예루살렘은 장차 메시아 왕국의 수도가 될 것이다.

예언의 두 번째 그룹은 메시아에 대한 것을 이야기한다. 메시아 예언은 메시아가 이스라엘과 온 세상의 구속자이며 왕이라는 내용이다. 메시아 예언의 중심 문단은 이사야 52장 13절부터 53장 12절까지다. 이 문단은 구약성경의 복음서로 알려져 있다. 이 말씀은 메시아가 세상 사람들의 죄를 속하기 위해 희생의 제물로 드려질 하나님의 양이라고 말한다. 이사야는 또한 메시아가 하나님이라고 선포한다. 즉 메시아는 전능하신 하나님이시고 영존하시는 아버지라고 말한다(사 9:6).

모세는 메시아가 자기와 같은 선지자라고 예언하였다. 또한 시편 110편 1-7절은 메시아가 왕이면서 제사장이라고 묘사한다.

예언의 세 번째 그룹은 메시아가 하나님의 나라를 세운다는 것을 이야기한다. 메시아는 왕으로 와서 하나님을 대적하는 세상에 하나님의 왕국을 세우게 된다. 메시아 왕국은 의와 평화와 행복으로 가득 차게 될 것이다.

이사야는 다윗의 후손인 메시아가 이 나라를 다스릴 것을 예언하였다.

"이새(다윗의 부친)의 줄기에서 한 싹이 나며 그 뿌리에서 한 가지

(메시야)가 나서 결실할 것이요 그의 위에 여호와의 영 곧 지혜와 총명의 영이요 모략과 재능의 영이요 지식과 여호와를 경외하는 영이 강림하시리니 그가 여호와를 경외함으로 즐거움을 삼을 것이며 그 눈에 보이는 대로 심판하지 아니하며 그의 귀에 들리는 대로 판단하지 아니하며 공의로 가난한 자를 심판하며 정직으로 세상의 겸손한 자를 판단할 것이며 그의 입의 막대기로 세상을 치며 그의 입술의 기운으로 악인을 죽일 것이며 공의로 그의 허리띠를 삼으며 성실로 그의 몸의 띠를 삼으리라 그때에 이리가 어린 양과 함께 살며 표범이 어린 염소와 함께 누우며……**그날에 이새의 뿌리에서 한 싹이 나서 만민의 기치로 설 것이요 열방이 그에게로 돌아오리니 그가 거한 곳이 영화로우리라 그날에 주께서 다시 그의 손을 펴사 그의 남은 백성을 앗수르와 애굽과 바드로스와 구스와 엘람과 시날과 하맛과 바다 섬들에서 돌아오게 하실 것이라 여호와께서 열방을 향하여 기치를 세우시고 이스라엘의 쫓긴 자들을 모으시며 땅 사방에서 유다의 흩어진 자들을 모으시리니**"(사 11:1-12).

메시아의 나라에서는 자연 세계도 새롭게 되어 적자생존의 세상, 즉 약육강식의 세상이 변하게 된다.

위의 본문은 하나님이 이스라엘을 포로 상태에서 또 한 번 부르실 것을 분명히 예언하고 있다. 그러나 이때의 해방은 바벨론의 포로가 되었다가 해방된 때와는 다르다. 두 번째 해방은 지금 이루어지고 있다. 수많은 유대인들이 온 세상에서 고향으로 돌아가고 있다. 메시아의 재림의 때가 가까워지고 있는 것이다.

많은 선지자들이 메시아와 메시아의 왕국에 대해서 말했다. 많은 성경 학자들은 구약성경의 모든 책들이 메시아의 여러 면들에 대해 직접 예언했거나 최소한 메시아의 여러 예표들에 대해 간접적으로 예언했다고 믿는다. 구약성경에 나오는 가장 위대한 선지자는 모세였다. 모세는 이스라엘인들을 애굽의 노예 생활에서 해방시켜 시내 산으로 인도해 내었다. 그는 하나님으로부터 십계명과 종교 의식법, 도덕법, 시민법을 받아 이스라엘 백성들에게 전해주었다. 구약성경에 나오는 이러한 법들을 '모세의 법'이라고 부른다. 구약 성경을 보면 오직 모세만이 친구를 대하듯이 하나님과 얼굴을 맞대고 대화했다. 그 모세가 하나님이 자기와 같은 선지자를 보내실 것이고 백성들은 그를 들어야 한다고 말했다(신 18:15-19). 즉 모세는 자기도 메시아를 가리키는 하나의 예표라고 말했다.

예수님은 자신이 왕이라고 분명히 밝히셨다. 세례 요한과 예수님의 첫 번째 메시지는 메시아 나라의 왕이 오셨다는 것에 대한 내용이었다.

"이르시되 때가 찼고 하나님의 나라가 가까이 왔으니 회개하고 복음을 믿으라 하시더라"(막 1:15).

예수님은 왕의 권세와 능력을 인간에게는 물론이고 귀신 집단들과 자연 세계에도 보여주셨다. 예수님은 악귀들을 쫓아내셨고 병자들을 치료하셨고 굶주린 많은 자들을 먹이셨으며 여러 자연 재해들을 다스리셨다. 예수님을 따르지 않은 많은 사람들조차 메시아가 와도 예수님만큼 많은 이적은 행할 수 없을 것이라고 말하였다(요 7:31).

인간이 해결할 수 없는 가장 큰 난제는 죄와 죽음의 문제이다. 세계적인 종교의 창시자들 중에 죽음의 문제를 해결했다고 주장한 자는 예수님 외에 없다. 그들의 묘지는 추종자들이 찾아와 경의를 표하는 장소일 뿐이다. 그러나 세상의 왕 예수님은 죽음까지도 정복하셨음을 선언하셨다.

예수님은 한 과부의 독자의 장례행렬을 만나셨을 때 관에 손을 대어 그 행렬을 멈추게 하셨다.

그는 과부에게 울지 말라고 말씀하시고 죽은 청년에게 명령하셨다. "청년아 내가 네게 말하노니 일어나라"(눅 7:14). 그러자 그 청년이 일어나 앉아 말도 하였다. 또 다른 때에는 회당장의 딸이 죽은 곳을 방문하셨다. 예수님은 그 소녀의 손을 잡고 말씀하셨다. "내가 네게 말하노니 소녀야 일어나라"(막 5:41). 소녀가 곧 일어나 걸어다녔다.

예수님은 십자가에 못박히시기 몇 주 전에 그의 친한 친구 나사로가 죽어서 그 집을 방문하셨다. 나사로의 여형제들은 무덤 문을 막은 돌을 치우지 말라고 항의했지만 예수님은 돌을 치우라고 명령하셨다. 예수님이 나사로를 부르셨을 때 그는 수족과 얼굴에 수건이 감긴 채로 걸어 나왔다.

그러나 이 모든 사람들도 결국은 다시 죽었다. 죽음에 대한 진정한 승리는 예수님의 부활에 의해서 확실히 나타났다. 예수님이 베푸신 기적들도 예수님 자신이 부활하심으로써 그 신빙성을 확실하게 해준다. 예수님은 **"나는 부활이요 생명이니 나를 믿는 자는 죽어도 살겠고**(육신의 부활) **무릇 살아서 나를 믿는 자는 영원히 죽지 아니하리니**(영의 영원한 생명)"(요 11:25-26)라고 말씀하셨다. 예수님은 스스로 죽은 자 가운데서 부활하심으로 죽음에 대한 그의 권세와 능력을 보여주셨다.

예수님은 3년 반 동안의 공적 사역 기간에 자주 자신이 메시아인 것을 감추려고 하셨다. 그러나 십자가에 못박히시기 닷새 전에 예루살렘에 입성하실 때에는 자신이 오기로 약속된 메시아이고 왕임을 군중들에게 나타내셨다. 예수님은 나귀새끼를 타고 예루살렘의 동쪽 문으로 들어오셨다. 그 당시에는 왕이 평화를 위해 오면 당나귀를 타고 왔다고 한다. 군중들은 그들의 겉옷과 종려나무의 가지들을 길에 펴서 예수님을 환영하였다. 200년 전 유다 마카비가 성전을 더럽힌 안티오쿠스 에피파네스의 군대를 쳐부수었다. 유다 마카비가 예루살렘에 승리의 입성을 했을 때 백성들은 종려나무의 가지들을 펴서 환영하였다. 그는 성전으로 진군하여 성전을 정화하였다. 지금도 유대인들은 하누카 축제일(수전절) 때에 유다 마카비가 한 일을 기념한다.

예수님이 예루살렘에 입성하시기 500년 전에 스가랴는 메시아의 입성을 예언하였다.

"시온의 딸아 크게 기뻐할지어다 예루살렘의 딸아 즐거이 부를 지어다 보라 네 왕이 네게 임하나니 그는 공의로우며 구원을 베푸시며 겸손하여서 나귀를 타시나니 나귀의 작은 것 곧 나귀 새끼니라 내가 에브라임의 병거와 예루살렘의 말을 끊겠고 전쟁하는 활도 끊으리니 그가 이방 사람에게 화평을 전할 것이요 그의 통치는 바다에서 바다까지 이르고 유브라데 강에서 땅 끝까지 이르리라"(슥 9:9-10).

예수님은 나귀새끼를 타고 예루살렘에 입성하여 스가랴의 예언을 성취하셨다. 예수님을 환영하기 위해 군중들은 큰 소리로 외쳤다.

"찬송하리로다 주의 이름으로 오시는 왕이여 하늘에는 평화요 가장 높은 곳에는 영광이로다"(눅 19:38).

누가복음은 이방인을 위해 기록되었으므로 다른 복음서에 기록된 히브리어 '호산나'를 빼버렸다. 호산나는 찬양이나 기도의 말로 '하나님, 우리를 구원하소서' 라는 의미를 가지고 있다. 백성들은 예수님을 왕과 메시아를 뜻하는 '주의 이름으로 오시는 자'라고 불렀다(시 118:26). 바리새인들은 백성들이 말하는 것을 알아듣고 예수님에게 그런 불경스러운 말을 하는 것을 꾸짖으라고 요구하였다. 예수님은 무리들이 외쳤던 말을 승인하시며 말씀하셨다.

"내가 너희에게 말하노니 만일 이 사람들이 침묵하면 돌들이 소리지르리라 하시니라"(눅 19:40).

예수님은 자신이 제사장인 것도 선포하셨다. 예수님은 그의 제자들에게 자신이 제사장의 직무를 행하기 위해 왔다고 말씀하셨다.

"인자가 온 것은 섬김을 받으려 함이 아니라 도리어 섬기려 하고 자기 목숨을 많은 사람의 대속물로 주려 함이니라"(막 10:45).

예수님은 하나님의 아들이셨지만 스스로 종이 되어 우리의 죄를 위한 대속의 제물로 자신을 바치셨다. 대속물은 종을 자유롭게 하거나 죄인을 형벌에서 구하기 위해 지불하는 대가다. 사람들은 죄 짓는 것을 멈출 수 없는, 즉 죄의 능력에 복종해야 하는 죄의 종이다.

예수님이 십자가에서 죽은 대속의 죽음으로 하나님의 율법이 요구하는 죄의 값을 지불하였으므로 사람들을 죄의 형벌에서 구해 주셨다.[3]

예수님은 또한 부활의 생명을 신도들에게 나누어 주시어 그들이 거룩하게 사는 능력과 죄의 속박에서 자유함을 얻도록 해주셨다. 신도들은 하늘에 올라가 새로운 몸을 얻게 되고 그 변화된 몸에는 더 이상 죄가 존재하지 않는다.

예수님은 지금 하나님의 오른편에서 우리를 위해 대제사장의 중보기도를 하신다. 사도 요한은 성도들에게 변호사가 있어 사탄의 고소에 대응하고 있다고 말했다.

"만일 누가 죄를 범하여도 아버지 앞에서 우리에게 대언자가 있으니 곧 의로우신 예수 그리스도시라 그는 우리 죄를 위한 화목 제물이니 우리만 위할 뿐 아니요 온 세상의 죄를 위하심이라"(요일 2:1b-2).

예수님은 하나님이 자신의 기도를 들으실 것을 확신하셨다. 예수님은 자주 당신 제자들을 위해 오랫동안 기도하셨다. 열두 제자를 선택하셨을 때 그들을 위해 밤새 기도하셨다. 그는 그들이 교회의 기초가 되도록 계획하셨다. 예수님은 겟세마네에서 체포되시기 전에 베드로를 위한 기도의 약속과 함께 경고도 주셨다.

"시몬아, 시몬아, 보라 사탄이 너희를 밀 까부르듯 하려고 요구하였으나 그러나 내가 너를 위하여 네 믿음이 떨어지지 않기를 기도하였노니 너는 돌이킨 후에 네 형제를 굳게 하라"(눅 22:31-32).

그는 하나님이 항상 그의 기도에 응답하시는 확신이 있었으므로, 베드로가 자신을 세 번 부인하고도 다시 돌이킬 것도 확신하셨다. 그러므로 그는 베드로에게 '만일 네가 돌이키게 되면'이라는 가정법 대신에 '너는 돌이킨 후에'라고 확고하게 말씀하셨다. 예수님은 나사로의 묘지 앞에서 하나님께 감사의 기도를 하셨다.

"아버지여 내 말을 들으신 것을 감사하나이다 항상 내 말을 들으시는 줄을 내가 알았나이다"(요 11:41b-42a).

예수님은 기도 후 나사로에게 무덤에서 걸어나오라고 명령하셨고 나사로는 살아서 걸어나왔다.

예수님은 우리의 죄를 대속하기 위해서 오셨지만 죄의 결과로 오는 고난에도 참여하기 위해 오셨다. 하나님은 이스라엘을 자신의 선택된 민족으로 부르시고 그들과 언약을 맺으셨지만 이스라엘은 계속해서 가나안 우상들을 섬기고 하나님께 불순종하였다. 하나님은 호세아 선지자를 보내어 음란한 여인 고멜과 결혼하여 세 아이를 낳게 하셨다. 그러나 고멜은 또 그의 연인과 도주하였다.

고멜의 행위를 통해 하나님은 이스라엘의 불신을 지적하셨다. "곡식과 새 포도주와 기름은 내가 그에게 준 것이요 그들이 바알을 위하여 쓴 은과 금도 내가 그에게 더하여 준 것이거늘 그가 알지 못하도다"(호 2:8).

하나님은 부정한 이스라엘에게 벌을 내리시지만 그들과 다시 결혼하기 위해 그들을 끌어들일 것이라고 하셨다.

"내가 네게 장가 들어 영원히 살되 공의와 정의와 은총과 긍휼히 여김으로 네게 장가들며 진실함으로 네게 장가들리니 네가 여호와(의 신실함)를 알리라"(호 2:19-20).

호세아는 그의 아내가 그의 연인에게로 또다시 도망가서 그의 종이 되었을 때에 크게 낙담했을 것이다. 그러나 하나님은 호세아에게 그 아내를 다시 사오고 그녀와 화해하라고 말씀하셨다. 호세아의 결혼은 미래의 이스라엘을 가리키는 예표적 의미를 가진다.

"이스라엘 자손들이 많은 날 동안 왕도 없고 지도자도 없고 제사도 없고 주상도 없고 에봇도 없고 드라빔도 없이 지내다가 그 후에 이스라엘 자손이 돌아와서 그들의 하나님 여호와와 그들의 왕 다윗(메시아)을 찾고 마지막 날에는 경외하므로 여호와 그의 은총으로 나아가리라"(호 3:4-5).

호세아는 고통 받는 메시아의 예표적 인물이었다. 그는 이스라엘의 부정함에 대한 하나님의 심판을 선언하였고 뿐만 아니라 그의 부정한 아내와의 혼인 관계로 마음의 고통을 받았다.

이사야 52장 13절부터 53장 12절은 메시아를 고난받는 종으로 묘사하고 있다. **예수님은 우리를 위한 대제사장으로, 섬기기 위해 그 누구보다 많은 고난을 받으셨다.** 사도 바울은 예수님이 우리를 고난에서 건지시기 위해 무엇을 하셨는지를 설명하였다.

"우리 주 예수 그리스도의 은혜를 너희가 알거니와 부요하신 이로서 너희를 위하여 가난하게 되심은 그의 가난함으로 말미암아 너희를 부요하게 하려 하심이라"(고후 8:9).

예수님은 하늘의 모든 영광을 포기하시고 목수의 아들로 태어나셨다. 그는 시골의 작은 마을의 가난한 부모 밑에서 자라셨다. 그는 자기 백성들에게 무시당하시고 배척당하셨으며 자기 제자에게 배반당하시고 그의 가장 가까운 제자에게 세 번이나 부인당하셨다. 예수님은 우리의 죄 때문에 채찍에 맞으시고 십자가에 처형당하셨다.

히브리서는 여기에 대해서 다음과 같이 말했다.

"우리에게 있는 대제사장은 우리의 연약함을 동정하지 못하실 이가 아니요 모든 일에 우리와 똑같이 시험을 받으신 이로되 죄는 없으시니라 그러므로 우리가 긍휼하심을 받고 때를 따라 돕는 은혜를 얻기 위하여 은혜의 보좌 앞에 담대히 나아갈 것이니라"(히 4:15-16).

예수님은 진노의 보좌에서 우리를 기다리시지 않는다. 그분은 우리의 고통의 감정을 같이 느끼시기 때문에 은혜의 보좌에서 우리를 기다리신다.

예수님은 자신이 선지자 되신 것도 선포하셨다. 예수님은 모세가 말한 자기와 같은 선지자가 곧 예수님 자신을 말한 것임을 설명하셨다.

"모세를 믿었더라면 또 나를 믿었으리니 이는 그가 내게 대하여 기록하였음이라 그러나 그의 글도 믿지 아니하거든 어찌 내 말을 믿겠느냐 하시니라"(요 5:46-47).

예수님은 마태복음 5장 21-37절에서 십계명을 완전히 새롭게 재해석하셨다. 그는 계명의 외적 준수에만 의존한 의는 피상적이고 위선적이라고 하셨다. 또한 십계명을 제대로 지키려면 마음도 변화되어야 한다고 주장하셨다. 그는 사랑의 새 계명을 주셨다. 사랑은 마음을 감동시켜 마음 속까지 완전히 변화시킨다.

요한은 모세와 예수님의 사역을 비교하였다.

"율법은 모세로 말미암아 주신 것이요 은혜와 진리는 예수 그리스도로 말미암아 온 것이라"(요 1:17).

율법은 모든 사람이 죄인이므로 모두 다 죄의 심판을 받아야 한다고 선언한다. 은혜는 하나님이 그 죄인들을 사랑하시어 독생자를 대속의 제물로 보내주셨다고 말한다. 율법은 우리가 하나님의 모든 계명을 완벽하게 지키어 우리가 자격이 있음을 증명하라고 말한다(갈 3:10). 은혜는 하나님이 우리를 매우 사랑하시기 때문에 가장 완벽한 구세주를 보내시어 우리의 구원을 온전하게 준비하셨다고 말한다. 율법은 불순종의 행동을 벌하여서 사람들의 외적인 행동을 변화시키려고 한다. 그러나 은혜는 마음을 움직여 내적 변화를 시도하려고 한다. 예레미야는 "만물보다 거짓되고 심히 부패한 것은 마음이라 누가 능히 이를 알리요마는"(렘 17:9)이라고 말했다. 우리는 모두 마음 이식 수술이 필요하다. 그리스도의 영이 우리의 마음을 주관하면 우리의 마음이 하나님의 말씀에 갈급해지고 그 말씀의 음성에 순종하게 된다.

예수님은 모세가 가르치려다 실패했던 이스라엘 백성들을 완전히 변화시켜 새롭게 만드셨다. 명령하는 말은 지도자를 잠깐 동안 따르도록 도전하지만, 하나님의 말씀대로 사는 사람을 보게 되면 마음에 감동을 받고 그 모범된 사람을 일생 동안 따르게 되는 내적 동기를 얻게 된다. 사람은 본 것을 통해 신념을 가지게 된다. 예수님은 강의실에서만 가르치신 것이 아니다. 예수님은 제자들이 따라오도록 당신의 삶을 완전히 보여주시며 사셨다.

그는 자신의 경건한 삶을 매일 보여주어 하나님과 동행하는 삶을 보고 배우게 하셨다. 복음서는 예수님의 기도하는 모습을 십수 차례 기록하였다. 그는 유대 사회에서 격리되어 버려진 창녀들과 세리들에게도 하나님의 말씀을 전하셔서 죄인들을 향한 하나님의 사랑을 제자들에게 보여주셨다. 그는 의식적으로 부정하게 여겨져서 사회에서 버림받은 많은 나병환자들도 섬기셨다. 그는 긍휼의 손으로 나병환자들을 만지는 것을 주저하지 않으셨다. 또한 하나님의 뜻을 이루기 위해 자원해서 십자가까지도 짊어지셨다. 그는 자기의 가르침과 일치되는 삶을 사셨다.

예수님은 그의 공생애 중에 주로 선지자나 선생으로 알려졌다. 고향인 나사렛을 방문하셨을 때도 그는 자신이 선지자라고 밝히셨다(눅 4:24). 그러나 예수님이 자신이 메시아라고 주장한 것에 대해서는 유대인들 사이에서는 많은 논란이 있었다. 장막절(가을 추수절)이 가까이 왔을 때 예수님의 형제들은 예수님에게 예루살렘에 올라가 그의 정체에 대한 논쟁을 해결하라고 권했다. 요한은 그 당시 예수님이 행하신 많은 이적 때문에 많은 사람들이 그를 메시아로 믿었다고 적고 있다. 그러나 다른 사람들은 그를 대적하였다. 그들은 예수님이 갈릴리인이며 그는 베들레헴에서 태어나지 않았다고 논쟁하였다(요 7:41-42). 이러한 주장들은 잘못된 편견에서 유래되었다. 왜냐하면 이사야 선지자는 메시아가 갈릴리 지방에서 사역한다고 이미 예언하였기 때문이다(사 9:1). 그리고 예수님은 실제로 베들레헴에서 탄생하셨다.

나는 성경에 대해 피상적인 지식만 가지고 예수님에 대한 비슷한 편견들을 가진 많은 사람들을 만나 보았다. 성경은 오류와 신화 투성이라고 주장하는 사람들에게 정기적인 성경공부를 해보라고 권면하기를 원한다. 그러면 오래지 않아 성경이 인간 누구나 부딪히는 문제들을 가식없이 말하고 있음을 발견하게 된다. 성경은 우리가 양심을 일깨워 우리가 해결할 수 없는 문제들을 고백하게 만들고 하나님의 해결책을 발견하게 도와준다.

우리는 우리의 의지의 힘만으로는 하나님의 거룩한 기준에 도달할 수 없음을 솔직하게 고백해야 한다. 이 세상에서 가장 경건하였던 그리스도인인 사도 바울도 자주 죄로 인한 내적 갈등을 경험했음을 말하였다. 그의 새로운 선한 성품은 바르게 살기 원하지만 본래 있었던 그의 악한 성품은 계속해서 그의 선한 성품과 충돌하였다. 아프가니스탄이나 이라크가 전쟁터가 아니고 바로 나의 마음에서 영적 전쟁이 매순간 벌어지고 있는 것이다.

종교개혁의 선구자 마틴 루터는 처음에는 아우구스티누스 교단의 수도원 신부였다. 그의 자서전에 의하면 그는 매일 다른 신부에게 몇 시간씩 자기의 죄를 고백했다고 한다. 그러나 그가 고해성사를 마치고 자기 방으로 들어가려고 문지방을 넘는 순간 자기가 고백하지 않았던 죄가 그의 머리를 스쳐 지나갔다고 한다. 예수님은 우리가 가진 근본적인 문제를 지적하셨다.

"**진실로 진실로 너희에게 이르노니 죄를 범하는 자마다 죄의 종이라 종들은 영원히 집에 거하지 못하되 아들은 영원히 거하나니 그러므로 아들이 너희를 자유롭게 하면 너희가 참으로 자유로우리라**"(요 8:34-36).

예수님은 죄의 능력이 모든 인류 위에 군림하고 있기 때문에 아무도 자기의 힘으로는 죄의 종의 상태에서 벗어날 수 없다고 말씀하셨다.

진리의 빛인 예수님은 우리 마음의 핵심에 있는 죄의 문제를 드러내 보이셨다. 그리고 자신은 항상 이 내적 갈등에서 승리했다고 증언하셨다. 즉 그는 항상 하나님의 뜻에 순종했다고 주장하셨다.

"**나를 보내신 이가 나와 함께하시도다 나는 항상 그가 기뻐하시는 일을 행하므로 나를 혼자 두지 아니하셨느니라**"(요 8:29).

그리스도를 우리의 구세주와 주님으로 영접하면 하나님께서는 악한 영의 무리들을 대적해 싸우도록 그리스도의 전신갑주로 우리를 무장해 주시고 그리스도의 승리의 행진에 참여하게 도와주신다 (엡 6:10-18; 고후 2:14).

여호와의 종은 메시아의 역할을 가리키는 또 하나의 메시아 예표다. 이사야는 메시아의 종의 역할을 예언하는 네 개의 '종의 노래'를 기록하였다. 이 네 개의 노래들은 이사야 42장 1-7절, 49장 1-9절, 50장 4-9절, 52장 13절부터 53장 12절에 기록되어 있다.

이스라엘 사람들은 여기에 나오는 종은 이스라엘을 가리킨다고 주장한다. 그러나 성경이 말하는 궁극적인 종은 하나의 단체보다는 한 개인을 가리킨다. 이사야 41장 8-16절이 말하는 이스라엘도 42장 1-7절에 언급된 메시아를 가리키는 예표에 불과하다. 이스라엘은 한 번도 이방의 빛의 역할을 하지 못하였으므로 이사야 42장 6절에서 말하는 이방의 빛의 역할은 이스라엘이 아니고 메시아이신 예수님과 그의 교회가 감당하고 성취하였다.

마태복음 12장 18-21절은 첫 번째 종의 노래인 이사야 42장 1-4절을 인용하여 예수님의 치료사역이 메시아 예언을 성취하였음을 주장하였다. 예수님의 사역 중 안식일 법에 대한 논쟁이 여러 번 있었음을 마태복음 12장 1-16절이 말하고 있다. 예수님이 안식일에 손 마른 한 사람을 고치셨을 때 바리새인들은 예수님이 안식일을 범했다고 공격하였다. 예수님은 장님, 18년 동안 귀신들려 꼬부라져 펴지 못한 여인, 몸이 부어오른 고창병 환자 등을 안식일에 고치셨다. 바리새인들은 안식일에 아무 일도 못하게 하는 것에만 집착했지만 예수님은 안식일도 사람의 회복과 안녕을 위해 제정되었다고 주장하셨다.

예수님은 자기를 공격하는 자들과 소리를 높여 다투지 않으시고 오히려 그들을 피하셨다. 마태는 예수님의 사역 유형이 메시아에 대해 예언한 사역 유형과 같다고 말하였다.

"보라 내가 택한 종 곧 내 마음에 기뻐하는 바 내가 사랑하는 자로다 내가 내 영을 그에게 줄 터이니 그가 심판을 이방에 알게 하리라 그는 다투지도 아니하며 들레지도 아니하리니 아무도 길에서 그 소리를 듣지 못하리라 상한 갈대를 꺾지 아니하며 꺼져가는 심지를 끄지 아니하기를 심판하여 이길 때까지 하리니 또한 이방들이 그의 이름을 바라리라"(마 12:18-21).

페르시아(바사)의 왕 고레스는 유대인들이 바벨론의 포로였을 때 그들을 예루살렘으로 돌아가도록 허락해 주었다. 이사야 44장 28절에서 45장 4절에 언급된 하나님의 종 고레스도 참 해방자인 메시아를 가리키는 예표의 인물이었다.

두 번째 종의 노래는 이스라엘 국가의 영적 회복은 종이 된 메시아, 즉 한 개인에 의해 성취된다고 말했다.

"이제 여호와께서 말씀하시나니 그는 태에서부터 나를 그의 종으로 지으신 이시요 야곱을 그에게로 돌아오게 하시는 이시니 이스라엘이 그에게로 모이는도다 그러므로 내가 여호와 보시기에 영화롭게 되었으며 나의 하나님은 나의 힘이 되셨도다"(사 49:5).

이 종이 이스라엘을 포로 된 상태에서 해방시켰다면 종은 이스라엘과 같은 사람일 수가 없다. 이사야는 이 사람이 이스라엘의 죄의 구속을 위해 죽는다고 말하였다.

"그는 곤욕과 심문을 당하고 끌려 갔으나 그 세대 중에 누가 생각하기를 그가 살아있는 자들의 땅에서 끊어짐은 마땅히 형벌 받을 내 백성의 허물 때문이라 하였으리요"(사 53:8).

그 종이 이스라엘의 범죄를 위해 대신해서 죽었다면 그 종이 이스라엘과 같을 수는 없다.

메시아는 또 땅의 모든 족속에게 복이 되어서 아브라함 언약을 성취할 것이다.

"그가 가라사대 네가 나의 종이 되어 야곱의 지파들을 일으키며 이스라엘 중에 보전된 자를 돌아오게 할 것은 매우 쉬운 일이라 내가 또 너를 이방의 빛으로 삼아 나의 구원을 베풀어서 땅 끝까지 이르게 하리라 이스라엘의 구속자 이스라엘의 거룩한 이이신 여호와께서 사람에게 멸시를 당하는 자, 백성에게 미움을 받는 자, 관원들에게 종이 된 자에게 이같이 이르시되 왕들이 보고 일어서며 고관들이 경배하리니 이는 이스라엘의 거룩하신 이 신실하신 여호와 그가 너를 택하였음이니라"(사 49:6-7).

예수님의 부모들이 아기 예수를 하나님께 바치기 위해 성전에 데리고 왔을 때 시므온이 아기를 안고 두 번째 종의 노래를 인용하였다.

"내 눈이 주의 구원을 보았사오니 이는 만민 앞에 예비하신 것이요 이방을 비추는 빛이요 주의 백성 이스라엘의 영광이니이다"(눅 2:30-32).

예수님은 온 세상을 위한 하나님의 구원자이시다. 예수라는 이름은 천사 가브리엘이 요셉에게 일러주었다. 예수는 여호수아의 헬라어 표기다. 히브리어인 여호수아는 '여호와 하나님이 구원한다'는 의미를 가지고 있다. 이사야 49장 6절에는 시므온의 인용 다음에 "나의 구원을 베풀어서 땅 끝까지 이르게 하리라"는 말씀이 따라온다. 시므온은 만인을 위해 예비하신 하나님의 구원을 강조하기 위해 이 말씀을 그의 인용 제일 앞으로 순서를 옮겼다. 장막절 축제 때는 성전에 있는 여인의 뜰에서 큰 등불들을 켜는 것이 가장 중요한 행사가 되었다. 등불은 하나님이 이스라엘의 조상들을 불기둥으로 인도하셨던 것을 기념하기 위해 켜는 것이다. 큰 등불 옆에서 예수님은 다음과 같이 말씀하셨다.

"나는 세상의 빛이니 나를 따르는 자는 어둠에 다니지 아니하고

생명의 빛을 얻으리라"(요 8:12).

예수님과 그의 제자들이 전파한 복음은 세상에 구원의 길을 보여주는 빛이다.

세 번째 종의 노래는 메시아의 고난을 예언하였다.

"나를 때리는 자들에게 내 등을 맡기며 나의 수염을 뽑는 자들에게 나의 뺨을 맡기며 모욕과 침 뱉음을 당하여도 내 얼굴을(굳이) 가리지 아니하였느니라"(사 50:6).

예수님은 이 예언을 자기가 성취하신다고 말씀하셨다.

"보라 우리가 예루살렘으로 올라가노니 선지자들을 통하여 기록된 모든 것이 인자에게 응하리라 인자가 이방인들에게 넘겨져 희롱을 당하고 능욕을 당하고 침 뱉음을 당하겠으며"(눅 18:31-32).

메시아가 받을 고난은 시편 22편과 이사야 53장에도 상세히 기록되어 있다. 마가는 예수님이 자기 사역의 목적에 대해 심오한 말씀을 하신 것을 기록하였다.

"인자가 온 것은 섬김을 받으려 함이 아니라 도리어 섬기려 하고 자기 목숨을 많은 사람의 대속물로 주려 함이니라"(막 10:45).

예수님은 자신이 세상에 오신 것은 죄인들을 섬기고 그들의 구원을 위해 당신 목숨을 바치려고 오셨다고 했다. 메시아 왕국에서는 왕을 포함하여 모든 사람들이 서로 섬기는 종이 되어야 한다.

마태는 네 번째 종의 노래의 한 구절인 이사야 53장 4절을 인용하였다. 예수님이 많은 병자들을 치료하시는 것을 보고 마태는 말했다.

"이는 선지자 이사야를 통하여 하신 말씀에 우리의 연약한 것을 친히 담당하시고 병을 짊어지셨도다 함을 이루려 하심이더라"(마

8:17).

이사야 53장 5절은 메시아의 고난의 목적에 대해 더 많은 사실을 밝혀주고 있다.

"그가 찔림은 우리의 허물 때문이요 그가 상함은 우리의 죄악 때문이라 그가 징계를 받으므로 우리는 평화를 누리고 그가 채찍에 맞으므로 우리는 나음을 받았도다"(사 53:5).

예수님의 사명은 우리를 위해 하나님의 심판을 받으시는 것이었으며 이것은 십자가의 대속의 죽음으로 성취되었다.

이사야는 메시아의 구속의 죽음에 대해 다시 예언하였다.

"여호와께서 그에게 상함을 받게 하시기를 원하사 질고를 당하게 하셨은즉 그의 영혼을 속건제물로 드리기에 이르면 그가 씨를 보게 되며 그의 날은 길 것이요 또 그의 손으로 여호와께서 기뻐하시는 뜻을 성취하리로다 그가 자기 영혼의 수고한 것을 보고 만족하게 여길 것이라 나의 의로운 종이 자기 지식으로 많은 사람을 의롭게 하며 또 그들의 죄악을 친히 담당하리로다 그러므로 내가 그에게 존귀한 자와 함께 몫을 받게 하며 강한 자와 함께 탈취한 것을 나누게 하리니 이는 그가 자기 영혼을 버려 사망에 이르게 하며 범죄자 중 하나로 헤아림을 받았음이니라 그러나 그가 많은 사람의 죄를 담당하며 범죄자를 위하여 기도하였느니라"(사 53:10-12).

스가랴도 하나님이 목자를 죽게 허락하셨다고 예언하였다.

"만군의 여호와가 말하노라 칼아 깨어서 내 목자, 내 짝 된 자를 치라 목자를 치면 양이 흩어지려니와 작은 자들 위에는 내가 내 손을 드리우리라"(슥 13:7).

여호와 하나님과 짝 된 자는 메시아 하나님이다. 메시아의 죽음의 결과로 이스라엘은 심판을 받지만 남은 자들에게는 하나님의 은혜가 있음을 말한다. 스가랴는 또 **이스라엘이 자기들이 칼로 찔렀던 메시아를 그의 재림 때에 보고 애통할 것을 예언하였다**(슥 12:10).

시편 저자는 메시아 시편 중의 하나에서 십자가의 고난에 대한 예언을 하였다.

"나는 물같이 쏟아졌으며 내 모든 뼈는 어그러졌으며 내 마음은 밀랍같아서 내 속에서 녹았으며 내 힘이 말라 질그릇 조각 같고 내 혀가 입천장에 붙었나이다 **주께서 또 나를 죽음의 진토 속에 두셨나이다 개들이 나를 에워쌌으며 악한 무리가 나를 둘러 내 수족을 찔렀나이다**"(시 22:14-16).

지금도 이스라엘 사람들은 메시아가 죽는다는 것을 절대로 인정하지 않지만 위의 예언들이나 다니엘 9장 26절은 분명히 메시아의 죽음을 말하고 있다. 율법은 죄에 대한 형벌이 죽음이라고 선언하고 있다(겔 18:20). 레위기는 미리 계획하지 않은 우발적인 범죄에 대해서는 속죄제를 드리고 이웃에게 해를 끼친 범죄에는 속건제 제사를 드리라고 명한다(레 4:1-5:13, 5:14-6:7). 두 제사 모두 죄의 형벌을 치러야 죄가 속죄된다고 가르친다. 예수님은 자기의 목숨을 바쳐 우리의 죄의 값을 지불하심으로 우리를 죄에서 깨끗하게 하셨다. 베드로 사도는 초대교회를 핍박한 유대 지도자들에게 메시아 예수님은 이사야서에 예언된 대로 종으로 오셔서 우리를 위한 속죄제물로 죽었음을 선포하셨다(행 4:27-30). 빌립 집사도 에디오피아에서 온 내시에게 이사야 53장을 가지고 복음을 설명하였다.

메시아에 대한 중요한 예표들과 예언들을 아래에 모았으니 참고하기 바란다.

[메시아의 죽음을 가리키는 구약성경의 예표들]

놋뱀(민 21:9), 지팡이로 친 반석(출 17:6), 속죄일에 죽인 염소(레 16:15), 매일 드린 동물 제사(히 10:1-18), 유월절 양(고전 5:7), 물고기 뱃속의 요나(마 12:39-40), 모리아 산에 바친 이삭(창 22:6-12)

[메시아의 죽음에 대한 구약성경의 예언들]

시 16:10, 22:1, 16-18, 118:22; 사 53:8-12; 단 9:26; 슥 13:7

[메시아 부활에 관계된 구약성경의 구절들]

싹난 지팡이(민 17:8), 죽은 새와 산 새(레 14:5-7), 마른 뼈의 소생(겔 37장), 뭍으로 나온 요나(욘 2:10), 시 16:10, 49:14-15; 사 53:10, 초실절의 첫 열매(레 23:11, 고전 15:20)

[메시아의 승천에 관계된 구약성경의 구절들]

에녹(창 5:24), 엘리야(왕하 2:11), 시 47:5, 68:18

제5장
메시아 예표의 성취자

구약성경에 나오는 메시아 예표들은 메시아를 알아가는 데 필요한 중요한 길잡이 표시들이다. 성 어거스틴은 예표의 역할에 대해 심오한 말을 하였다. "새것(신약성경)은 옛것(구약성경) 안에 포함되어 있고 옛것은 새것에 의해 설명되었다." 구약성경의 메시아 예표들은 신약성경에 기록된 예수님의 생애와 사역을 이해하는 데 반드시 필요하다. 이 예표들의 일부는 4장에서 이미 다루었다. 신약성경은 메시아 예표의 대부분이 예수님에 의해 성취되었다고 주장한다. 나머지 예표들은 예수님의 재림 때에 이루어질 것이다.

예수님은 성전, 요나 선지자, 솔로몬 왕 등 구약성경에 나오는 모든 메시아 예표들보다 자신이 더 위대하다고 주장하셨다. 메시아에 대한 중요한 예표 중에 성전이 있다. 성전은 자기 백성들 가운데에 임재한 하나님 즉 메시아를 상징한다. 요한은 말했다.

"말씀(하나님의 아들)이 육신이 되어 우리 가운데 거하시매(헬라어로 장막을 쳤다는 뜻)"(요 1:14a).

광야에서 만든 성전은 본래 장막으로 지어졌다. 예수님이 육신을 입고 인간 세상에 오신 것은 성전과 장막이 상징했던 것을 이룬 것이다. 예수님이 자기 백성 가운데 육신을 입고 오신 것은 이사야의 예언도 이루어지게 하였다. 이사야는 말했다.

"주께서 친히 징조를 너희에게 주실 것이라 보라 처녀가 잉태하여 아들을 낳을 것이요 그의 이름을 임마누엘이라 하리라"(사 7:14).

임마누엘이라는 히브리어는 '하나님께서 우리와 같이 계신다'는 의미를 가지고 있다. 예수님은 그의 부활 후 우리와 항상 함께 있겠다고 약속하여 이 말을 성취하셨다.

예수님은 사역을 시작하셨을 때 부정직한 돈을 바꾸어 주는 자들과 가축 파는 자들을 성전 뜰에서 쫓아내어 성전을 정결하게 하셨다. 상인들은 예수님이 자기들을 몰아낼 수 있는 권세가 있는가 하고 항의하였다. 예수님은 대답하셨다.

"너희가 이 성전을 헐라 내가 사흘 동안에 일으키리라"(요 2:19).

예수님은 성전이 자신의 거룩한 몸을 가리키는 예표라고 설명하셨다. 예수님은 궁극적인 대상인 메시아가 오셔서 예표 성전은 더 이상 필요가 없으므로 그 성전을 헐라고 말한 것이다. 그는 또한 자신이 죽임을 당하고 사흘 만에 부활하실 것도 예언하셨다.

예수님이 오시기 200백 년 전에 안티오쿠스 에피파네스 시리아 왕은 이스라엘을 침공하여 성전을 더럽혔다. 그는 성전 뜰에 제우스 신을 위한 단을 세우고 부정한 돼지를 그 제단에 바쳤다. 그는 성소에 제우스 신상도 세웠다. 유대인들이 안식일을 지키거나 할례를 행하면 사형에 처했다. 안티오쿠스 에피파네스 왕에게 복종하지 않는 유대인들은 박해당하거나 처형당했다.

유대인들은 안티오쿠스의 월등한 군대에 대항해 용감히 싸워 3년 후 성전을 회복하였다. 그들은 성전을 되찾기 위해 많은 희생을 치렀으므로 "성전을 헐라"는 신성 모독적인 말에 매우 민감하게 반응하였다.

예수님이 십자가에 처형되시기 유대인들은 예수님을 고소하였다. "이 사람의 말이 내가 하나님의 성전을 헐고 사흘 동안에 지을 수 있다 하더라"(마 26:61). 예수님이 그의 사역 초기에 "성전을 헐라"는 말로 자신의 죽음과 부활을 예언하신 것이 유대인들의 마음에 깊은 인상을 남겼음에 틀림없다.

예수님의 제자들이 안식일에 이삭을 잘라 먹는 것을 본 바리새인들은 제자들이 안식일에 일을 한다고 불평하였다. 바리새인들은 밀 이삭을 자르는 것은 밀을 베어 거두어들이는 것이고, 밀 이삭을 손으로 비비는 일은 타작하는 것이며, 겨를 입으로 불어내는 행동은 체질하는 것과 같다고 주장하였다. 예수님은 자기 제자들의 행동을 구약성경에 있는 두 가지 예화로써 변호하셨다(마 12:3-8).

첫 번째 예는 다윗이 사울 왕에게서 도피할 때 제사장들만 위해 예비된 봉헌된 떡을 먹었다. 만약 다윗이 율법을 범하고 떡을 먹었다면 다윗보다 훨씬 더 위대한 메시아가 그의 배고픈 제자들을 위해 법을 어길 수 있다고 예수님은 말씀하셨다.

두 번째 예는 제사장들이 안식일에 성전의 일을 하도록 허락된 경우다. 안식일에 빵을 굽거나 열두 개의 진설병을 바꾸거나 동물 제사를 드리는 것은 성전 안에서 하기 때문에 허락되었다. 예수님은 안식일에 성전의 일을 하는 것이 허용된다면 메시아 사역에 연관된 일도 안식일에 할 수 있어야 한다고 주장하셨다.

하나님이신 메시아의 권세는 성전의 권세를 훨씬 능가한다. 왜냐하면 성전은 메시아를 가리키는 예표에 불과하기 때문이라고 그는 말했다.

"내가 너희에게 이르노니 성전보다 더 큰 이가 여기 있느니라" (마 12:6).

그는 자신이 하나님이고 성전은 자신을 가리키는 예표에 불과하다고 분명하게 말씀하셨다.

예수님이 눈멀고 말 못하는 자를 고치셨을 때 바리새인들은 그가 귀신의 왕 바알세불의 힘으로 기적을 행했다고 험담하였다. 예수님은 만약에 사탄이 귀신들을 쫓아내었다면 사탄의 나라는 망할 것이라고 하셨다. 바리새인들은 물러나지 않고 예수님께 메시아를 인증할 수 있는 표적을 보여달라고 요구하였다. 그들은 방금 눈멀고 말 못하는 자가 치료되는 것을 보았지만 더 놀라운 기적을 요구하였다.

그 당시 종교 지도자들은 그들의 조상들이 광야에서 모세에게 대항한 것과 똑같은 행동을 하였다. 마태는 믿지 않은 세대에 대해 말한 이사야의 예언이 성취되었다고 말했다.

"너희가 듣기는 들어도 깨닫지 못할 것이요 보기는 보아도 알지 못하리라 이 백성들의 마음이 완악하여져서 그 귀는 듣기에 둔하고 눈은 감았으니 이는 눈으로 보고 귀로 듣고 마음으로 깨달아 돌이켜 내게 고침을 받을까 두려워함이라"(마 13:14b-15).

하나님께서 그들의 영안을 열어 주시지 않았기 때문에 예수님은 그들의 눈 앞에서 수많은 표적으로 메시아임을 증거하셨지만 그들은 예수님이 메시아인 것을 알아볼 수 없었다.

예수님은 믿지 않는 그 당시 사람들에게 선지자 요나의 표적을 보여주겠다고 하셨다. 요나가 큰 물고기 뱃속에서 밤낮 사흘을 있었던 것처럼 자기도 땅속에서 밤낮 사흘 동안을 있겠다고 하셨다. 예수님은 사흘 낮과 이틀 밤 동안 땅 속에 계셨지만 사흘 밤낮이라는 말을 사용해도 문제가 되지 않는다. 유대인들은 24시간인 하루의 일부분이라도 하루, 즉 밤낮 하루로 계산한다.[1]

일부 학자들은 예수님이 밤낮 사흘 동안 땅 속에 계시기 위해서는 금요일보다 목요일에 죽으셨다고 주장한다. 예수님은 일요일에 예루살렘으로 승리의 입성을 하셨다. 그리고 월요일에 성전을 청결하게 하셨다. 그는 화요일에 성전에서 여러 가지 비유를 가르치셨다. 그는 또 제자들에게 성전과 예루살렘의 멸망과 그의 재림의 징조에 대해 미리 말씀해 주셨다. 이상하게도 예수님이 수요일에 한 행동에 대해서는 아무런 기록이 없다. 그러므로 목요일에 행한 것으로 알고 있는 행사들이 실제로는 수요일에 행하였을 수도 있다.

유대인들에게 하루는 해질 때에 시작된다. 요한복음 18장 28절은 예수님이 못 박히신 날이 유월절 식사일 하루 전이고 유대인들은 아직 유월절 식사를 하지 못했다고 말한다. 요한복음 19장 14절, 31절도 예수님이 돌아가신 날이 유월절 식사하는 날(니산월 14일 저녁) 하루 전임을 분명히 밝히고 있다.

그러므로 예수님이 목요일에 돌아가셨을 가능성도 조금은 있다. 유월절과 무교절 첫날(니산월 15일 저녁)은 모두 안식일로 지켜진다. 예수님이 유월절날 직전에 돌아가셨기 때문에 추종자들은 그 시체를 유월절이 시작하기 전에 십자가에서 내려 무덤으로 옮겼다고 볼 수 있다(신 21:22-23).

요한복음 19장 31절은 예수님이 돌아가신 다음날이 큰 날 안식일이라고 불러 보통 토요일 안식일과 다른 특별한 유월절 안식일임을 말하고 있는 것 같다(요 19:31).

이런 관점에서 보면 예수님께서 죽은 다음날은 토요일이 아니고 유월절인 금요일이 된다. 예수님은 목요일 저녁부터 일요일 아침까지 사흘 밤을 무덤 속에 있으므로 사흘 밤 예언을 정확히 성취하셨다고 말할 수 있다. 이틀 밤이든 사흘밤이든 그것이 그렇게 중요한 문제는 아니다. 예수님이 예언대로 돌아가시고 그 후에 부활하셨다는 것이 중요하다.

예수님의 죽음과 부활은 예수님이 메시아인 것을 증거하는 궁극적인 표적이다. 요나의 전도를 듣고 회개한 니느웨 사람들이 회개하지 않은 그 당시 사람들을 정죄할 것이라고 예수님은 말씀하셨다. 그 당시 세대가 정죄당하는 또 다른 이유는 **요나보다 더 큰 예수님을 배척했기 때문이다**(마 12:41).

구약성경에 나오는 선지자들을 대표하는 요나는 궁극적인 선지자인 메시아를 가리키는 예표였다고 예수님은 설명하셨다. 솔로몬의 지혜를 듣기 위해서 온 스바 여왕도 믿지 않은 그 당시 세대를 정죄할 것이라고 예수님은 말씀하셨다. **예수님은 구약성경의 왕들을 대표하는 솔로몬보다 자신이 더 크다고 말씀하셨다.**

솔로몬도 궁극적인 왕인 메시아를 가리키는 예표였다.

예수님은 자신이 제사장이나 성전이나 선지자나 왕보다 더 크다고 하셨다. 예수님은 자신의 정체(identity)에 대해서 우리에게 선택의 여지를 별로 주시지 않았다. 그는 제정신이 아닌 과대 망상증 환자였거나 구약성경에 나오는 하나님의 성전을 포함한 모든 메시아 **예표보다 더 위대한 분이셨다.** 예수님의 행위에 대한 간단한 점검만 하여도 그분이 전혀 미친 사람이 아닌 것을 느낄 수 있다. 미친 사람은 위기가 오면 공포에 사로잡혀 제정신을 잃어버린다.

예수님은 복음을 전파하고, 가르치고, 병을 고치고, 제자를 키우는 사역에 항상 바쁘게 움직였지만 그 많은 일로 압도당한 적은 한번도 없었다. 한번은 예수님이 죽어가는 소녀를 고치러 가는 길에 혈루증이 있는 여인이 예수님을 만졌다.

예수님은 갑작스러운 훼방에 좌절하지 않으시고 오히려 그 사건을 통해 그 여인의 작은 믿음을 인정해 주시고 격려해 주셨다.

그렇게 지체하는 동안에 그 소녀는 예수님이 오시기 전에 죽어버렸다. 죽은 소녀의 아버지는 크게 당황했음에 틀림없다. 왜냐하면 예수님은 "회당장(소녀의 아버지)에게 이르시되 두려워하지 말고 믿기만 하라"(막 5:36b)고 격려하셨기 때문이다.

예수님은 소녀의 집에 가서, "내가 네게 말하노니 소녀야 일어나라"(막 5:41b)고 말씀하셨다. 그 소녀가 일어났을 때 예수님은 소녀에게 먹을 것을 주라고 친절하게 말씀하셨다. 예수님은 이 같은 상반되는 문제가 생겼을 때 긴급한 요구에 쫓기지 않으시고 하나씩 차분하게 해결해 나가셨다.

그분은 잘 계획된 우선순위대로 그의 사역을 진행해 나가셨다. 예수님은 선한 사마리아인 비유에서 시간 관리법을 이야기하셨다. 제사장과 그의 보조는 성전 일과 집안일로 분주할 수도 있었다. 사마리아인도 급한 사업의 일로 바쁜 여행을 하고 있었다. 사마리아인은 강도를 만나 생명이 위험한 사람을 위해 여행을 멈추고 그를 돌봐 주었고 예수님은 이 사람을 칭찬하셨다. 예수님에게는 한 생명을 구하는 것이 온 세상을 얻는 것보다 더 중요하게 우선적으로 해야 할 일이었다.

예수님은 잡히시던 밤에 요한복음 13장에서 16장에 기록된 고별 메시지(다락방 강화)를 제자들에게 전하셨다. **예수님은 당신 자신의 죽음이 가까이 온 것을 알고 계셨지만 평안과 기쁨이 충만하였다.** 그는 제자들을 격려하며 세상 근심과 두려움을 극복하는 자신의 평안을 가지라고 하셨다(요 14:27; 16:32). 그는 제자들에게 자기의 사랑 안에 거하여 자기가 가진 기쁨으로 충만하라고 권면하셨다(요 15:9-11).

예수님은 유죄 선언도 없이 모욕당하시고 고문당하시고 십자가에 못 박히셨지만 죽음 앞에서도 믿기 힘든 침착함과 품위를 보여주셨다. 예수님이 십자가에서 하신 첫 말씀은 이 극악한 죄악을 범한 사람들을 용서해 달라는 기도였다.

"아버지여 저들을 사하여 주옵소서 자기들이 하는 것을 알지 못함이니이다"(눅 23:34).

그의 두 번째 말은 그의 옆에서 십자가에 달린 죄인의 구원을 위한 것이었다.

"내가 진실로 네게 이르노니 오늘 네가 나와 함께 낙원에 있으리라 하시니라"(눅 23:43).

그의 세 번째 말은 사랑하는 아들을 잃은 과부 어머니(마리아)를 자기의 사랑하는 제자에게 돌보아 달라고 부탁하는 내용이었다. 그는 어머니에게 "여자여 보소서 (제자 요한이) 당신의 아들이니이다"라고 말씀하시고, 요한에게는 "보라 네 어머니라"(요 19:27)고 부탁하셨다. 그처럼 긴박한 상황에서 상상하기 힘든 예수님의 침착한 행동을 본 사형 책임자인 로마의 백부장도 "이 사람은 진실로 하나님의 아들이었도다"(막 15:39)라고 고백했다. 예수님은 미치지 않았으며 인간이 상상할 수 없는 놀라운 마음의 평정을 지니신 분이셨다.

이스라엘은 종종 메시아를 가리키는 예표로 사용되었다. 하나님은 의도적으로 이스라엘을 40년 동안 광야로 인도하여 하나님을 의지하고 순종하는 것을 배우게 하셨다. 모세는 과거에 하나님이 광야에서 그들을 돌보신 것을 다시 생각나게 하였다.

"네 하나님 여호와께서 이 사십 년 동안에 네게 광야 길을 걷게 하신 것을 기억하라 이는 너를 낮추시며 너를 시험하사 네 마음이 어떠한지 그 명령을 지키는지 지키지 않는지 알려 하심이라"(신 8:2).

광야에서는 하나님 외에 다른 아무에게서도 도움을 기대할 수 없다.

모세는 이스라엘이 약속의 땅을 정복하기 전에 그들이 배우지 못한 교훈을 다시 가르쳤다.

"너를 낮추시며 너를 주리게 하시며 또 너도 알지 못하며 네 조상들도 알지 못하던 만나를 네게 먹이신 것은 사람이 떡으로만 사는 것이 아니요 여호와의 입에서 나오는 모든 말씀으로 사는 줄을 네가 알게 하려 하심이니라"(신 8:3).

그러나 이스라엘은 하나님을 의지하라는 교훈을 배우지 못하여 계속해서 하나님과 지도자 모세에게 불평하였다.

이스라엘 민족이 완전히 실패했던 것과는 달리 예수님은 모든 시험을 통과하셨다. 세례 요한에게서 세례를 받으신 후 예수님은 이스라엘이 광야에서 겪은 것과 비슷한 시험들을 당하셨다. 예수님은 40일 금식 후 성령의 인도를 받아 마귀에게서 돌을 떡으로 바꾸게 하라는 도전을 받으셨다. 그는 떡 다섯 덩이와 물고기 두 마리로 수 많은 사람들을 먹일 수도 있지만 마귀의 제안을 거절하셨다. 이스라엘은 광야에서 먹는 것 때문에 하나님을 의지하지 못했지만 예수님은 끝까지 하나님의 공급을 신뢰했기 때문이었다. 예수님은 신명기의 말씀을 인용하여 마귀의 유혹을 물리치셨다.

"기록되었으되 사람이 떡으로만 살 것이 아니요 하나님의 입으로부터 나오는 모든 말씀으로 살 것이라 하였느니라"(마 4:4).

마귀는 예수님을 성전 꼭대기로 데려가 그 위에서 뛰어내려 메시아임을 증명하라고 유혹하였다. 마귀는 하나님의 보호를 약속하는 성경 구절도 인용하였다. 예수님은 하나님 시험하기를 거절하셨다. 예수님은 하나님 아버지를 절대적으로 신뢰하였으므로 십자가의 죽음과 부활로써 그가 메시아임을 증거하는 하나님의 방법을 기다리실 수 있었다.

아담이 에덴동산에서 마귀의 유혹에 넘어간 이후 인간은 세상을 다스리는 관리권을 마귀에게 넘겨주었다. 누가는 마귀의 세 번째 시험도 기록하였다.

"마귀가 또 예수를 이끌고 올라가서 순식간에 천하 만국을 보이며 이르되 이 모든 권위와 그 영광을 내가 네가 주리라 이것은 내게 넘겨준 것이므로 내가 원하는 자에게 주노라 그러므로 네가 만일 내게 절하면 다 네 것이 되리라"(눅 4:5-7).

마귀는 세상 나라들의 돈과 정치의 힘으로 사람들을 다스린다. 모세는 이스라엘 백성들에게 주위 나라 백성들이 섬기는 것을 따라가지 말라고 경고하였다. 그러나 이스라엘은 왕 중 왕이신 하나님을 의지하기보다 주위 나라들이 믿는 신과 왕들을 따라갔다. 예수님은 모세의 충고를 인용하여 사탄의 제안을 물리치셨다.

"사탄아 물러가라 기록되었으되 주 너희 하나님께 경배하고 다만 그를 섬기라 하였느니라"(마 4:10).

하나님은 가끔 포도원을 사용하여 이스라엘을 묘사하셨다. 이스라엘은 종종 나쁜 열매를 맺는 포도나무로 비유되었다. 그 반면에 예수님은 당신이 참 포도나무이고 자기에게 거하면 좋은 열매를 맺는다고 주장하셨다. 예수님은 우리가 그와 생명을 나누는 관계로 연결되기를 요구하고 계신다. 우리가 하나님의 성품을 닮아가려면 진짜 포도나무인 예수님과 생명을 나누는 전적인 신뢰관계로 항상 연결되어 있어야 한다.

히브리서는 여러 가지 대상을 이용하여 예수님이 어떻게 구약성경의 메시아 예표들을 성취하셨는가를 설명하고 있다. **히브리서는 메시아를 가리키는 예표로서 다윗의 후손들을 왕으로, 모세를 하나님의 집의 건축가로**(3:1-6), **여호수아를 안식의 땅으로 데리고 간 안내자로**(4:8), **멜기세덱을 왕과 제사장으로**(5:6-10, 6:20-7:28), **장막을 백성 가운데 임재하시는 하나님으로**(9:23-24), **구약 제사 제도를 속죄를 위한 제물로**(10:1-18) **열거하였다.**

히브리서 저자는 시편 2편 7절을 인용하여 예수님을 메시아 왕으로 소개하였다.

"하나님께서 어느 때에 천사 중 누구에게 너는 내 아들이라 오늘 내가 너를 낳았다 하셨으며 또 다시 나는 그에게 아버지가 되고 그는 내게 아들이 되리라 하셨느냐"(히 1:5).

시편 2편은 제왕시의 하나이다. 제왕시는 다윗의 후손들이 왕에

취임할 때나 그 후의 취임 기념일에 사용되었다.

시편 2편은 왕이 하나님의 아들이고 그의 영토는 땅 끝까지 이른다고 말한다. 다윗의 후손들이 이 예언을 성취한 적은 한 번도 없었다! 그들은 만왕의 왕 메시아를 가리키는 예표적 왕들에 불과하였다. 메시아는 하나님의 참 독생하신 아들이시고 그의 정권은 온 세계에 임하실 것이다.

예수님은 므나 비유에서 미래의 왕국에 대해 가르치셨다. 한 므나는 삼십 데나리온의 가치가 있다. 예수님은 자신이 왕위를 받으러 멀리 간다고 하셨다. 그는 떠나기 전에 열 명의 종을 불러 한 므나씩 나누어 주었다. 그가 돌아왔을 때 각자의 성과에 따라 상을 주겠다고 약속하였다. 그러나 그를 뒤에서 대적하여 왕권을 받는 것을 방해한 자들은 심판하였다.

"내가 왕 됨을 원하지 아니하던 저 원수들을 이리로 끌어다가 내 앞에서 죽이라 하셨느니라"(눅 19:27).

예수님은 이 비유에서도 자신은 메시아 왕국을 세우는 왕으로 다시 오실 것을 분명히 말씀하셨다.

히브리서 저자는 예수님이 천사들보다 더 우월하다고 말한다(1:6-14). 몰몬 교도들과 여호와의 증인 교도들은 예수님이 높은 지위에 있던 천사들 가운데 한 분이었다고 주장한다. 그러나 히브리서의 저자는 천사들은 단지 하나님의 종이라고만 말한다. 그렇지만 그는 시편 45편 6절을 인용하여 하나님의 아들, 즉 예수님을 하나님이라고 불렀다.

"아들에 관하여는 하나님이여(메시아) 주의 보좌는 영영하며 주의 나라의 규(왕의 지팡이)는 공평한 규이니이다"(히 1:8).

시편 45편의 저자는 하나님의 아들이 바로 하나님이시고 이분이 의로운 왕으로 영영히 다스린다고 말하고 있다. **이 구절은 메시아 왕은 신성한 하나님이시고 영원한 왕이시며 천사를 포함한 모든 피조 세계를 다스리신다고 분명히 말하고 있다.**

히브리서의 저자는 예수님을 모세와도 비교하였다. 이스라엘 사람은 누구든지 모세가 모든 세상 사람 중에 가장 위대한 사람이라고 여기고 있다. 히브리서 저자는 모세가 충성된 종으로서 이스라엘 백성을 위한 하나님의 뜻을 잘 수행했다고 칭찬하였다. 그러나 모세는 집 하나(이스라엘 나라)를 지은 자에 불과하지만 예수님은 우주의 모든 것을 지으신 분이기 때문에 모세보다 예수님이 훨씬 더 큰 영광을 받으셨다고 선언한다.

예수님은 또한 하나님의 집, 즉 교회의 머리가 되시고, 이 교회는 왕을 전파하여 메시아 왕국이 도래하게 하는 역할을 맡았다. 이 시대의 끝에 예수님이 오셔서 메시아 왕국을 세우고 다스리게 된다. 그러므로 모세가 이스라엘을 세운 것은 메시아가 메시아 왕국을 세우는 것을 가리키는 예표에 불과하다.

모세는 죽기 전에 이스라엘 백성들에게 미래에 올 메시아에 대해서 언급했다.

"네 하나님 여호와께서 너희 가운데 네 형제 중에서 너를 위하여 나와 같은 선지자 하나를 일으키시리니 너희는 그의 말을 들을지니라 이것이 곧 네가 총회의 날에 호렙 산에서 네 하나님 여호와께 구한 것이라 곧 네가 말하기를 내가 다시는 내 하나님 여호와의 음성을 듣지 않게 하시고 다시는 이 큰 불을 보지 않게 하소서 두렵건대 내가 죽을까 하나이다 하매 여호와께서 내게 이르시되 그들의 말이 옳도다 내가 그들의 형제 중에서 너와 같은 선지자 하나를 그들을 위하여 일으키고 내 말을 그 입에 두리니 내가 그에게 명령하는 것을 그가 무리에게 다 말하리라 누구든지 내 이름으로 전하는 내 말을 듣지 아니하는 자는 내게 벌을 받을 것이요"(신 18:15-19).

모세만이 하나님과 대면하여 대화한 유일한 선지자다. 모세는 자기와 같은 선지자가 온다고 예언했지만 학자들은 모세가 하나님의 메시지를 전할 많은 선지자가 온다고 말한 것이라고 주장한다. 이 학자들의 주장에 동의하더라도 모세 후의 많은 선지자들은 하나님의 최종의 말씀이신 메시아를 가리키는 예표의 역할을 한 것을 깨달아야 한다.

예수님과 그의 추종자들은 몇 번이나 예수님이 모세가 예언한 그 선지자라고 주장했다. 예수님의 처음 제자들 가운데 한 사람인 빌립은 나다나엘에게 예수님이 모세가 말한 메시아라고 증언하였다.

"모세가 율법에 기록하였고 여러 선지자가 기록한 그이를 우리가 만났으니 요셉의 아들 나사렛 예수니라"(요 1:45).

빌립은 모세가 여러 명의 선지자보다 한 사람 메시아에 대해서 말한 것을 알고 있었다. 예수님도 모세가 자신에 대해 말했다고 증언하셨다.

"내가 너희를 아버지께 고발할까 생각하지 말라 너희를 고발하는 이가 있으니 곧 너희가 바라는 자 모세니라 모세를 믿었더라면 또 나를 믿었으리니 이는 그가 내게 대하여 기록하였음이라 그러나 그의 글도 믿지 아니하거든 어찌 내 말을 믿겠느냐 하시니라"(요 5:45-47).

사도행전 3장 22-23절에서 사도 베드로는 신명기 18장 15-19절에 기록된 모세의 메시아 예언을 성취한 예수님을 믿으라고 예루살렘 사람들에게 권면하였다. 복음 증거를 위해 첫 순교자가 된 스데반 집사도 모세가 말한 선지자에 대해 설명하였다(행 7:37). 모세 자신도 반항하는 이스라엘 민족의 중보자의 역할과 십계명을 포함한 법률의 제정자의 역할을 담당하여 메시아의 역할을 예시하였다.

예수님은 은혜의 보좌에 앉아 중보자의 역할을 수행하시고 사랑의 새 계명을 베풀어 법의 제정자의 역할도 감당하여 모세의 사역을 성취하셨다.

히브리서의 저자는 4장 1-11절에서, 예수님은 우리를 안식으로 이끄는 분이라고 소개하고 있다. 하나님은 엿새 동안에 창조를 마치시고 안식하셨다. 하나님은 제7일인 안식일을 쉬는 날로 제정하셨다. 안식의 의미는 멈추거나 일을 끝낸다는 뜻이다. 안식일은 메시아 왕국에서 이루어지는 상태, 즉 완전한 세상에서의 온전함(shalom)을 예표한다.

모세가 이스라엘 백성들을 애굽의 속박에서 해방시킨 후 여호수아는 그들을 약속의 땅인 가나안으로 인도하였다. 여호수아의 헬라어가 예수다. 여호수아도 예수를 가리키는 예표적 인물이었다. 그는 가나안 족속들과 여러 번의 전쟁을 승리로 이끈 후 그 땅을 열한 지파에게 나누어 주었다. 그는 모세의 사역을 완성하여 이스라엘에게 전쟁으로부터 안식을 주었다.

그러나 여호수아가 가져다 준 안식은 일시적인 안식이었다. 이스라엘은 우상 숭배를 한 잘못으로 곧 이방 나라들에 점령당했다.

제왕시의 하나는 미래에 올 영원한 안식에 대해 예언하였다.

"너희가 오늘 그의 음성을 듣거든 너희는 므리바에서와 같이 또 광야의 맛사에서 지냈던 날과 같이 너희 마음을 완악하게 하지 말지어다"(시 95:7b-8).

이스라엘이 맛사와 므리바에서 물이 없었을 때 그들은 하나님의 도움을 믿지 않았다. 그들은 계속해서 모세에게 불평하였다. 그러므로 그들은 참 안식에 들어갈 수 없었다. 시편 기자는 장차 올 세대에게 이스라엘이 광야에서 저질렀던 잘못을 되풀이하지 말라고 경고하였다.

히브리서의 저자도 같은 권면을 하였다.

"그런즉 안식할 때가 하나님의 백성에게 남아 있도다 이미 그의 안식에 들어간 자는 하나님이 자기의 일을 쉬심과 같이 그도 자기의 일을 쉬느니라 그러므로 우리가 저 안식에 들어가기를 힘쓸지니 이는 누구든지 저 순종하지 아니하는 본에 빠지지 않게 하려 함이라"(히 4:9-11).

우리는 메시아 왕국에 들어가야 완전한 안식이 이루어진다. 이스라엘 백성들이 가나안의 거인들을 두려워하여 가나안으로 들어가기를 거절했을 때 하나님은 그들이 모두 광야에서 죽을 것을 선포하셨다. 하나님께서 믿지 않은 온 세대를 버리신 것처럼 지금도 믿지 않는 자들이 메시아 왕국에 들어가는 것을 허락하지 않으실 것이다.

히브리서의 저자는 히브리서 5장에서 10장 사이에서 예수님을 대제사장으로 소개하고 있다. 대제사장 직분은 하나님에 의해 임명

되어야 한다. 메시아가 대제사장의 자격을 갖추려면 하나님의 부르심이 먼저 있어야 한다. 히브리서 저자는 메시아의 대제사장 직분의 자격을 위해 구약성경을 인용하였다.

"**여호와는 맹세하고 변하지 아니하시리라 이르시기를 너는 멜기세덱의 서열을 따라 영원한 제사장이라 하셨도다**"(시 110:4).

메시아를 가리키는 예표로서의 멜기세덱은 제4장에서 다루었다.

히브리서의 저자는 장막, 즉 성전과 레위 제사 제도를 메시아의 예표들이라고 소개하였다. 앞에서 이미 설명했듯이 예수님은 이 예표들을 다 성취하셨다. 자신의 몸을 제물로 드리고 하나님의 오른편에서 중보자가 되심으로 예수님은 레위 제사 제도의 제사장의 역할도 성취하셨다. 예수님은 모세 언약(율법 언약)보다 훨씬 뛰어난 새 언약의 중보자로 섬겼기 때문에 예수님의 제사장직은 아론의 후손들의 제사장직보다 훨씬 뛰어났다.

예레미야 31장 31-34절에 예언하였듯이 옛날 언약(모세 언약)은 새 언약으로 대치되었다. 히브리의 저자는 예수님의 제사장직이 뛰어난 또 하나의 이유를 말했다.

"그리스도께서는 참 것의 그림자(예표)인 손으로 만든 성소에 들어가지 아니하시고 바로 그 하늘에 들어가사 이제 우리를 위하여 하나님 앞에 나타나시고"(히 9:24).

예수님은 하늘에 있는 참 성전의 복사판인 사람이 만든 성전에서 섬기지 않고 하나님의 옆에 앉아 하늘 성전에서 직접 섬기는 제사장이다.

출애굽기와 민수기도 메시아의 역할들을 가리키는 다른 여러 예표들을 열거하고 있다. **몇 가지 대표적인 예는 유월절의 양**(출 12:3-14), **만나**(출 16:4-36), **안식일의 쉼**(출 16:21-30; 20:8-11), **지팡이로 친 반석**(출 17:1-7; 민 20:2-13)**과 장대 위의 놋뱀**(민 21:4-9)**이다.**

사도 바울은 고린도의 그리스도인들에게 유월절 양의 의미를 설명하였다.

"너희는 누룩 없는 자인데 새 덩어리가 되기 위하여 묵은 누룩을 내버리라 우리의 유월절 양 곧 그리스도께서 희생되셨느니라"(고전 5:7).

누룩은 죄의 부패하게 하는 힘을 상징한다. 누룩을 유월절 이후 일주일간 집에서 제거하듯이 죄를 성도의 삶에서 제거해야 한다. 유월절 밤에 이스라엘 사람들은 양을 죽여 그 피를 집 문 좌우 설주와 인방에 바르도록 하였다. 양고기는 구워서 누룩 없는 빵과 함께 먹었다. 바울은 유월절 양이 그리스도, 즉 메시아의 예표라고 말했다. 애굽 왕 바로가 이스라엘을 종살이하는 것에서 해방시켜 주기를 거부하였을 때 하나님은 애굽이 하나님께 불순종한 것에 대한 벌로 사망의 천사를 보내어 애굽의 처음 난 것을 모두 죽였다. 그러나 사망의 천사는 문 기둥에 양의 피를 바른 집은 뛰어넘어 벌을 면하게 해주었다. 양을 죽이고 그 피를 바른 것은 메시아의 대속의 죽음을 상징적으로 표현하고 있다. 빵은 백성들과 나누기 위해 희생의 제물이 된 메시아의 생명을 상징한다. 유월절 만찬, 즉 최후의 만찬 때 예수님은 떡을 떼어 제자들에게 나누어 주셨다. 그리고 그는 말씀하셨다.

"또 떡을 가져 감사 기도하시고 떼어 그들에게 주시며 이르시되 이것은 너희를 위하여 주는 내 몸이라 너희가 이를 행하여 나를 기념하라"(눅 22:19).

예수님은 만나가 메시아를 가리키는 예표라고 말씀하셨다. 이스라엘이 광야에서 먹을 것이 없다고 불평했을 때 하나님은 하늘에서 내려온, 떡과 비슷한 만나를 주셨다. 그러나 예수님은 만나를 먹은 자들도 결국 모두 죽었다는 사실을 지적하셨다. 만나는 하늘에서 내려온 참 영적 떡인 메시아를 가리키는 또 하나의 불완전한 예표였다.

예수님은 오천 명이 넘는 사람들을 보리떡 다섯 개와 물고기 두 마리로 먹인 후 그 의미를 설명하셨다.

"이는 하늘에 내려오는 떡이니 사람으로 하여금 먹고 죽지 아니하게 하는 것이니라 **나는 하늘에서 내려온 산 떡이니 사람이 이 떡을 먹으면 영생하리라** 내가 줄 떡은 곧 세상의 생명을 위한 내 살이니라 하시니라"(요 6:50-51, 개역한글).

"내가 진실로 진실로 너희에게 이르노니 인자의 살을 먹지 아니하고 인자의 피를 마시지 아니하면 너희 속에 생명이 없느니라 내 살을 먹고 내 피를 마시는 자는 영생을 가졌고 마지막 날에 내가 그를 다시 살리리니"(요 6:53-54).

예수님은 자신이 하늘에서 온 산 떡이라고 하셨다. 만나가 하늘에서 온 것처럼 예수님은 자신의 기원도 하늘에 있다고 하셨다. 그는 또 자기의 영원한 생명을 우리에게 나누기 위해 자신이 죽는다고 하셨다. 그가 생명의 창조자이므로 영생을 소유하려면 그의 생명을 나누어 받아야 한다.

예수님을 따르던 자들 중 일부는 그의 말을 오해하였다. 그들은 살을 먹고 피를 마신다는 말을 육체적인 관점으로 오해하고 예수님을 떠났다. 그러나 예수님은 영적인 의미로 말씀하신 것이다.

"그러면 너희는 인자가 이전에 있던 곳으로 올라가는 것을 본다면 어떻게 하겠느냐 살리는 것은 영이니 육은 무익하니라 내가 너희에게 이른 말이 영이요 생명이라"(요 6:62-63).

예수님은 성령이 그의 말씀을 통하여 역사하여 모든 믿는 자에게 새 생명을 준다고 약속하셨다. 사도 바울은 갈라디아 성도들이 하나님의 말씀을 믿었을 때 성령의 능력이 그들의 삶에 역사하는 것을 체험하였다고 증언하였다(갈 3:5). 예수님은 승천 후 약속대로 성령을 보내셨다. 예수님은 또 약속하셨다.

"보혜사 곧 아버지께서 내 이름으로 보내실 성령 그가 너희에게 모든 것을 가르치시고 내가 너희에게 말한 모든 것을 생각나게 하리라"(요 14:26).

어떤 사람들은 예수님의 가르침을 이해하지 못했지만 성령은 그들이 이해하고 순종하도록 도와준다. 그러므로 예수님의 말은 영이고 생명을 주는 메시지이다.

안식일의 쉼의 예표적 의미는 예수님의 예표인 여호수아에 관해 이야기할 때 이미 다루었다. **출애굽기와 민수기는 지팡이로 친 반석을 메시아를 가리키는 예표로 소개하고 있다.** 이스라엘이 광야에서 시내 산에 가까이 와서 르비딤에 장막을 쳤다. 그들은 물을 찾지 못해 모세와 다투며 돌로 모세를 치려고 하였다. 그들은 믿음의 시험에 실패했지만 하나님은 모세에게 그의 지팡이로 반석을 쳐서 물이 나오게 하라고 지시하셨다.

성경에서의 반석은 주로 하나님을 의미하지만 여기에서는 메시아를 상징한다. 사도 바울은 이 반석을 '신령한 반석'이라고 불렀고 메시아 예표라고 설명하였다(고전 10:4). 반석을 지팡이로 때린 것은 백성들의 속죄를 위한 메시아의 죽음을 의미한 것이다. 반석에서 흘러나온 물은 메시아의 죽음과 승천 후에 성령의 오심을 의미하는 예표다. 그곳의 지명을 하나님을 시험했다는 의미로 '맛사'라고 부르기도 하고 다툼의 뜻으로 '므리바'라고도 불러 그들이 하나님의 시험에 실패했음을 기억하게 하였다.

  이스라엘이 광야에서 40년간 방황하였던 시기의 마지막 때에 비슷한 사건이 또 일어났다. 그들이 가데스에 왔을 때 물이 없어 모세와 다투었다. 그러나 이때에는 하나님께서 모세에게 반석을 치지 말고 반석에게 물을 달라고 말만 하라고 명령하셨다.

  반석에게 물을 요구하는 것은 값없이 풍성하게 성령을 보내주시는 중보자에게 기도하는 것을 상징한다. 그러나 모세는 계속해서 불평만 하는 백성들에게 화가 많이 났기 때문에 하나님의 명령에 주의를 기울이지 않았다. 그는 지난번에 했듯이 반석을 지팡이로 쳤다. 물은 흘러나왔지만 모세의 행동은 메시아가 두 번 죽는 잘못된 의미를 예표하게 되었다. 하나님은 모세에게 약속의 땅에 들어갈 자격을 상실했다고 말씀하셨다. 예수님은 한 번 죽음으로 모든 믿는 자의 죄를 다 대속하였으므로 더 이상 또 다른 제사는 필요가 없다(히 10:14-18). 모세는 40년 동안의 충성된 사역 후에 사역자로서의 자격을 박탈당했다.

  예수님은 장대 위의 놋뱀도 십자가에 달릴 메시아를 가리키는 예표라고 말씀하셨다(요 3:14). 믿음이 성장하려면 생존을 위해 하나님을 의지해야만 하는 상황에 처해야 더 확실하게 성장의 뿌리를 내릴 수 있다.

하나님은 이스라엘을 광야로 인도해 그들의 믿음이 뿌리내리게 하려 하셨지만 그들은 하나님을 의지하는 것을 끝내 배우지 못했다. 가데스에서의 반석 사건 이후 모세는 이스라엘과 형제 나라인 에돔 주위에 있는 사해 남동쪽으로 이스라엘을 인도하였다. 물과 양식의 부족으로 이스라엘은 또다시 하나님과 모세에게 불평하기 시작하였다.

"백성이 하나님과 모세를 향하여 원망하되 어찌하여 우리를 애굽에서 인도하여 올려서 이 광야에서 죽게 하는고 이곳에는 식물도 없고 물도 없도다 우리 마음이 이 박한 식물(만나)을 싫어하노라하매"(민 21:5, 개역한글).

오랜 후 그들의 후손들은 다시 하늘의 만나인 메시아를 경멸하고 배척하였다.

그들이 하나님의 공급을 믿지 않으므로 하나님은 독사들을 보내셨다. 많은 사람들이 독사에 물려 죽어갔다. 그들은 뱀을 제거해 달라고 모세에게 빌었다. 하나님은 뱀을 옮기는 대신에 모세에게 놋뱀을 만들어 장대에 달라고 지시하셨다. 하나님은 뱀에게 물린 자는 놋뱀을 쳐다보아야 산다고 하셨다.

니고데모가 예수님을 찾아왔을 때 예수님은 그에게 말했다. **"모세가 광야에서 뱀을 든 것 같이 인자도 들려야 하리니 이는 그를 믿는 자마다 영생을 얻게 하려 하심이니라"**(요 3:14-15).

예수님은 자신이 놋뱀이 되어 백성들의 죄의 값을 지불할 것을 말씀하셨다. 영생을 얻으려면 자신의 죄를 먼저 고백해야 한다. 이 것은 내가 사탄에게 물렸다는 것을 자백하는 것이다. 그리고 나 대신 십자가에서 심판을 받으신 예수님을 믿음의 눈으로 쳐다 보아야 한다. 장대 위의 놋뱀은 복음을 설명하는 훌륭한 하나의 그림이다. **예수님은 처음부터 놋뱀이 자기를 가리키는 예표라고 분명하게 밝히심으로 십자가에 죽기 위한 목표를 가지고 사역을 시작하신 것이 확실하다.**

제6장
구약성경의 계명의 성취자

하나님은 에덴동산에서 아담을 창조하신 후 그에게 하나의 법만 주셨다. 하나님은 아담에게 선악을 알게 하는 나무의 실과는 먹지 말라고 명령하셨다. 그리고 불순종에 대한 형벌은 사망이라고 하시고 절대 그의 말에 불순종을 하지 말라고 엄하게 경고하셨다. 아담이 이 법을 지켰다면 그는 하나님과 영원토록 복된 교제를 누렸을 것이다.

그러나 사탄은 하와를 미혹하여 금지된 실과를 먹게 하였다. 사탄은 말했다.

"너희가 그것을 먹는 날에는 너희 눈이 밝아져 하나님과 같이 되어 선악을 알 줄 하나님이 아심이니라"(창 3:5).

하나님만이 선의 기준이다. 그분은 성경 말씀을 통해 무엇이 선한 것인가를 우리에게 선언하셨다. 인간들은 그분의 말씀을 신뢰하고 순종해야 한다. 그러나 사탄의 유혹에 빠져 아담과 하와는 하나님의 계명에 불순종하였다. 그들은 하나님과 동등하게 되어 스스로 선과 악을 결정하려고 하였다. 그들은 사탄의 죄인 교만의 유혹에 넘어갔다.

사도 바울은 죄가 아담을 통해 세상에 들어왔고 죄를 통해 사망이 들어왔다고 말했다. 온 인류의 대표자인 아담이 죄를 범했으므로 인간은 누구나 죄의 능력에 굴복하게 되어 죄를 짓게 되었고 그 죄의 형벌로 모두 다 사망을 당하게 되었다(롬 5:12). 이 말을 믿을 수 없는 사람은 공동묘지에 가서 한 시간만 묘비들을 돌아보기를 권한다. 그곳에 묻힌 사람들 중 아무도 죽기를 기다리며 산 사람은 없을 것이다. 그러나 아무도 그 반갑지 않은 죽음을 피해갈 수 없었다. 성 어거스틴은 이 이론을 원죄론이라고 불렀다. 이 교리에 대해 많은 논란이 있지만 이 교리는 메시아의 구속 사역을 설명하는 데 중요한 역할을 한다.

로마서 5장 14절은 아담이 메시아의 표상 즉 예표라고 말한다.

아담 이후 태어난 모든 인간은 죄의 성품을 소유했으므로 아담의 죄로 말미암아 온 인류에게 저주가 선포되게 되었다. **그와 반대로 온 인류의 대표로 오신 예수님은 하나님의 계명을 순종하여 자기의 생명을 우리의 죄의 값을 지불하시려고 희생하셨다. 그의 구원사역으로 인하여 그를 구세주로 믿는 모든 사람은 죄 사함을 받아 구원을 얻게 되었고 새로운 성품을 가지고 거듭나게(영적으로) 되었다.**

원죄 교리는 신문이나 텔레비전에 매일 나쁜 뉴스들이 범람하는 이유를 설명해 준다. 모든 사람이 죄의 성품을 가지고 태어난 것을 증명하는 것은 어렵지 않다. 아이들이 친구를 사귀기 시작하면 이들은 얼마 안 가서 음란한 말들과 나쁜 습관들을 배운다. 그들에게는 그런 것들을 배우라고 격려하거나 강화요법(positive reinforcement)이 필요없다. 그러나 도덕적인 가치관을 주입하려면 많은 노력이 요구된다. 역사를 공부해 보면 법이나 경찰이 없는 사회는 오래 가지 못함을 쉽게 깨달을 수 있다.

칼 마르크스는 혁명적인 새로운 정치 제도와 경제 제도를 제안하였다. 그는 모든 사람에게 평등하게 부를 나누어 주는 제도를 꿈꾸었다. 그러나 인간의 죄성이 그가 기대했던 꿈을 이루지 못하게 막았다. 공산당원들은 유산층을 대신하여 무산층들을 훨씬 더 악랄하게 착취하였다.

그 결과로 대부분의 공산주의 국가들은 붕괴하였고 지구상에서 사라져 버렸다. 자본주의 경제 체제를 기반으로 한 산업 국가들도 탐욕적인 금융인들과 투자자들 때문에 위험한 수준에 와 있다. 미국을 위시한 여러 나라들이 수천 조 달러를 시장에 투입했지만 세계 경제의 회복은 요원해 보인다. 모든 사람은 마음에 병이 들었기 때문에 마음 속에서부터 새롭게 변화되어야 한다.

예수님이 복음을 전파하셨을 당시에 이스라엘에 있는 모든 선생들은, 유대인은 누구든지 율법의 요구를 지켜 의롭게 될 수 있다고 믿고 가르쳤다. 그들은 아직도 행위에 의존해서 사람이 스스로 의롭게 될 수 있다고 가르친다. 그러나 부모가 자녀에게 먼저 사랑의 확신을 심어 주지 아니하고 규칙을 지키는 것만 강요한다면 자녀들은 쉽게 반발할 것이다. 사람은 누구든지 먼저 하나님의 긍휼과 사랑을 체험한 후 하나님의 법을 배워나가야 한다.

성경은 분명하게 모든 사람이 죄를 범했다고 말한다. 아무도 자기 스스로의 노력으로 하나님의 의의 기준에 도달할 수 없다(롬 3:23). 하나님의 계명을 다 지켜 하나님께 인정받을 수 있는 사람은 단 한 사람도 없다. 사도 바울은 신명기 27장 16절을 인용하여 말했다.

"무릇 율법 행위에 속한 자들은 저주 아래 있나니 기록된 바 누구든지 율법 책에 기록된 대로 모든 일을 항상 행하지 아니하는 자는 저주 아래에 있는 자라 하였음이라"(갈 3:10).

하나님이 이스라엘에게 율법을 주신 것은 그 율법으로 구원을 얻으라는 것은 아니었다.

하나님은 시내 산에서 이스라엘에게 말씀하셨다.

"내가 애굽 사람에게 어떻게 행하였음과 내가 어떻게 독수리 날개로 너희를 업어 내게로 인도하였음을 너희가 보았느니라 세계가 다 내게 속하였나니 너희가 내 말을 잘 듣고 내 언약을 지키면 너희는 모든 민족 중에서 내 소유가 되겠고 너희가 내게 대하여 제사장 나라가 되며 거룩한 백성이 되리라 너는 이 말을 이스라엘 자손에게 전할지니라"(출 19:4-6).

이스라엘이 애굽에서 떠나기 전에 그들은 벌써 하나님의 은혜로 용서와 구원을 체험하였다. 그들은 양을 죽여 그 피를 집 문 좌우 기둥과 그 사이의 인방에 발라 사망의 천사가 그 집을 뛰어넘게 하였다. 그들은 하나님의 구원 사역을 기념하여 매년 유월절을 지키도록 하였다. 유월절은 하나님께서 양의 피 때문에 그들을 용서해 주셨음을 가르쳐 주었다. 양은 그들의 죄 사함을 위해 대신 죽을 궁극적인 양인 메시아를 가리키는 예표였다.

율법은 애굽의 노예 생활에서 해방(구원)된 후 3개월이 지나서 비로소 이스라엘에게 주어졌다. 하나님은 그들에게 율법을 주어 그들이 하나님의 거룩한 백성이 되고 제사장 나라가 되도록 하였다. 신명기 32장 11절을 보면 독수리들이 그 새끼를 보금자리에서 밀어내어 그 새끼로 하여금 강제로 날도록 훈련시킨다. 새끼 독수리가 날개를 치며 떨어지면 어미 독수리는 재빨리 새끼 밑으로 날아가 그 등으로 새끼를 받아 다시 보금자리로 돌아온다. 독수리가 그 새끼를 훈련시키는 것처럼 하나님도 이스라엘을 애굽에서 광야로 인도하시어 하나님의 법에 순종하는 것을 배우도록 가르치셨다.

율법은 하나님의 언약 백성의 인생의 방향을 제시하는 지도가 되도록 주어졌다. 하나님은 바리새인과 사두개인에게 하나님의 거룩하신 부름에 합당하게 살라고 율법을 주셨지만 그들은 법을 이용하여 자신들이 의로운 것을 증명하려고 시도하였다.

이스라엘이 처음부터 십계명을 지킬 수 없는 것은 분명해졌다. 모세가 십계명이 쓰여진 두 증거판을 받는 동안에 백성들은 금 송아지 형상을 만들어 그것이 자기들의 신인 것처럼 그 앞에 제사를 드렸다. 그들은 신의 형상을 만들어서 제2계명을 단번에 어겼다.

그러나 긍휼의 하나님은 그들을 용서하시고 그들과의 언약을 새롭게 하셨다. 하나님은 은혜를 베풀어 그의 이름을 모세에게 선포하여 그의 이스라엘을 위한 언약을 확실히 하셨다.

"여호와께서 그의 앞으로 지나시며 선포하시되 여호와라 여호와라 자비롭고 은혜롭고 노하기를 더디하고 인자와 진실이 많은 하나님이라 인자를 천 대까지 베풀며 악과 과실과 죄를 용서하리라"(출 34:6-7a).

하나님은 이스라엘에게 새 증거판들을 주시어 그의 긍휼과 은혜를 보여주셨다. 하나님은 이스라엘에게 성소와 죄의 용서를 위한 제사를 드릴 제단을 만들라고 지시하셨다.

예수님은 행위에 의존해서 의롭게 되는 것을 가르치시지 않았다. 예수님이 공적 사역을 시작하셨을 때 그의 첫 메시지는 "때가 찼고 하나님 나라가 가까웠으니 회개하고 복음을 믿으라"(막 1:15)는 것이었다. 하나님 나라의 왕이신 구세주가 왔으므로 그를 구세주로 영접하면 하나님 나라에 들어갈 수 있다는 복음을 믿기만 하면 하나님의 백성이 된다는 기쁜 소식을 예수님은 전파하셨다. 니고데모가 밤에 예수님을 방문했을 때 예수님은 자신이 구세주로 하늘에서 왔다는 것을 믿지 않으면 하나님 나라를 볼 수 없다고 하셨다(요 3:11-13).

메시아는 사람들의 속제 제물로만 온 것이 아니고 우리를 대신하여 하나님의 의가 되기 위해서도 오셨다. 예레미야는 다윗의 의로운 후손인 메시아의 이름이 **여호와 우리의 의**가 된다고 예언했다(렘 23:5-6). 메시아는 그가 사는 동안 하나님의 말씀을 온전히 순종하여 하나님의 완전한 의의 기준을 보여주셨다. 다윗은 하나님의 말씀을 순종하기 위한 메시아의 헌신에 대해 예언하였다.

"그 때에 내가 말하기를 내가 왔나이다 나를 가리켜 기록한 것이 두루마리 책(성경)에 있나이다 나의 하나님이여 내가 주의 뜻 행하기를 즐기오니 주의 법이 나의 심중에 있나이다 하였나이다"(시 40:7-8).

예수님도 자신의 삶의 목표를 말씀하셨다.

"내가 하늘에서 내려온것은 내 뜻을 행하려 함이 아니요 나를 보내신 이의 뜻을 행하려 함이니라"(요 6:38).

예수님은 자신의 삶의 완전무결함에 대해 스스로 증언하셨다. **예**

수님 자신은 항상 아버지가 기뻐하시는 일을 행한다고 하셨다(요 8:29). 성경은 예수님만이 죄를 범하지 않았다고 증언하였다(히 4:15). 예수님만이 하나님 앞에서 의로운 유일한 분이었고 하나님은 그의 한량없는 은혜로 예수님의 완전한 의를 그를 믿는 모든 자에게 선물로 나누어 주셨다(고후 5:21).

로마서에서 사도 바울은 신자들이 어떻게 의롭게 되는가를 설명하였다. 하나님의 율법을 잘 지켜서 의롭게 되는 것은 불가능하므로 하나님은 다른 방법을 준비하셨다. 사도 바울은 말했다.

"예수 그리스도를 믿음으로 말미암아 모든 믿는 자에게 미치는 하나님의 의니 차별이 없느니라(유대인과 이방인 간의 차별이 없다)"(롬 3:22).

신학자들은 전가(imputation)라는 신학 용어를 사용하여 믿는 자에게 그리스도의 의가 선물로 주어짐을 설명하고 있다.

마틴 루터는 로마서의 한 구절을 묵상하다가 이 진리를 발견했다고 한다.

"복음에는 하나님의 의가 나타나서 믿음으로 믿음에 이르게 하나니 기록된 바 오직 의인은 믿음으로 말미암아 살리라 함과 같으니라"(롬 1:17).

복음에는 메시아가 와서 우리의 죄의 값을 대신 지불한 것과 그가 부활하여 그의 완전한 의로운 생명을 우리에게 나누어 주심이 계시되어 있다(고전 15:1-4). 그러므로 의인은 처음부터 끝까지 메시아의 의만 의지하고 살아야 하며, 그 마지막은 하나님의 영광 앞에 메시아의 의를 가지고 서게 된다. 하나님이 우리를 의롭다고 선언하실 때에는 그리스도의 공로 안에서 거룩하고 새롭게 된 우리를 보면서 말씀하신다.

모세의 율법에는 벌칙을 다루는 형사법과 민사법이 있다. 또 거룩한 삶을 살기 위해서 주어진 도덕법도 포함되어 있다. 그 외에도 절기와 제사에 관한 종교(의식)법도 있다.[1] 사도 바울은 하나님의 법이 모세를 통해서 왔는데 결국은 우리를 메시아에게로 인도하는 예표의 역할을 한다고 말했다.

"율법이 우리를 그리스도께로 인도하는 초등교사가 되어 우리로 하여금 믿음으로 말미암아 의롭다 함을 얻게 하려 함이라 믿음이 온 후로는 우리가 초등교사 아래에 있지 아니하도다"(갈 3:24-25).

그는 그리스도인들은 더 이상 율법(의식법)을 지키지 않는다고 말했다.

"그러므로 먹고 마시는 것(음식법)과 절기나 월삭이나 안식일을 인하여 누구든지 너희를 폄론(판단)하지 못하게 하라 이것들은 장래 일의 그림자(예표)이나 몸(성취)은 그리스도의 것이니라"(골 2:16-17, 개역한글).

바울은 그리스도인들이 음식법이나 의식법에서 자유하다고 말했다.

"믿음이 연약한 자를 너희가 받되 그의 의견을 비판하지 말라 어떤 사람은 모든 것을 먹을 만한 믿음이 있고 믿음이 연약한 자는 채소만 먹느니라 먹는 자는 먹지 않는 자를 업신여기지 말고 먹지 않는 자는 먹는 자를 비판하지 말라 이는 하나님이 그를 받으셨음이니라 남의 하인을 비판하는 너는 누구냐 그가 서 있는 것이나 넘어지는 것이 자기 주인에게 있으매 그가 세움을 받으리니 이는 그를 세우시는 권능이 주께 있음이니라 어떤 사람은 이 날을 저 날보다 낮게 여기고 어떤 사람은 모든 날을 같게 여기나니 각각 자기 마음에 확정할지니라 날을 중히 여기는 자도 주를 위하여 중히 여기고 먹는 자도 주를 위하여 먹으니 이는 하나님께 감사함이요 먹지 않는 자도 주를 위하여 먹지 아니하며 하나님께 감사하느니라"(롬 14:1-6).

바울은 안식일이나 절기 지키는 것과 우상에게 제사 드린 고기를 먹지 않는 것은 다른 사람에게 강요할 규정이 아니고 각자의 신앙 수준에서 양심에 따라 결정하라고 말한다. 신앙이 연약한 자들은 예표에 불과한 의식법에 매여 있지만 신앙이 성숙한 자들은 그리스도 안에서 자유함이 있다.

예수님은 십자가에 자기 몸을 바쳐서 모세의 의식법들을 성취하셨다. 하나님께서는 그 후 성전을 지구상에서 제거했기 때문에 지난 이천 년 동안 한 번도 동물 제사를 드린 적이 없다. 그리스도인들은 구약성경의 절기들도 지키지 않는다. 유월절의 목적은 예수님이 우리 죄를 위하여 죽으심으로 성취되었다. 오순절도 성령이 교회에 오심과 그 후 전도를 통해서 하나님의 백성들을 수확함으로 성취되었다. 음식법을 포함한 많은 예표적인 법들의 목적도 예수님의 정결하게 하는 구원 사역을 통하여 이루어졌다. 음식법은 이스라엘 백성들에게 정한 것과 부정한 것을 구별하는 삶을 가르치기 위해 제정되었다. 성경은 레위기 11장과 신명기 14장에 나열된 것처럼 정한 동물과 부정한 동물을 구별한다. 이스라엘 사람들은 돼지, 새우, 뱀과 같은 부정한 동물들을 절대 먹지 않았다.

그러나 예수님은 마가복음 7장 18-20절에서 모든 음식이 정하다고 선언하셨다. 음식은 하나님이 우리를 위해 주신 것으로 우리의 마음을 더럽히지 않는다. 음식법은 이스라엘 사람들이 거룩하게 살도록 훈련하는 교육 도구이었다. 사람이 확실하게 거룩해지려면 예수님을 구세주로 마음에 영접하여 거룩하신 하나님과 새 생명으로 연결되어야 한다.

다락방 강화에서 예수님은 말씀하셨다.

"너희는 내가 일러준 말로 이미 깨끗하여졌으니"(요 15:3).

하나님은 베드로를 이방인 백부장에게 보내시면서 말했다.

"두 번째 소리가 있으되 하나님께서 깨끗하게 하신 것을 네가 속되다 하지 말라"(행 10:15).

우리에게는 정한 생물과 부정한 생물을 구별하는 음식법(예표)이 더 이상 필요하지 않다. 성경은 그리스도의 구속의 사역을 믿는 자들은 모두 거룩하다고 선언한다.

유대인들은 의식적으로 정결한 사람과 부정한 사람을 갈라놓았다. 정한 사람이 부정한 사람이나 부정한 물건을 만지면 그는 부정하게 되었다. 그러나 예수님은 의식법에 의해 제한받지 않으셨다. **그는 부정하게 여겨졌던 창녀나 세금 관리나 나병 환자나 이방인들과 직접 접촉하셨다.** 세금관리들은 필요한 액수 이상의 돈을 세금으로 거두어들였으므로 민족 반역자로 취급되었다. 그들은 모아들인 돈의 일부만 로마 정부에 바치고 나머지는 자기들의 재산 증식을 위해 사용하였다. 예수님은 그들과 거리낌없이 사귀셨고 세금관리인이었던 마태를 자기의 제자의 한 사람으로 받아들이셨다.

예수님이 독자를 잃은 과부를 보셨을 때 그분의 마음이 그녀를 위해 움직였다. 예수님은 그녀에게 울지 말라고 위로하시고 시체를 담아 부정하게 여겨졌던 관을 붙잡았다. 그는 청년을 되살려 일으

컸다.

혈우병에 걸려 출혈을 계속하는 여인도 부정하게 여겨졌다. 예수님은 이 여인이 자기의 옷에 손을 대는 것을 허락하셨을 뿐만 아니라 그녀의 믿음을 칭찬해 주셨다.

나병은 우연한 접촉으로도 전염이 된다고 믿었으므로 사람들은 나병을 매우 두려워했다. 나병환자는 부정하게 여겨졌고 유대인 사회에서 완전히 격리되었다. 나병환자는 사람들이 가까이 오면 자신이 부정하다고 외치도록 되어 있었다. 그러나 예수님은 많은 나병환자들을 불쌍히 여기시어 그들을 어루만지시며 고쳐주셨다.

유대인들은 당시 부정하게 여겨졌던 이방인을 방문하거나 그들과 같이 식사할 수 없었다. 예수님은 이방인들과 사귀셨을 뿐만 아니라 그들의 뛰어난 믿음을 칭찬해 주시기도 하셨다.

예수님은 그 당시 종교법이나 문화법의 제한적인 요소들을 극복한 유일한 유대인이었다. 예수님을 따르는 자들도 의식적으로 부정한 사람들에게서 거리를 둘 필요가 없다. 그들은 거룩한 성령의 능력으로 무장하고 부정한 사람들을 사랑하고 섬기면서 부패하게 하는 죄의 영향으로부터 진리의 말씀으로 자신들을 지켜나가야 한다.

예수님은 우리의 마음을 변화시키기 위해 모세의 도덕법들의 원리를 우리에게 가르쳐 주셨다. 이스라엘 사람들은 법의 세밀한 규정들을 모두 지켜야 한다는 강박관념을 가지고 있었다. 그러기 위해서 그들은 모세의 법 외에도 탈무드와 미드라쉬에 있는 유전법들을 집대성했다. 탈무드는 미쉬나와 게마라로 다시 나뉜다. 탈무드는 특정한 상황에서 법을 적용하기 위한 구체적인 방법을 토론한다. 미드라쉬는 모세의 법을 해석한 주석책이다. 탈무드는 72권으로 구성된 방대한 양을 자랑한다. **그러나 예수님은 제1계명, 제2계명, 제3계명처럼 계명을 나열해서 주시지 않았다. 그대신 그는 법의 원리를 설명하심으로써 모세의 도덕법을 지키기 위한 동기를 제공하셨다.**

산상보훈에서 예수님은 바른 마음의 태도를 가져야 바른 행위가 나타난다고 말하며 마음의 태도가 중요하다고 말씀하였다. 율법은 상벌을 주기 때문에 습관을 형성하는 데 도움되지만 마음을 움직여 법을 지키기 위한 동기를 제공하지는 않는다.

더구나 행동만 보고 사람을 비판하면 쉽게 율법주의자가 될 수 있다. 살인행위를 범하지 않더라도 죽이려는 마음을 품는 것도 죄가 된다. 예수님은 형제에게 화를 내거나 형제를 모독하는 것은 살인과 마찬가지라고 하셨다. 분노의 감정 폭발이나 상처를 주는 날카로운 말은 자신의 마음속에 있는 미움을 드러내는 행위이다.

사람의 인격은 그 마음속에 자리잡고 있다. 예수님은 우리가 법의 세세한 조항을 지켰다고 기뻐할 것이 아니라 마음이 변화되어야 한다고 하셨다.

주전 8세기에 유다의 선지자였던 미가는 하나님의 계명들을 다음과 같이 요약하였다.

"내가 무엇을 가지고 여호와 앞에 나아가며 높으신 하나님께 경배할까 내가 번제물로 일 년 된 송아지를 가지고 그 앞에 나아갈까 여호와께서 천천의 숫양이나 만만의 강수같은 기름을 기뻐하실까 내 허물을 위하여 내 맏아들을, 내 영혼의 죄로 말미암아 내 몸의 열매를 드릴까 사람아 주께서 선한 것이 무엇임을 네게 보이셨나니 여호와께서 네게 구하시는 것은 오직 정의를 행하며 인자를 사랑하며 겸손하게 네 하나님과 함께 행하는 것이 아니냐"(미 6:6-8).

미가는 공의와 인자와 겸손히 행할 마음이 없이 제사 제도에만 집착하는 것을 비난하였다. 인자라는 표현을 위해 사용된 히브리어 '헤세드'는 충성된 혹은 헌신된 마음으로부터 나오는 불변의 사랑이라는 뜻으로 사용되었다. 이스라엘을 향한 하나님의 사랑은 절대 변하시지 않는다. 왜냐하면 하나님은 이스라엘의 족장들과 그의 언약적 사랑을 지키기로 맹세하셨기 때문이다. 미가의 시대에 이스라엘의 선지자였던 호세아도 비슷한 말을 하였다.

"나는 인애를 원하고 제사를 원하지 아니하며 번제보다 하나님을 아는 것을 원하노라"(호 6:6).

인애는 충성된 사랑을 의미한다. 이 사랑은 영원히 변하지 않는 헌신된 사랑이다. 히브리어로 '야다'는 '안다'로 번역되었는데 그 뜻은 언약의(변하지 않는) 동반자로 안다는 것이다.

. 한번은 서기관이 예수님에게 계명 중에 첫째가 무엇이냐고 물었다. 그 때 예수님은 이렇게 대답하셨다.

"첫째는 이것이니 이스라엘아 들으라 주 곧 우리 하나님은 유일한 주시라 네 마음을 다하고 뜻을 다하고 힘을 다하여 주 너의 하나님을 사랑하라 하신 것이요 둘째는 이것이니 네 이웃을 네 자신과 같이 사랑하라 하신 것이라 이보다 더 큰 계명이 없느니라"(막 12:29-31).

하나님의 근원적 성품의 하나는 사랑이므로 하나님은 죄인들을 위하여 그의 아들을 구세주로 보내주셨다. 하나님의 사랑을 받은 우리는 마음을 다해 하나님을 사랑하고 동시에 하나님이 사랑하는 이웃들도 우리 자신과 같이 사랑해야 한다.

우리는 하나님의 계명을 지킴으로 그를 향한 우리의 사랑을 표현할 수 있다. 예수님은 말씀하셨다.

"너희가 나를 사랑하면 나의 계명을 지키리라"(요 14:15).

서로간의 마음이 사랑으로 연결되면 지식보다 더 깊은 하나님의 사랑을 전달할 수 있다. 이웃을 섬기려는 동기는 사랑에서 와야 한다. 베드로가 예수님을 세 번 부인한 후 예수님은 베드로를 찾아오셔서 그에게 누구를 가장 사랑하느냐고 세 번 물으셨다. 베드로가 예수님을 사랑한다고 대답할 때마다 예수님은 그에게 자기의 양을 치라고 말씀하셨다. 사랑 없이 사람들을 섬기는 것은 큰 부담만 될 뿐이다.

모세 율법의 형사법과 민사법은 많은 나라들의 헌법과 여러 가지 다른 국법들의 기초가 되었다.

예수님이 메시아 나라를 세우시기 위해 왕으로 오실 때에 그는 율법의 형사와 민사법들도 성취하실 것이다. 이사야는 미래의 메시아의 통치에 대해서도 예언했다.

"그가 여호와를 경외함으로 즐거움을 삼을 것이며 그의 눈에 보이는 대로 심판하지 아니하며 그의 귀에 들리는 대로 판단하지 아니하며 공의로 가난한 자를 심판하며 정직으로 세상의 겸손한 자를 판단할 것이며 그의 입의 막대기로 세상을 치며 그의 입술의 기운으로 악인을 죽일 것이며 공의로 그의 허리띠를 삼으며 성실로 몸의 띠를 삼으리라 그 때에 이리가 어린 양과 함께 살며 표범이 어린 염소와 함께 누우며……내 거룩한 산 모든 곳에서 해됨도 없고 상함도 없을 것이니 이는 물이 바다를 덮음같이 여호와를 아는 지식이 세상에 충만할 것임이니라"(사 11:3-9).

메시아 나라에서 메시아는 공평하고, 공의롭고, 신실하게 다스리실 것이다. 그는 약자들의 권리를 대변하실 것이다. 평화의 왕인 메시아는 사람들의 마음속에 있는 이기심과 욕심을 절제하게 할 것이며, 사람들 사이의 충돌을 화해시켜 화평한 나라로 만들어갈 것이다. 메시아 나라에서는 전쟁이나 환경오염 같은 문제들이 없어질 것이다.

교육제도도 새롭게 변화될 것이다. 학생들은 서로 경쟁하기 위해서가 아니라 모두가 잘되는 것을 바라며 공부하고, 사람들은 사랑하고 섬기는 것을 장려할 것이다. 교육의 목적은 종이신 주님을 본받고 섬김의 삶을 사는 것이 될 것이다.

II.
예수님의 신성의 다른 증거들

제II단원에서는 육신을 입고 인간으로 오신 예수님이 그의 삶과 죽음을 통해 어떻게 신성의 모습을 보여주었는가를 기술하였다.

제7장
예수님의 의와 바리새인의 의

모세는 율법이 사람의 마음을 변화시키지 못한다는 것을 이미 알았다. 이스라엘은 여러 가지 이적과 기적을 보았지만 하나님은 그들에게 깨닫는 마음을 주시지 않았다고 모세는 말했다(신 29:2-4). 그러나 그들이 진정으로 회개하면 하나님은 그들의 마음에 할례(변환)를 하여 그들이 마음과 성품을 다하여 하나님을 사랑하게 하겠다고 하셨다(신 30:6). 그러나 선지자들의 수많은 경고와 책망에도 불구하고 그들의 마음은 변하지 않았고 결국은 하나님의 법을 순종하는 데 완전히 실패하였다. 예레미야는 인간의 마음을 진단한 후 결론을 내렸다.

"만물보다 거짓되고 심히 부패한 것은 마음이라 누가 능히 이를 알리요마는"(렘 17:9).

결국 하나님은 앗수르에게 이스라엘을, 바벨론에게 유다를 점령하도록 허락하셨다. 이스라엘이 바벨론으로 두 번째 강제 이주를 당한 후 예레미야는 새 언약에 대해서 예언하였다.

"여호와의 말씀이니라 보라 날이 이르리니 내가 이스라엘 집과 유다 집에 새 언약을 맺으리라 이 언약은 내가 그들의 조상들의 손을 잡고 애굽 땅에서 인도하여 내던 날에 맺은 것(모세 언약)과 같지 아니할 것은 내가 그들의 남편이 되었어도 그들이 내 언약을 깨뜨렸음이라 여호와의 말씀이니라 그러나 그날 후에 내가 이스라엘 집과 맺을 언약은 이러하니 곧 내가 나의 법을 그들의 속에 두며 그들의 마음에 기록하여 나는 그들의 하나님이 되고 그들은 내 백성이 될 것이라 여호와의 말씀이니라 그들이 다시는 각기 이웃과 형제를 가리켜 이르기를 너는 여호와를 알라 하지 아니하리니 이는 작은 자로부터 큰 자까지 다 나를 알기 때문이라 내가 그들의 악행을 사하고 다시는 그 죄를 기억하지 아니하리라 여호와의 말씀이니라" (렘 31:31-34).

모세 언약은 새 언약을 가리키는 예표에 불과하였다. 새 언약은 여러모로 모세 언약보다 월등하다. 새 언약이 확립되면 십계명이 돌판 즉 불순종하고 고집센 마음에 쓰여진 것과 다르게 부드럽고 순종하는 마음에 쓰여질 것이다. 예레미야 31장 31-34절의 전문이 히브리서 8장 8-12절에 인용되었는데 이 인용문은 신약성경에 기록된 가장 긴 인용문이다.

여기에서 인용된 '새 언약'이라는 말이 라틴 성경에서는 'new testament' 즉 신약성경으로 번역되어 지금까지 성경을 신약성경과 구약성경으로 부르는 기원이 되었다. 에스겔은 성령이 오셔서 마음 안에 거하시면서 죄악된 마음을 새롭게 하신다고 예언하였다 (겔 36:24-27).

니고데모가 예수님을 방문했을 때 그는 예수님을 '선생'이라고 불렀다. 그러나 예수님은 그가 먼저 성령으로 거듭나야 하나님 나라에 들어갈 수 있다고 하셨다. 모든 이스라엘 사람들은 아브라함의 후손인 자신들은 자동적으로 하나님 나라에 들어갈 수 있다고 믿었으므로 니고데모는 이 말에 큰 충격을 받았을 것이다. 그는 이해가 되지 않아 도전적인 질문을 던졌다.

"니고데모가 이르되 사람이 늙으면 어떻게 날 수 있사옵나이까 두 번째 모태에 들어갔다가 날 수 있사옵나이까"(요 3:4).

예수님은 영적 진리를 깨달으려면 먼저 새로운 영적 생명을 가져야 한다는 점을 날카롭게 지적하신 것이다. 그는 에스겔의 예언대로 성령의 능력으로 신자의 마음이 새롭게 태어나야 한다고 하셨다(겔 36:27).

바벨론에 포로가 된 후에야 유대인들은 자신들이 하나님의 법을 지키지 않아 나라가 망한 것을 깨달았다. 에스라는 회당 중심의 교육제도를 만들어 율법을 가르치기 시작했다. 이 노력은 율법의 전문가들인 서기관들에 의해 계승되었다. 시리아를 물리치고 세운 마카비 왕조 때에 헬라어를 위시한 헬라 문화가 온 이스라엘에 퍼졌다. 이때 하나님의 충성된 자들로 불리던 하시딤들이 하나님의 법을 공부하고 지키는 부흥운동을 일으켰다. 하시딤의 대부분은 바리새인이 되었는데, 바리새인의 의미는 세속인과 구별되었다는 뜻이다. 바리새인은 법의 세세한 부분까지 온전히 지키기로 헌신한 자이다. 그들은 일반 대중을 율법으로 인도하기 위한 정예원들이었다.

이스라엘은 메시아를 십자가에 못 박음으로 법을 가장 잘 지키는 시민들(바리새인)의 최선의 노력도 진리를 따르지 못함을 증명하였다. 우리는 우리의 의롭게 보이는 행위도 더러운 누더기 같음을 고백하고 우리의 마음이 온전히 새롭게 변화되도록 하나님의 도우심을 요청해야 한다. 예수님은 사로 잡히시던 밤에 그의 잔을 들고 말씀하셨다.

"이 잔은 내 피로 세우는 새 언약이니 곧 너희를 위하여 붓는 것이라"(눅 22:20).

십자가에서 흘린 예수님의 보혈은 우리의 죄로 병든 마음을 정결하게 새롭게 만드시겠다는 하나님의 결심을 증거하고 있다. 이것은 모든 믿는 자에게 구원을 주는 새 언약을 승인하신 하나님의 도장이다.

산상보훈에서 예수님은 십계명에 있는 도덕법들을 더 높은 수준으로 새롭게 해석하셨다. 예수님은 절기 등을 포함한 모세의 종교법을 자신이 성취하기 위해서 오셨으므로 십계명 중 넷째 계명(안식일 계명)에 대해서는 아무 말씀도 하시지 않았다. 안식일을 지키라는 계명은 신약성경 전체를 살펴봐도 한 곳도 없다. 예수님은 모세의 형사, 민사법도 다루시지 않았다. 이들은 앞에서 말했듯이 메시아 왕국에서 성취될 것이기 때문이다.

도덕법은 하나님의 성품을 나타낸다. 앞에서 말했듯이 사람은 먼저 마음이 변화를 받지 않으면 도덕법을 제대로 지킬 수 없다. 바리새인들과 사두개인들은 자신들의 외적 행위로 사람들의 인정을 받으려고 노력했지만 예수님은 하나님 앞에서 올바른 마음의 태도를 가지는 것이 더 중요하다고 가르치셨다. 예수님은 그의 주장을 예를 들어 설명하시려고 율법의 행동 위주의 해석과 예수님의 태도 위주의 해석의 차이점을 마태복음 5장 21-48절에서 비교 해설하셨다.

5장 21-26절에서 예수님은 육체에 상해를 가한 살인 행위와 분노와 미움의 마음에서 나온 폭언을 비교하셨다. 유대인들은 제6계명을 살인 행위를 금하는 것으로만 해석하였다. 그러나 예수님은 말씀하셨다.

"나는 너희에게 이르노니 형제에게 노하는 자마다 심판을 받게 되고 형제를 대하여 라가라 하는 자는 공회(법정)에 잡혀 가게 되고 미련한 놈이라 하는 자는 지옥 불에 들어가게 되리라"(마 5:22).

히브리말인 '라가'는 '멍청이'(머리가 비었다)라는 의미이고, 미련한 놈의 헬라어는 '모로스'(Μοpοs)인데 영어 표기는 'moron'이고 그 의미는 '저능아'이다.

그 당시의 법정은 산헤드린이라고 하는 곳에서 행해졌으며 대제사장, 장로, 율법교사들로 이루어졌다. 산헤드린은 오늘날의 최고 재판소에 해당된다. 예수님은 살인의 근본 원인은 분노한 마음에 있으므로 분노한 마음으로 한 욕설도 하나님의 심판을 받게 된다고 하셨다.

5장 23-26절에서 예수님은 분노가 마음에 쌓이는 것을 막기 위해 원망을 빨리 해소할 것을 말씀하셨다. 그리스도인들 사이에서도 해결되지 않은 문제들이 법정 싸움으로까지 번질 수 있으며 양쪽에 지울 수 없는 상처를 남기기도 한다. 예수님은 말씀하셨다.

"너를 고발하는 자와 함께 길에 있을 때에 급히 사화하라(법정 밖에서 타협하라) 그 고발하는 자가 너를 재판관에게 내어 주고 재판관이 옥리(현리)에게 내어 주어 옥에 가둘까 염려하라"(마 5:25).

사도 바울도 비슷한 충고를 하였다.

"분을 내어도 죄를 짓지 말며 해가 지도록 분을 품지 말고 마귀에게 틈을 주지 말라"(엡 4:26-27).

예수님은 하나님께 예배드리기 전에 먼저 대인관계의 문제부터 해소하라고 하셨다. 예수님은 가장 중요한 계명이 하나님을 사랑하고 이웃을 자신과 같이 사랑하는 것이기 때문에 자신이 행한 미움의 행동으로 상처받은 이웃을 무시하고 하나님만 사랑할 수는 없다고 설명하셨다.

5장 27-28절에서 예수님은 행동으로 범한 간음과 부도덕한 마음의 표현인 음란한 눈으로 쳐다보는 것을 비교하셨다. 유대인들은 제7계명을 이웃의 아내를 훔치는 것을 금하는 것으로 해석하였다. 그러나 예수님은 제7계명의 의도가 이웃의 아내를 훔치는 것을 금하는 것에만 있는 것이 아니라 더 근본적인 순결한 마음을 보유하는 것에 있다고 말씀하셨다. 간음은 불순한 마음에서 나온 음욕을 품고 상대방을 쳐다보는 것에서부터 시작된다.

다윗과 밧세바의 간음은 다윗이 음란한 마음으로 밧세바의 목욕하는 모습을 쳐다봄으로 시작되었다. 다윗은 그의 욕망 때문에 십계명의 6조, 7조, 8조, 9조와 10조를 범했다. 그는 밧세바의 남편을 살인하였고(6조), 밧세바와 간음하였으며(7조), 타인의 아내를 훔쳐서 자기 아내로 삼았고(8조), 밧세바의 남편과 하나님에게 거짓말을 하였고(9조), 타인의 아내를 탐내었다 (10조), 다윗은 밧세바를 하나님보다 더 사랑했으므로 제1계명도 범하였다.

야고보는 악한 행동은 마음의 악한 욕심에서 시작된다고 말했다. "오직 각 사람이 시험을 받는 것은 자기 욕심에 끌려 미혹됨이니 욕심이 잉태한즉 죄를 낳고 죄가 장성한즉 사망을 낳느니라"(약 1:14-15).

5장 29-30절에 예수님은 말씀하셨다.

"만일 네 오른눈이 너로 실족하게 하거든 빼어 내버리라 네 백체 중 하나가 없어지고 온 몸이 지옥에 던져지지 않는 것이 유익하며" (마 5:29).

오른눈을 뽑아내었다고 거룩하게 되지 않는 것은 분명하다. 왼쪽 눈으로도 실족할 수 있기 때문이다. 죄의 값이 너무 비싸기 때문에 예수님은 가능한 모든 죄의 유혹을 피하라고 권고하신 것이다.

다윗은 밧세바의 남편에게 지은 죄 때문에 비싼 값을 치렀다. 간음으로 태어난 아기는 죽었다. 다윗의 장자인 암논은 그의 배다른 여형제인 다말을 강간하였다. 다윗은 그가 저지른 밧세바와의 부정한 관계로 영적인 권위를 잃었으므로 그의 아들을 훈계하지 못했다. 다말의 오빠인 압살롬은 암논을 죽여 그의 여동생의 치욕을 복수하였다. 압살롬과 다윗의 관계는 점점 더 소원해졌고 압살롬은 결국 반역 전쟁을 일으켰다. 압살롬은 대낮에 다윗의 후궁들을 강간하였다. 다윗의 충신인 요압 장군이 마침내 압살롬을 죽여 그의 반역은 제압되었다. 다윗의 넷째 아들인 아도니야는 다윗의 왕권을 물려받으려다가 실패하여 솔로몬에게 죽임을 당했다. 다윗은 밧세바의 남편의 생명을 빼앗은 값으로 네 아들의 생명을 잃었고 결국은 그의 나라가 남북으로 분열되는 비극을 당하게 되었다.

마태복음 5장 31-32절에서 예수님은 이혼과 간음에 대해서 말씀하셨다. 신명기 24장 1절에 의하면 아내에게 수치스러운 일이 발견되면 남편은 이혼 증서를 써주고 이혼할 수 있었다. 그러나 수치스러운 일이 무엇인지는 알려져 있지 않다. 엄격한 선생인 샤마이는 수치스러운 것은 간음이라고 했고, 자유주의 선생인 힐렐은 남편이 싫어하는 모든 것이라고 해석하였다.

마태복음 19장 8-9절에서 예수님은 모세가 쓴 이혼법은 하나님이 에덴 동산에서 결혼제도를 정하실 때 선언하신 본래의 법에 하나의 예외에 불과하다고 하셨다.

"이러므로 남자가 부모를 떠나 그의 아내와 합하여 둘이 한 몸을 이룰지로다"(창 2:24).

하나님이 결혼 제도를 만드신 본래의 의도는 남자와 여자가 한 육체로 영원히 연합하는 것이었다. 예수님은 말씀하셨다.

"모세가 너희 마음의 완악함 때문에 아내 버림을 허락하였거니와 본래는 그렇지 아니하리라 내가 너희에게 말하노니 누구든지 음행한 이유 외에 아내를 버리고 다른 데 장가 드는 자는 간음함이니라"(마 19:8-9).

예수님이 예외를 두신 것에 대해 많은 다른 견해들이 있다. 만약에 부부 중에 한 사람이 다른 사람과 불법적인 관계를 맺고 있다면 그 부부관계는 이미 깨어졌다고 볼 수 있다. 이 경우에 이혼은 부정한 마음 때문에 이미 깨어진 결혼의 결과가 된다.

마태복음 5장 33-37절에서 예수님은 거짓된 마음을 감추기 위한 맹세와 정직한 마음으로 진실을 말하는 것을 비교하였다. 유대인들은 자신들이 한 거짓말을 정당화하기 위해서 교묘한 맹세 제도를 만들었다. 하늘이나 땅이나 예루살렘으로 맹세한 것은 지킬 필요가 없지만 하나님의 이름으로 한 맹세는 지켜야 한다고 알려졌다. 그래서 유대인들은 의심하지 않는 사람들을 교묘히 속이기 위해 맹세를 사용하였다. 예수님은 맹세하는 것을 모두 금하셨다. 마음이 진실하면 맹세를 해서 강조할 필요가 없기 때문이다.

마태복음 5장 38-42절에서 예수님은 복수하는 것과 원수를 섬기는 것을 대조해서 말씀하셨다. "눈에는 눈으로 이는 이로 갚으라"는 말은 복수의 법으로 알려져 있다. 피해를 입은 사람은 피해를 입힌 사람에게 과잉반응을 하게 되어 자기가 입은 손해보다 더 큰 피해를 가하려고 한다. 복수의 법의 목적은 보복을 절제하게 하여 불화 관계를 공평하게 끝내려는 데 있다. 사람의 본성은 철저하게 복수하려고 하기 때문이다. 예수님은 복수의 법이 의도하는 것보다 더 발전하라고 말씀하신다.

우리는 보복의 권리를 포기할 뿐만 아니라 또한 피해자의 마음을 얻기 위해 그에게 선을 베풀어야 한다. 예수님은 세 가지의 예를 들어 설명하셨다. 오른쪽 뺨을 치면 왼쪽도 돌려대고, 속옷을 가지려고 송사를 당했으면 겉옷도 주고, 억지로 오 리를 가게 하면 십 리를 동행해 주어야 한다고 하셨다.

인간들 사이에 일어나는 대부분의 전쟁은 민족주의에서 오는 우월감과 오랫동안 내려오는 이웃 국가에 대한 원한이 원인이 된다. 이스라엘과 팔레스타인, 이슬람교도와 그리스도인, 이슬람교도와 힌두교도, 이슬람 수니파와 이슬람 시아파 간의 전쟁은 끝없이 반복해서 일어난다. 인간의 마음을 잘 아신 예수님은, 베드로가 예수님이 체포되는 것을 막으려고 칼을 휘둘렀을 때 꾸짖으시며 말씀하셨다. "네 검을 도로 집에 꽂으라 검을 가지는 자는 다 검으로 망하느니라"

원수라도 사랑해 주고 섬기는 것만이 미움의 마음을 어루만져 주고 서로의 파멸을 막는 유일한 길이다.

행위에 의존한 의는 아무리 노력하여도 자신의 마음을 변화시키지 않는다. 계명을 외적인 행동으로만 잘 지키려고 하는 의는 자신의 의만 내세우는 위선적인 사람을 만든다. **예수님은 이와는 다른, 사랑의 새 계명을 주셨다. 사랑은 사람의 마음을 움직여 온전히 변화된 사람을 만들 수 있다.** 예수님은 바리새인들의 위선을 지적하셨다.

"너희 바리새인은 지금 잔과 대접의 겉은 깨끗이 하나 너희 속에는 탐욕과 악독이 가득하도다 어리석은 자들아 겉을 만드신 이가 속도 만들지 아니하셨느냐 그러나 그 안에 있는 것으로 구제하라 그리하면 모든 것이 너희에게 깨끗하리라"(눅 11:39-41).

예수님은 또 말씀하셨다.

"네 이웃을 사랑하고 '네 원수를 미워하라' 하였다는 것을 너희가 들었으나 나는 너희에게 이르노니 너희 원수를 사랑하며 너희를 박해하는 자를 위하여 기도하라 이같이 한즉 하늘에 계신 너희 아버지의 아들이 되리니 이는 하나님이 그 해를 악인과 선인에게 비추시며 비를 의로운 자와 불의한 자에게 내려주심이라 너희가 너희를 사랑하는 자를 사랑하면 무슨 상이 있으리요 세리도 이같이 아니하느냐 또 너희가 너희 형제에게만 문안하면 남보다 더하는 것이 무엇이냐 이방인들도 이같이 아니하느냐 그러므로 하늘에 계신 너희 아버지의 온전하심과 같이 너희도 온전하라"(마 5:43-48).

"네 원수를 미워하라"에서 미워한다는 말의 의미는 원수에 대한 적대 감정을 가지라는 뜻보다 '원수를 덜 사랑하라'는 뜻일 것이다.

야곱은 두 명의 아내를 가졌다. 성경은 레아가 야곱에게서 '총을 받지 못했다'고 말하지만 '총이 없다'는 히브리말을 '미워한다'는 말로 썼다. 그러나 히브리인들이 이 말을 사용했을 때 본래의 의미는 야곱은 라헬보다 레아를 '덜 사랑했다'이다(창 29:31). 그러므로 구약의 계명은 '너의 이웃보다 너의 원수를 덜 사랑하라' 고 해석하는 것이 옳다. 그러나 예수님은 '네 이웃을 사랑하듯 네 원수도 사랑하라' 고 하셨다.

예수님은 그 당시 유대인들이 편협하고 파벌적인 개념으로 사용했던 '이웃' 의 개념을 비판하셨다. 선한 사마리아인의 비유에서 그는 이웃의 뜻을 확대시키셨다. 유대인들은 항상 이웃을 자기들과 같은 선민에게만 적용했다. **예수님은 '나의 원수라도 나의 도움이 필요한 자가 곧 나의 이웃' 이라고 선언하셨다.**

예수님의 의의 기준은 하나님의 성품에 의거한다. 예수님은 하나님이 온전하신 것같이 우리도 온전하라고 명령하셨다.

칼슨(D,A, Carson)은 "의를 위해 핍박을 받으면 선지자와 같이 되지만(마 5:12), 우리를 박해하는 자를 위해서 축복하고 기도하면 하나님의 성품을 가지게 된다"고 말했다.[1] 예수님은 자신을 십자가에 못박은 사람들을 위해 기도하셨다. 플러머(Alfred Plummer)는 말하기를, "선을 악으로 갚는 자는 마귀와 같다. 선을 선으로 갚는 자는 인간적이다. 그러나 악을 선으로 갚는 자는 하나님 같다"[2]라고 하였다.

한국 전쟁 중에 손양원 목사님의 두 아들은 예수님을 전하다가 공산당원에게 살해당했다. 그 후에 남한 군대가 그 살인자를 체포했을 때 손 목사님은 그의 석방을 위해 탄원하였다. 그가 석방되자 손 목사님은 그를 자신의 양아들로 입양하고 그가 신학교에 다니도록 후원하였다. 그리스도의 사랑이 손 목사님의 마음에 감동을 주었기 때문에 그는 그의 원수를 자신의 아들로 받아들일 수 있었다.

짐 엘리엇(Jim Elliot)은 네 명의 젊은 미국 선교사들과 함께 에콰

도르의 아쿠아 인디언들에게 선교하러 떠났다. 그들은 도착해서 곧 인디언들의 창에 찔려 모두 순교하였다. 그러나 그의 용감한 아내 엘리자베스 엘리엇(Elizabeth Elliot)은 자신의 어린아이를 데리고 인디언 부락을 찾아가서 그들을 모두 그리스도인들이 되게 하였다.

이 사람들은 사랑으로 미움을 정복하였다. 사도 바울은 말했다.

"네 원수가 주리거든 먹이고 목마르거든 마시게 하라 그리함으로 네가 숯불을 그 머리에 쌓아 놓으리라 악에게 지지 말고 선으로 악을 이기라"(롬 12:20-21).

뜨거운 숯불은 원수의 얼굴을 뜨겁게 하여 부끄러움을 느끼게 한다는 의미로 사용된 것 같다.

원수를 갚으면 상대방은 또다시 원수를 갚으려고 할 것이다. 이 악한 보복의 순환을 막으려면 원수를 사랑하여 나의 편으로 만드는 방법 외에는 다른 길이 없다. 그리스도인들은 화평을 유지하는 데 만족해서는 안 된다. 그들은 원수들과 화평을 만들어가야 한다. 원수를 저주하거나 해치는 것보다 그를 섬길 때에 원수는 부끄러움을 느끼고 회개하게 된다.[3]

우리는 위와 같은 소식들로 신문의 앞면을 장식해야 한다.

예수님은 말씀하셨다.

"새 계명을 너희에게 주노니 서로 사랑하라 내가 너희를 사랑한 것 같이 너희도 서로 사랑하라 너희가 서로 사랑하면 이로써 모든 사람이 너희가 내 제자인 줄 알리라"(요 13:34-35).

예수님은 칼이 아닌 사랑의 혁명을 부르짖으셨다.

제8장

문화를 초월한 예수님

문화는 사람의 생애에 큰 영향을 끼친다. 문화는 삶에 필요한 거의 모든 것과 연관되어 있다. 예를 들면 음식, 옷, 집, 예술, 운동, 음악, 물건 구매, 통신, 통근, 연예, 사업, 정치, 교육, 도덕, 윤리, 법 등이 모두 문화의 일부이다. 문화의 요소들은 사회적, 정치적, 경제적으로 연결되어 있고 특히 공동체의 신념과 가치관에 밀접하게 연결되어 있다. 공유된 신념과 가치관은 수천 년 동안 내려오며 그 사회를 하나로 묶어 유지하게 한다. 오래된 전통적 사회에 소속된 구성원이 그 사회의 공통된 신념이나 관점에서 벗어나 행동하면 그 사회는 전통을 유지하기 위하여 그 사람을 축출해 버린다.

서로 밀접하게 연결된 사회의 구성원들은 공동으로 소유하고 있는 생각이나 신앙 체계로 세상을 이해하고 평가한다. 다른 문화에 소속된 사람들은 다른 관점으로 사물을 보기 때문에 세상을 다르게 이해한다. 사람들의 행동 저변에 깔려 있는 이러한 신념이나 관점을 세계관이라고 한다.[1]

각 사회마다 공통적으로 소유하고 있는 세계관은 거의 무의식의 영역에서 사람들의 생각을 통제한다. 세계관은 가장 근본적인 질문들에 대답을 준다.

이런 근본적인 질문들은 "진리가 무엇인가?", "무엇이 옳은가?", "왜 이런식으로 해야 하는가?", "우리는 무엇을 해야 하는가?" 등이다. 세계관은 실체(근원적 진리)에 대한 이해와 해석에 큰 영향을 끼친다.

전통적인 사회에 사는 사람은 그 사회가 공유하고 있는 세계관에 의문을 던지거나 반발하지 않는다. 그러한 사회의 세계관은 그 사회에 존재하는 종교와도 밀접한 관계가 있다. 유대교, 이슬람교, 기독교, 힌두교를 신봉하는 사회들은 각 종교가 가진 세계관의 지배를 받는다.

세계관이 무엇인가를 이해하는 것은 쉽지 않다. 몇 가지 세계관의 예를 살펴보자. 유대인들은 죄가 모든 인간의 고통과 병의 원인이라고 믿었다. 그러므로 유대인들은 사람들이 자신이나 조상이 저지른 범죄 때문에 병을 앓는다고 믿었다. 요한복음 9장에서 제자들은 나면서 장님 된 사람은 누구의 죄 때문에 그렇게 되었느냐고 예수님에게 물었다. 그러나 예수님은 그 사람이 못 보게 된 것은 죄 때문이 아니고 하나님이 그의 긍휼하심과 치료의 능력을 보여주시기 위해 장님으로 태어나게 허락하셨다고 대답하셨다.

어려운 문제나 참혹한 사건이 일어났을 때 예수님은 그 누구에게 책임을 돌려 비난하는 것보다 어려운 사람을 도와주고 하나님의 선하심을 보여주는 기회로 사용하라고 하셨다. 예수님은 그 당시 유대인들의 세계관을 따라가시지 않았다.

많은 사람은 하나님이 아담과 하와가 에덴 동산에서 죄를 짓도록 허락하신 것에 대해 하나님이 정말 선하신 분인가라고 의문을 던진다. 어떤 사람들은 하나님과 사탄 사이에 우주적인 전투가 벌어지고 있다고 주장한다. 즉 에덴 동산에서 유한하고 인간 같은 하나님이 사탄에 져서 아담과 하와가 죄를 짓는 것을 막지 못했다는 것이다. 그러나 사도 바울은 다르게 말했다.

"하나님이 모든 사람을 순종하지 아니하는 가운데 가두어 두심은 모든 사람에게 긍휼을 베풀려 하심이로다"(롬 11:32).

그는 이 사건이 오히려 하나님의 승리라고 해석하였다. 무한히 지혜로우신 하나님이 아담의 범죄를 이용하여 죄인을 용서하는 사랑을 보여주셨기 때문이다. 인류의 범죄는 상대적으로 죄와 사망에 대한 그리스도의 승리를 더욱 빛나게 하였다.

세계관의 또 다른 예는 안식일 법에 관한 것이다. 하나님이 6일 동안 창조한 후 쉬셨기 때문에 유대인들은 안식일에는 일절 일을 하면 안 된다고 믿었다. 안식일에 일한 유대인은 계명에 따라 돌에 맞아 죽어야만 했다. 제7일 안식교는 지금도 안식일에 일하는 것을 금하고 있다. 그러나 예수님은 말하기를, "내 아버지께서 이제까지 일하시니 나도 일한다"(요 5:17)고 주장하셨다.

예수님은 안식일에 많은 병든 사람들을 치료하셨다. 예수님의 안식일에 대한 세계관은 유대인들의 세계관과 확실히 달랐다. 허블 천체 망원경은 지금도 우주의 여러 곳에서 별들이 만들어지는 장면들의 사신을 선송해 왔다. 지금 이 순간에도 많은 생명들이 태어나고 있다. 창조 사역만 매일 일어나는 것이 아니라 구속의 사역도 세상이 끝날 때까지 계속 일어날 것이다.

하나님의 창조 사역은 그 누군가가 안식일에 쉬었다고 완성되는 것은 아니다. 안식일은 하나님의 창조 목적이 완성되었을 때 오는 영원한 안식을 가리키는 예표에 불과하다. 예수님은 병자들도 안식일에 쉼을 경험하게 해주시려고 열심히 안식일에도 병자들을 치료해 주셨다. 예수님이 의도적으로 안식일에 병자들을 치료해 주셨기 때문에 유대인들은 더욱 격분하였고 결국은 예수님을 죽이려고 모의하기 시작하였다.

유대인들 중에서 예수님만이 안식일을 지키는 것에 대해 다른 입장을 취하셨다. 기독교가 유대교를 극복하는데 큰 역할을 한 사도 바울은 안식일은 장차 올 하늘 나라에서의 영원한 안식에 대한 그림자(예표)라고 말하였다(골 2:16-17). 예수님이 우리의 구원을 완성하셨으므로 영혼의 참 안식은 이미 준비되었다. 그러나 완전한 안식과 평화(샬롬)는 예수님이 메시아 왕국을 세우실 때에 이루어진다.

예수님은 문화를 완전히 초월한 분으로서 그 시대의 세계관이나 전통을 따르는 것을 자주 거부하셨다. 이슬람 국가의 공주가 별로 큰 범죄를 지은 것 같지 않은데 사형을 당했다는 기사를 신문에서 보았다. **예수님이 이천 년 전 더욱 경직된 사회에서 살면서 유대 사회의 엄격한 전통에 저항한 것은 정말로 놀라운 일이다. 예수님은 또한 그 시대의 자기 민족 중심주의나 인종 차별 사상에서 완전히 자유로우셨다.**

이스라엘이 앗시리아에게 정복당했을 때 앗시리아 왕은 대부분의 이스라엘 사람들을 고향에서 추방하고 그 대신 다른 나라 백성들을 이스라엘의 도시로 이주시켰다. 이주해온 그들은 이스라엘의 하나님과 자신들이 믿던 우상들을 동시에 섬겼다. 이스라엘의 옛 수도가 사마리아였으므로 이들은 사마리아인으로 불렸다. 남쪽에 있던 유대 민족과 사마리아인 사이에는 오랫동안의 갈등으로 생긴 미움이 커가고 있었다.

그 후 남쪽 유대인들이 바벨론의 포로 생활에서 놓여나 유대 땅으로 돌아왔을 때 성전을 다시 지으려고 하였다. 그러나 사마리아인들은 유대인들의 성전 공사를 거의 20년 동안이나 방해하였다. 사마리아인들은 느헤미야가 예루살렘 성벽을 쌓는 것도 방해했지만, 결국 느헤미야의 뛰어난 지도력으로 성벽이 완공되었다. 그 후에 사마리아인들은 주전 400년에 그리심 산에 자기들의 성전을 지었다. 그후 유대인들은 시리아를 물리치고 하스모니안 왕조를 세웠다. 그 나라의 요한(John Hyrcanus) 왕은 주전 108년에 사마리아인의 성전을 파괴해버렸다. 사마리아인들은 모세의 5경을 제외한 구약성경의 나머지 책들은 모두 정경으로 받아들이지 않았다.

사마리아는 남쪽으로는 유대와 접하고 북쪽으로는 갈릴리와 접해 있었다. 예수님 당시의 유대인들은 사마리아를 통과하지 않고 요단강 동쪽으로 멀리 돌아서 갔다. 예수님은 예루살렘에 머물다가 갈릴리로 가면서 적대적인 사마리아인 지역의 한가운데를 통과하셨다. **예수님은 그 당시 사마리아인에게 적대 감정을 가지지 않은 유일한 유대인이었다.**

수가라는 동네에서 그는 사마리아 여인과 대화를 시도하셨다. 그녀는 유대인 남자가 자기에게 마실 물을 달라고 요청한 것에 몹시 놀랐다. 유대인 전통에 의하면 공공의 자리에서 남자와 여자 특히 모르는 사람과는 대화를 하지 못하게 금하고 있었다. 또한 유대인의 규례는 유대인과 사마리아인 사이나 부도덕한 사람과의 모든 접촉도 금하였다.

아무도 없을 때 물을 길러 온 것으로 보아 그녀는 사마리아인들

사이에서도 버림받은 사람이었음에 틀림없다. 예수님은 그녀에게 도덕적인 문제가 있음을 아셨다. 그는 그녀가 같이 살았던 다섯 남편이나 지금 같이 살고 있는 남자나 모두 그녀의 남편이 아니라고 하셨다. 그러나 그는 그녀를 원수같이 적대시하지 않으시고 한 마리 길 잃은 양으로 대하며 그녀를 불쌍히 여기셨다.

예수님이 부도덕한 사마리아 여인에게 물을 달라고 대화를 시작하셨을 때 그는 문화, 인종, 도덕, 종교의 모든 장벽을 단숨에 뛰어 넘으셨다. 그리고 그녀가 그에게서 생수를 받아 마시면 다시는 목마르지 않게 된다는 약속도 하셨다. 그녀는 예수님이 평범한 유대인과는 완전히 다르다는 것을 깨달았다. 처음에는 예수님을 선지자라고 생각하였다. 그녀는 예수님에게 종교에 대한 질문을 던졌다. 유대인들은 예루살렘에 성전을 세웠고 사마리아인들은 그리심 산에 자신들의 성전을 세웠지만 유대인들이 파괴해 버렸다. 그녀는 예수님에게 어디에 가서 예배를 드리는 것이 옳은가를 물었다. 예수님은 하나님이 영이시므로 한 곳에 머물러 계시는 분이 아니라고 대답해주셨다.

솔로몬도 성전을 헌당하면서 말했다.

"하나님이 참으로 땅에 거하시리이까 하늘과 하늘들의 하늘이라도 주를 용납하지 못하겠거든 하물며 내가 건축한 이 성전이오리이까"(왕상 8:27).

하나님은 장소에 매달리지 않고 신령(성령 안에서)과 진정(진실됨)으로 예배하는 마음이 올바른 자를 찾고 계신다.

예수님은 그녀에게 그녀의 마음이 먼저 바르게 될 것을 말씀하셨다. 하나님을 제대로 예배하기 위해서 그녀는 먼저 그의 죄를 고백하여야 되었다. 그녀는 예수님이 다른 유대인처럼 문화나 인종적 전통에 얽매여 있지 않음을 알았다. 그녀는 그의 죄를 자백하고 예수님을 통해 하나님의 긍휼을 체험했을 것이다. 그녀는 예수님을 메시아로 영접하고 즉시 동네 사람들에게 가서 예수님을 증거하기 시작했다. 예수님은 그녀의 노력으로 사마리아의 중심부를 복음화하였다.

예수님은 승천하시기 전 그의 제자들에게 마지막 명령을 내리셨다. "오직 성령이 너희에게 임하시면 너희가 권능을 받고 예루살렘과 온 유대와 '사마리아' 와……"(행 1:8)라고 사마리아를 특별히 말하여, 그의 제자들에게 장차 사마리아를 우회하는 사역을 하지 말라고 분부하셨다. 스데반의 순교 후 빌립은 먼저 사마리아에 가서 그리스도를 전파하여 큰 부흥을 이루었다.

예수님은 가버나움에서 사역하신 후 그의 고향인 나사렛을 방문하셨다. 그는 이사야가 한 메시아 예언이 당신 자신에 의해 성취되었다고 말씀하셨다. 동네 사람들은 그가 목수에 불과하였고 자기들 동네에 살던 이웃이었으므로 그의 주장에 모두 놀라워했다. 예수님은 그들에게 말했다.

"내가 진실로 너희에게 이르노니 선지자가 고향에서 환영을 받는 자가 없느니라 내가 참으로 너희에게 이르노니 엘리야 시대에 하늘이 삼 년 육 개월간 닫히어 온 땅에 큰 흉년이 들었을 때에 이스라엘에 많은 과부가 있었으되 엘리야가 그 중 한 사람에게도 보내심을 받지 않고 오직 시돈 땅에 있는 사렙다의 한 과부에게 뿐이었으며 또 선지자 엘리사 때에 이스라엘에 많은 나병환자가 있었으되 그 중에 한 사람도 깨끗함을 얻지 못하고 오직 수리아 사람 나아만뿐이었느니라"(눅 4:24-27).

이스라엘 백성들이 선지자들을 배척했듯이 예수님의 고향 사람들도 예수님을 배척하였다. 예수님은 더 나아가 하나님이 이방인보다 이스라엘인을 더 사랑하지도 않는다고 말씀하고 엘리야와 엘리사 선지자들의 사역 때에도 이스라엘인보다 이방인들을 먹이고 치료해 준 것을 예로 들어 말씀하셨다.

이스라엘에 기근이 심했을 때 엘리야는 지금의 레바논 해안가에 살던 과부를 도우라고 보내어졌다. 하나님은 이스라엘의 모든 과부들을 제쳐놓고 이방인 과부만 도와준 것이다. 엘리사도 이스라엘의 모든 나병환자들 대신에 이방인 나병환자인 나아만을 치료해 주었다. 예수님의 말은 그의 고향 사람들의 우월감에 큰 상처를 주었다. 그들은 예수님을 언덕 위로 끌고 가서 절벽 밑으로 밀어 떨어뜨리려고 하였다. 그러나 예수님은 그들 사이로 지나서 다른 곳으로 옮겨가셨다. **예수님은 확실하게 유대인들의 민족 중심적이며 우월적인 생각에 물들지 않으셨다. 예수님은 이방인을 차별 대우하지 않은 유일한 유대인이셨다.**

그가 가버나움에서 사역하실 때 한 로마인 백부장이 찾아와 자기 하인을 고쳐달라고 요청했다. 그의 하인은 중풍이 걸려 매우 고통 받고 있었다. 예수님은 자신이 직접 그의 집에 가서 그의 하인을 고쳐 주겠다고 하셨다. 의식법에 의하면 유대인이 이방인의 집을 방문하면 부정하게 되므로 방문하는 것을 금하고 있었다. 그는 군대에서 권세로 명령하는 백부장이었으므로 예수님도 명령을 내려 치료할 수 있을 것을 믿었다. 이방인인 백부장은 자신이 예수님을 자기의 집에 모실 자격이 없음을 말하고 그 대신 예수님께 명령을 내려 자기의 종을 치료해 달라고 간청하였다. 예수님은 그의 믿음에 심히 놀라 이스라엘인 가운데는 이러한 믿음을 가진 자가 없다고 하셨다.

그는 이와 같은 믿음을 소유한 자는 이방인일지라도 하나님 나라에 들어간다고 하셨다. 그는 계속해서 말했다.

"너희에게 이르노니 동 서로부터 많은 사람이 이르러 아브라함과 이삭과 야곱과 함께 천국에 앉으려니와 그 나라의 본 자손들은 바깥 어두운 데 쫓겨나 거기서 울며 이를 갈게 되리라"(마 8:11-12).

예수님은 자주 성경의 권위자들로부터 도전을 받았다. 그 중 한 명이 예수님께 영생을 얻는 방법을 물었다. 예수님은 그에게 성경이 무엇이라고 하느냐고 되물으셨다. 그는 하나님을 자신보다 더 사랑하고 이웃을 자신의 몸과 같이 사랑하면 된다고 대답했고 예수님도 그의 대답에 동의했다. 이스라엘 사람들은 하나님이 아브라함과 모세를 통해 그들과 특별한 언약을 맺으신 것을 매우 자랑스럽게 생각하였다. 그들은 이방인과 사마리아인을 세금 징수인과 같이 여겼다(마 18:17). 역사학자인 타스터스는 그가 쓴 《역사들》(Histories)이라는 책에서 "유대인들은 자기 민족 외에 모든 사람들을 원수를 대하듯 가능한 모든 증오로 대한다"고 말했다.

앞의 율법사는 자기가 사랑할 이웃을 제대로 선택하고 싶어서 예수님께 다시 질문을 던졌다. "그러면 내 이웃이 누구니이까"(눅 10:29b). 그는 자신이 배타적 모임의 회원이라고 믿었다. 그는 자신의 취향대로 자기가 가까이할 이웃 사람을 선택할 수 있다고 믿었다. 그는 다른 사람들은 자기와 사귀기 위해 존재한다는 자기 중심적 사고를 하고 있었다.

예수님은 그에게 놀라운 비유를 소개해 주시면서 그는 자기의 도움이 필요한 사람들을 섬기기 위하여 살아야 하며, 그들이 자기를 위해 사는 것이 아님을 가르쳐 주셨다. 유대인들이 존경하던 제사장과 레위인은 강도에게 피해를 당하여 위험한 길에 누워 있던 사람을 피해갔지만 그들이 멸시하던 사마리아인은 그 환자를 돌보아 주었다. 예수님은 사마리아인을 '좋은 이웃'이라고 칭찬하심으로 사마리아인에 대한 악한 감정이 없음을 분명히 보여주셨다. 이것은 한국인이나 중국인이 일본 사람을 선한 모범인으로 말하는 것처럼 쉬운 일이 아니다.

예수님은 율법사에게 자신의 선호도에 따라 이웃을 선택하지 말고 누구든 도움이 필요한 사람에게 내가 스스로 이웃이 되어야 한다고 하셨다. 이것은 자기 중심적 사고관에서 타인 중심적 사고관으로의 변화를 말한다. 가인이 자기 동생 아벨을 죽였을 때 하나님은 그의 동생이 어디 있느냐고 가인에게 물으셨다. 가인은 모른다고 대답하면서 자기가 동생을 지키는 자가 아니라고 대답했다. 예수님은 가인에게 그의 동생뿐만 아니라 그의 관심과 사랑이 필요한 모든 사람을 지켜 주어야 한다고 말씀하신다.

산상 수훈에서 예수님은 말씀하셨다.

"그러므로 무엇이든지 남에게 대접을 받고자 하는 대로 너희도 남을 대접하라 이것이 율법이요 선지자니라"(마 7:12).

이것은 황금률이라고 불린다. 저자가 처음 미국에 왔을 때 황금률의 본래 의미는 '황금을 가진 사람이 다스린다'(Golden Rule)는 뜻이라고 주장하는 것을 들었다. 생존 경쟁의 사회에서는 그 말이 적절한 해석인지도 모른다.

한 여성도가 꿈에 지옥에 가보았다고 한다. 그들은 모두 팔을 굽힐 수가 없었다. 지옥에는 많은 음식들이 있었지만 모두 굶주리고 있었다고 한다. 그녀가 천당에 갔을 때 사람들은 여전히 팔을 굽히지 못하고 있었다. 그러나 천당에서는 이웃에게 서로 먹이고 있었으므로 모두 배부르게 먹고 있었다고 한다.

하나님의 나라를 증거하라고 위임받은 사람들은 생존을 위해 사는 사람들과는 다르게 살아야 한다. 황금률은 다른 사람들에게 우리를 섬기라고 요구하는 것이 아니라 내가 먼저 남을 섬기는 종이 되라고 한다. 모든 사람은 하나님의 형상으로 만들어졌으므로 하나님에게는 인간이 자기 형상과 상관없는 우주보다 자기 형상으로 만들어진 인간이 훨씬 더 고귀하다. 하나님은 모든 사람이 사랑받고 돌봄을 받기 원하신다. 예수님도 자신이 왕이지만 섬김을 받으러 온 것이 아니라 도리어 섬기러 왔다고 하셨다.

바리새인과 서기관의 적개심을 피해 예수님은 이스라엘의 북쪽으로 떠나셨다. 그는 귀신들린 딸을 위해 간청하는 가나안 여인을 만나셨다. 가나안 사람들은 여호수아가 이끌고 온 이스라엘인 정복군을 대항해 싸웠고 우상을 섬기던 이교도들이었다. 그 여인은 소리질렀다.

"주 다윗의 자손이여 나를 불쌍히 여기소서 내 딸이 흉악하게 귀신 들렸나이다"(마 15:22).

예수님을 '주 다윗의 자손'이라고 부름으로, 이 이방 여인은 예수님의 메시아 직함을 이용하여 자신의 요구를 들어달라고 간청하였다.

그러나 메시아가 다윗의 자손으로 오는 약속은 이스라엘 사람들에게 준것이다. 예수님은 자신이 이스라엘의 잃은 양들을 위해 보내졌으므로 아이들의 떡을 개(이방인)에게 주면 안 된다고 하셨다. 그는 처음에 이스라엘에게 왔고 이스라엘에게 하나님의 나라를 받아들이라고 외치셨다. 그러나 그 제안은 거절당했다. 예수님은 그녀에게 그녀가 구하는 복은 처음에는 이스라엘에게 제공되었다고 설명하신 것이다. 그러나 그녀는 자신에게 이스라엘에게 준 복의 부스러기라도 달라고 간청하였다.

"주여 옳소이다마는 개들도 제 주인의 상에서 떨어지는 부스러기를 먹나이다"(마 15:27).

예수님은 그녀의 위대한 믿음을 칭찬하시고 그녀의 소원을 들어주셨다. 예수님은 두 사람의 이방인 즉 로마인 백부장과 가나안인 여인의 위대한 믿음을 칭찬하는 데 주저하지 않으셨다.

그는 이 사건을 통하여 이스라엘에게 제공된 복이 왜 이방인들에게 갔는지를 설명하셨다. 그는 이스라엘에게 제공된 복은 개(이방인)도 믿음만 있으면 나누어 가질 수 있음을 보여주셨다. 사도 바울도 말했다.

"그들이 넘어짐으로 구원이 이방인에게 이르러 이스라엘로 시기나게 함이니라"(롬 11:11b).

다니엘이 말한 '칠십 이레' 예언의 마지막 한 주간에 이스라엘은 그들이 배척한 메시아를 받아들이도록 두 번째 기회를 얻게 된다.

가나안 여인의 딸이 치료받은 후 많은 이방인 병자들이 예수님께 와서 치료를 받았다. 그들은 많은 이적을 보고 놀라 이스라엘의 하나님께 영광을 돌렸다(마 15:31). 예수님은 이방인들의 어려움을 모른 척하지 않으시고 그들도 적극적으로 섬기셨다. 예수님은 교회의 사명은 세상으로 나아가 구원의 복음을 전하는(선교사역) 것이라고 하셨다. 사도 베드로가 로마인 백부장 고넬료에게 첫 복음을 전한 이후 교회는 이방인 사역을 위한 예수님의 비전을 깨달았다. 예수님의 제자들은 한 세대에 스페인에서 인도까지 온 세상에 사는 이방인들에게 복음을 전했다.

예수님이 십자가에 못박히기 며칠 전에 헬라인들이 그를 만나러 왔다. 헬라인들은 진리나 지혜를 추구하는 자들로 잘 알려져 있었다. 예수님은 그들에게 말씀하셨다.

"인자의 영광을 얻을 때가 왔도다 내가 진실로 진실로 너희에게 이르노니 한 알의 밀이 땅에 떨어져 죽지 아니하면 한 알 그대로 있고 죽으면 많은 열매를 맺느니라……내가 땅에서 들리면 모든 사람을 내게로 이끌겠노라 하시니"(요 12:23-32).

예수님에게는 죽음이 영광이었다. 십자가의 죽음은 하나님으로부터 받은 사명의 완성이었다. 예수님은 헬라인들에게 그들이 지금은 자신을 못 알아보지만 그의 죽음과 부활 후에는 자신이 구세주임을 믿을 것이라고 하셨다.

예수님은 니고데모에게도 비슷한 말을 하셨다.

"모세가 광야에서 뱀을 든 것같이 인자도 들려야 하리니 이는 그를 믿는 자마다 영생을 얻게 하려 하심이니라"(요 3:14-15).

그는 자신의 십자가에서의 죽음이 유대인만을 위한 것이 아니고 자신을 구세주로 믿는 모든 사람을 위한 것임을 확실하게 밝히셨다. 예수님은 부활 후 교회에게 '위대한 위임'인 모든 민족에게 복음을 전하고 가르쳐 제자로 삼으라고 명령하셨다. 그는 하늘로 올라가기 전에 다섯 번이나 이 말을 되풀이하셨다.

예수님은 이방인 사역에 대해 이해하기 어려운 말씀도 하셨다. 그의 열두 제자를 복음 전파와 병 고침과 귀신 쫓아내는 사역을 위해 파송하시면서 다음의 지시도 주셨다.

"이방인의 길로도 가지 말고 사마리아인의 고을에도 들어가지 말고 오히려 이스라엘 집의 잃어버린 양에게로 가라"(마 10:5-6).

예수님이 왜 이런 지시를 내리셨는지에 대해서 성경은 설명이 없다. 그러므로 이 말은 예수님의 평소의 행동이나 말과 모순되는 것처럼 들린다.

예수님이 그의 제자들에게 왜 이런 지시를 하셨는지에 대해 여러 가지 추측들을 한다.

첫째 의견은, 하나님이 이스라엘을 제사장 나라로 만드시려고 이스라엘과 언약을 맺어 이스라엘이 모든 나라에 복을 나누어 주도록 하려고 했다. 예수님은 먼저 이 언약을 성취하려고 시도하셨다.

둘째 의견은, 이 사건은 제자들이 현장 훈련을 위해 나간 첫 번째 경우이다. 다른 문화권에 복음을 전하는 것은 잘 훈련된 전도자에게도 매우 힘든 일인데 이방인이나 사마리아인에게 강한 편견을 가진 그의 제자들이 이들을 향해 복음을 전한다는 것은 매우 무리한 시도였을 것이다.

셋째 의견은, 예수님이 죽음과 승천에 앞서 그의 사역을 완수하기에는 시간이 매우 촉박하였다. 유대인들은 구약성경을 잘 알았고 또한 메시아를 열망하고 있었으므로 예수님은 먼저 유대인들을 훈련시켜 세계 복음화에 파송하려고 하셨다는 것이다.

사도 바울도 말하였다.

"내가 복음을 부끄러워하지 아니하노니 이 복음은 모든 믿는 자에게 구원을 주시는 하나님의 능력이 됨이라 먼저는 유대인에게요 그리고 헬라인에게로다"(롬 1:16).

바울도 먼저 유대인에게 복음을 전하고 또한 이방인에게도 전하겠다고 하였다.

바울이 선교 사역을 할 때에 그는 먼저 유대인의 회당에 들어가 유대인들에게 복음을 전하고 그 후에 이방인에게도 복음을 전했다.

예수님이 여인들을 대하는 태도도 유대인들의 관습과는 근본적으로 달랐다. 예수님 당시의 여인들은 2등시민이나 가축에 가까운 취급을 받았다. 예수님이 5병2어로 5천 명을 먹이셨을 때 여인들과 아이들은 5천 명의 숫자에 속하지 못했다. 사도행전 시대에도 교인 숫자를 보고할 때에 여인과 어린이의 숫자는 포함하지 않았다. 여인들은 법정에서 증인으로 설 수도 없었고 공식 석상에서 남자와 식사하거나 대화하는 것을 금지당했다. 그들은 교육 받을 기회도 없었다. 지금도 아프가니스탄 내의 탈레반이 지배하는 곳에서는 여인들이 학교에 가는 것을 금하고 있다. 중동 지역에 사는 여인들은 자신의 얼굴을 사람들 앞에 내어놓을 수도 없다.

예수님은 자주 이러한 문화 장벽들을 뛰어넘으셨다. 그의 제자들은 예수님이 생소한 사마리아 여인과 단 둘이 장시간 이야기하는 것을 보고 매우 놀랐다. 예수님이 나사로의 집을 방문하셨을 때 마르다는 자기 여동생이 식사 준비를 돕지 않는다고 항의했지만 예수님은 그 여동생 마리아가 자기 발 아래 앉아서 말씀 공부하는 것을 칭찬하셨다(눅 10:42).

예수님이 회당에서 가르치실 때에 등이 18년 동안 구부려져 펴지 못하는 여인이 있었다. 예수님은 그녀에게 그의 병에서 나았다고 하셨다. 예수님이 그녀에게 안수하자 그녀의 등은 곧 펴졌다. 예수님이 그녀를 안식일에 고치셨으므로 회당장은 예수님을 비난했다. 그러자 예수님은 대답하셨다.

"외식하는 자들아 너희가 각각 안식일에 자기의 소나 나귀를 외양간에서 풀어내어 이끌고 가서 물을 먹이지 아니하느냐 그러면 열여덟 해 동안 사탄에게 매인 바 된 이 아브라함의 딸을 안식일에 이 매임에서 푸는 것이 합당하지 아니하냐"(눅 13:15-16).

예수님은 그들이 병든 그녀를 자기들의 가축 이하로 대한 것에 대해 꾸짖으셨다. 그들은 목마른 소에게 물을 주었지만 고통받는 여인을 도와주려고 하지는 않았다. 예수님은 그들이 가축 이하로 여기는 그 여인도 아브라함의 딸이라고 하셨다. 그녀도 아브라함의 당당한 후손이기 때문에 그들과 같이 아브라함의 복을 나누어 받는 상속자가 되어야 한다.

또 다른 우연한 기회에 예수님은 세리장 삭개오도 아브라함의 아들이라고 선언하셨다(눅 19:9). 그 당시 세금 관리들은 로마 정부를 위해 일했으므로 민족 반역자로 여겨졌으나 예수님은 그들도 같은 상속자로 대우해 주셨다.

"오늘 구원이 이 집에 이르렀으니 이 사람도 아브라함의 자손임이로다 인자가 온 것은 잃어버린 자를 찾아 구원하려 함이니라"(눅 19:9-10).

예수님은 승천하기 전에 제자들에게 모든 민족의 사람들을 제자로 삼아 그의 말을 다 지키도록 가르치라고 명령하셨다. 사도 바울도 말했다.

"너희는 유대인이나 헬라인이나 종이나 자주자나 남자나 여자나 다 그리스도 예수 안에서 하나이니라 너희가 그리스도의 것이면 곧 아브라함의 자손이요 약속대로 유업을 이을 자니라"(갈 3:28-29).

예수님은 분명히 모든 사람을 차별없이 대하는 초문화적이었으며, 모든 믿는 자들은 아브라함을 통해 약속한 복을 받아야 한다고 가르치셨다.

현대에 사는 많은 사람들은 여성을 성적인 만족을 주는 대상으로만 생각한다. 언론사와 연예계는 여성의 몸을 이용해 이윤을 남기는 것에 집착하고 있다. 만약 나의 어머니나 여형제가 음란 잡지에 나체로 나왔다면 내가 음란한 눈으로 그 사진을 지켜볼 수 있을까? 대부분의 사람들은 성도착증 환자가 아니면 그러지 못한다고 말할 것이다. 그러나 대부분의 사람들은 음란 잡지에 나온 사람의 부모나 가족이 고통받는 것을 무시하고 자신의 음욕만 채우려고 한다.

예수님은 그런 행동에 대해 엄한 경고를 주셨다.

"음욕을 품고 여자를 보는 자마다 마음에 이미 간음하였느니라 만일 네 오른눈이 너로 실족하게 하거든 빼어 내버리라 네 백 체 중 하나가 없어지고 온 몸이 지옥에 던져지지 않는 것이 유익하며"(마 5:28-29).

예수님은 여기서 자기 몸을 훼손하라고 가르치시는 것이 아니다. 그는 여인을 이용의 대상으로 대하지 말고 고귀하고 존엄한 존재로 대하라고 권면하신다. 사도 베드로도 말했다.

"뭇사람을 '공경하며' 형제를 사랑하며 하나님을 두려워하며 왕을 '공경하라'"(벧전 2:17).

헬라어 '티마오'($\tau v\pi o s$)는 뭇사람을 '공경하며'와 왕을 '공경하라'는 의미에 동시에 사용되었다. 성령은 우리에게 사마리아인과 이방인과 여인과 어린이와 노예까지도 모두를 왕과 같이 존경하고 귀하게 여기라고 명령한다. 결혼 상담자들도 자주 같은 충고를 하고 있다. "당신이 왕의 대접을 받으려면 당신의 아내를 왕비로 대접하세요."

한번은 예수님이 바리새인의 집에 식사 초대를 받으셨다. 그는 집주인에게 어떤 손님들을 초청하는 것이 바람직한가에 대해 충고를 하셨다.

"잔치를 베풀거든 차라리 가난한 자들과 몸 불편한 자들과 저는 자들과 맹인들을 청하라 그리하면 그들이 갚을 것이 없으므로 네게 복이 되리니 이는 의인들의 부활 시에 네가 갚음을 받겠음이라 하시더라"(눅 14:13-14).

그 당시 사람들은 불구자는 죄 때문에 형벌을 받는다고 생각했으므로 불구자들은 의식적으로 부정하다고 믿었다. 이스라엘인들은 불구자들과 식사를 같이하지 않는 것은 물론이고 같이 앉지도 않았다.

그러나 예수님은 유대인의 관습을 따르지 않고 오히려 그 사회에서 버림받은 자들의 대변자가 되셨다. 예수님은 큰 잔치 비유에서 하나님의 잔치에는 종교 지도자들이나 귀족들이나 부자들 대신에 사회에서 버림받은 자들과 이방인들이 많이 참석할 것이라고 하셨다. 그는 세금 관리들과 창녀들이 제사장들과 장로들보다 앞서서 천국에 들어간다고 하셨다. 예수님은 거리낌없이 의식적으로 부정한 자들과 법을 지키지 않는 무례한들과 부도덕한 사람들과 가까이 사귀어 그들을 하나님의 나라로 인도하셨다.

예수님은 오늘날 사회에서도 자주 대하는 문제에 대해서도 논평하셨다. 지금의 기독교는 긍정적 사고에 대해 많이 가르친다. 예수님은 명절에 베데스다라고 하는 못에 가셨다. 그는 못 옆에 누워 있던 한 병자에게 다가가셨다. 그는 38년이나 된 병자에게 이상한 질문을 던지셨다.

"네가 낫고자 하느냐?"(요 5:6) 예수님은 현대인에게도 같은 질문을 할 것으로 생각된다.

지금 세대의 사람들은 자신의 문제를 인정하려고 하지도 않고 치료를 받는 것도 귀찮아한다. 지금 세대에 많이 읽혀진 《I am OK you are OK》(나도, 당신도 괜찮아요)라는 책이 있다. 이 책을 읽어보지는 못했지만 이 책의 제목이 현대인의 생각을 잘 대변하는 것 같다.

예수님이 "네 이웃을 네 몸과 같이 사랑하라"고 하셨으니까 내 몸을 먼저 사랑해야 한다고 주장하는 사람들이 있다. 그러나 예수님은 이 구절에서 나를 사랑하라고 말하는 것이 아니라 이웃을 사랑하라고 명령하신다. 1970년대는 'me decade'(자아를 추구하는 10년)라고 하고 그 시대에 살던 사람들을 'me generation'(자아만 추구하는 세대)라고 부른다. 자기 도취에 빠진 이 시대 사람들은 온 세상이 자기를 위해 움직인다고 믿는다. 이 자아 숭배의 종교는 인간에게 신성이 있다고 주장하는 힌두교나 불교에서 유래되었다. 이 종교들은 인간의 마음에 심성, 즉 불심(佛心)이 있어 이것을 깨달으면 열반, 즉 해탈에 이른다고 주장한다. 이 신들은 본래부터 OK이고 구원자의 도움 같은 것은 필요없다.

그러나 성경은 우리가 OK가 아니라고 말한다. 성경은 우리 모두가 하나님의 거룩한 기준과는 다른 차원에 있다고 말한다. 인간은 모두 하나님이 인간을 창조하신 목적과는 다른 곳을 향하고 있다. 예수님이 안식일에 장님을 고쳤다고 바리새인들이 비난했을 때 예수님은 그들이야말로 영적 장님이라고 하셨다. 그러나 바리새인들은 자신들이 영적 장님인 것을 인정하지 않았다. 예수님은 그들에게 말씀하셨다.

"너희가 맹인이 되었다면 죄가 없으려니와 본다고 하니(OK라고 주장하니) 너희 죄가 그대로 있느니라"(요 9:41).

"건강한 자에게는 의사가 쓸데없고 병든 자에게라야 쓸 데있느니라 너희는 가서 내가 긍휼을 원하고 제사를 원하지 아니하노라 하신 뜻이 무엇인지 배우라 나는 의인을 부르러 온 것이 아니요 죄인을 부르러 왔노라"(마 9:12-13).

긍정적 사고를 가르치는 대형 교회 중 일부는 "나 같은 죄인 살리신"(Amaging Grace)을 부르지 않고 '죄인'이라는 말을 사용하지 않는다고 들었다. 우리는 OK가 아니지만 복음은 하나님의 은혜를 믿는 자는 OK가 된다고 선포한다. 하나님은 예수님의 구속의 공로로 우리를 OK가 되도록 치료하신다.

바리새인들은 치밀하게 종교 의식을 지켰지만 OK가 아닌 사람들의 마음의 고통을 느끼지 못했다. 그들은 자신들의 신분을 유지하기에만 급급하여 자기들은 OK라고 주장하고, 자기들의 뜻에 동조하지 않는 사람들은 날카롭게 정죄하였다. 심한 열등감을 느끼는 사람의 자존감을 회복해 주기 위해 칭찬과 격려가 필요한 것은 그 누구도 부인하지 않는다. 그러나 보통 사람들에게는 자아를 북돋우어 주는 것보다 교만함과 이기심을 절제하게 도와주는 것이 더 필요하다. 예수님도 자기의 뜻을 부인하고 우리를 위해 당신의 삶을 희생하셨다.

"그리스도께서 너희를 사랑하신 것같이 너희도 사랑 가운데서 행하라 그는 '우리를 위하여 자신을 버리사' 향기로운 제물과 희생 제물로 하나님께 드리셨느니라"(엡 5:2).

예수님은 자기를 따르는 사람들에게 도전하셨다.

"아무든지 나를 따라오려거든 자기를 부인하고 날마다 제 십자가를 지고 나를 따를 것이니라"(눅 9:23).

예수님이 말씀하신 것같이 우리는 우리의 뜻을 매순간 부인하기 위해 계속 성령의 도우심을 구해야하며 그렇게 하여야 하나님의 뜻에 순종할 수 있다(갈 5:16). 예수님은 겟세마네에서 하나님 아버지의 뜻을 위해 기도하였다.

"내 아버지여 만일 할 만하시거든 이 잔(십자가의 고난)을 내게서 지나가게 하옵소서 그러나 나의 원대로 마옵시고 아버지의 원대로 하옵소서"(마 26:39b).

이 기도에서 보듯이 예수님의 마음은 아버지의 뜻이 무엇이든지 이미 순종하기로 결정되어 있었다. 사도 바울은 말세의 사람들에게 경고를 주었다.

"말세에 고통하는 때가 이르러 사람들은 자기를 사랑하며 돈을 사랑하며 자랑하며 교만하며 비방하며 부모를 거역하며 감사하지 아니하며 거룩하지 아니하며"(딤후 3:1-2).

자아를 높이려고 하고 자기를 사랑하는 것은 성경이 금하고 있다.

사도 바울은 아가페 사랑을 묘사하였다.

"사랑은 오래 참고 사랑은 온유하며 시기하지 아니하며 사랑은 자랑하지 아니하며 교만하지 아니하며 무례히 행하지 아니하며 자기의 유익을 구하지 아니하며 성내지 아니하며 악한 것을 생각하지 아니하며"(고전 13:4-5).

사랑의 특징은 자아 문제를 극복하는 것과 밀접한 관계가 있다. 사랑의 사람이 되기 위해서는 정서적 상처와 방어적 자세를 치료받아야 한다. 예수님의 조건 없는 사랑을 받아들여 마음의 아픔이 해소되어야 자아의 횡포에서 자유로워질 수 있으며 이웃을 위해 살 수 있다.

자아의식이 강한 사람은 다른 사람들과 어울려 함께 일하기도 어렵다. 하나님은 교만한 자를 대적하시고 겸손한 자에게 은혜를 주시기 때문에, 하나님의 은혜 가운데 살려면 온유하고 겸손해야 한다. 예수님은 우리를 부르신다.

"수고하고 무거운 짐 진 자들아 다 내게로 오라 내가 너희를 쉬게 하리라 나는 마음이 온유하고 겸손하니 나의 멍에를 메고 내게 배우라 그리하면 너희 마음이 쉼을 얻으리니"(마 11:28-29).

우주의 주인께서도 자신을 낮추어 우리의 종으로 와서 우리를 섬기고 당신 자신의 목숨을 희생하셨다.

18세기에는 과학적 이성주의에 기초한 계몽주의 사상이 성경적 세계관과 충돌하였다. 프랑스의 철학자 데카르트와 여러 학자들은 인간의 이성에서 나온 과학적 방법을 사용하여 현대 사상의 기초를 만들었다. 대표적인 현대 사상들은 실증주의, 실존주의, 파시즘(독재적 국가 사회주의), 공산주의 등이 있다. 그러나 인간의 이성이 모든 진리를 결정한다는 가정 아래에 만들어진 이러한 사상들은 인류 문화에 별 도움이 되지 않았다. 이러한 현대 세계관에 의해 세워진 나라들은 제2차 세계대전이나 구 소련과 동유럽의 멸망과 함께 지상에서 사라졌다.

1970년부터 서양 세계의 세계관에 변화가 오기 시작했다. 사람들은 인간의 이성에 기초한 현대(modern)의 시대가 끝났다고 믿었다. 유전인자의 돌연변이나 원자 내에 있는 소립자들의 움직임에 연관된 불확정성 원리는 과학자들도 자연세계의 변화를 예측할 수 없게 만들었다. 토마스 쿤(Thomas Kuhn)은 과학자들도 실험 자료를 자신의 세계관(paradigm)에 따라 해석한다는 주장까지 하였다. 현대 문화의 병폐는 여러 곳에서 나타나고 있다.

현대 과학에 의해 이루어진 산업혁명의 결과로 지구의 천연 자원을 남용하게 되었고 결국은 환경오염과 기후의 대변동을 일으키게 되었다. 자유 시장 경제는 부자들이 가난한 사람들을 비인도적으로 착취하는 사회구조로 만들어 갔다. 부자 나라의 연평균 개인 수입은 오천만 원을 넘었지만 미개발국의 한 가족 연평균 수입은 오십만 원밖에 되지 않는다. 지금 세상에는 10억이 넘는 인구가 심각한 영양실조에 빠져 매우 빈약한 건강 상태로 살아가고 있다.

인간 이성에 기초한 자유신학자들의 역사적 예수 연구 운동은 성경의 신뢰성을 단번에 무너뜨리는 결과와 동시에 초자연적 하나님에 대한 신앙의 상실을 가져왔다. 인간의 이성으로 모든 것을 평가한 결과로 성경에 나오는 예수님에 대한 모든 초자연적인 현상들은 후세인간들의 조작으로 만들어졌다고 결론지었다. 이 운동은 기독교에 도움을 주기는커녕 많은 해악을 끼쳤다.

지금 세대는 현대(modern) 시대에서 포스트모던(postmodern) 시대로 옮겨가고 있다. 대부분의 복음주의자들은 포스트모던의 생각에 동의하지 않지만 그들이 하는 주장의 일부는 받아들이고 있다. 복음주의자들은 인간의 이성을 무조건 신뢰하는 것에 반발하는 포스트모던 학자들의 주장에 동의한다. 무익한 인본주의자들의 온갖 철학 사상들에 대한 비평도 받아들인다. 가장 뛰어난 사상가들이 만든 많은 야심작들이 인류 사회에 큰 재앙이 되었기 때문이다. 공산주의가 약속한 이상 세계인 유토피아는 전체주의 중에서도 최악의 제도였다.

포스트모던 사상가들은 말의 의미나 사회풍습은 각 문화권에 속한 사람들에 의해 만들어졌다고 믿는다. 세상에는 수많은 문화들이 있고 각 문화에 따라 다른 세계관이 있으므로 하나의 진리만 있을 수 없다는 주장을 한다. 각 문화권의 사람들은 자기들의 사회적, 문화적 전통으로 만들어진 독특한 진리를 가지고 있다. 포스트모던 사상가들은 진리는 객관성이 없고 각 문화권에 따라 다르다고 믿는다.

그러나 대부분의 그리스도인들은 포스트모던 사상가들이 주장하는 상대주의에 동의하지 않는다. 진리나 도덕의 기준이 각자의 주관에 의해 결정된다면 전도 활동도 타인의 사생활을 침범하는 행위로 간주될 수 있다. 그리스도인에게는 성경의 진리가 한 개인의 사견이 아니라 진리의 기준이 되는 하나님의 계시이다. **예수님은 자신이 길이고 진리이며 또한 생명의 근원이라고 하셨다. 아무도 그의 도우심이 없이는 아버지 하나님께로 갈 수 없다고도 하셨다. 자신은 유일한 길이고 다른 길은 없다고 단호하게 주장하셨다.** 예수님은 성경의 신적 권위도 인정하셨다.

"진실로 너희에게 이르노니 천지가 없어지기 전에는 율법의 일점 일획도 결코 없어지지 아니하고 다 이루리라"(마 5:18).

그 당시에는 구약성경 전체를 율법이라고도 불렀다. 예수님은 성경 말씀은 모두 다 성취된다고 보장하셨다.

"천지는 없어질지언정 내 말은 없어지지 아니하리라"(마 24:35).

그는 성경 말씀은 모두 다 영원한 진리라고 확실하게 보장하셨다.

포스트모던 사상가들은 감정에 호소하는 말들은 중요하게 다루지만 인간의 이성은 무시해 버린다. 교회도 포스트모던 주의자들처럼 이성을 완전히 무시하는 실수를 범하면 안 된다. 어떤 성도들은 무조건 믿어 보라고 권면하지만 기독교는 맹신이 아니다. 베드로는 그의 서신에서, "너희 속에 있는 소망에 관한 이유를 묻는 자에게는 대답할 것을 항상 준비하되 온유와 두려움으로 하고"(벧전 3:15b)라고 권면하였다.

씨 뿌리는 비유에서 예수님은 사람들이 하나님의 말씀을 듣고도 변화하지 않는 여러 가지 이유를 설명하셨다. 열매를 맺지 않는 마음 중 하나는 돌밭과 같다. 돌밭과 같은 마음을 가진 사람은 말씀을 즉시 기쁨(감정)으로 받지만 그 기쁨은 그리 오래가지 않는다. 뿌리가 없는 이 사람은 시련이나 핍박이 오면 견디지 못하고 넘어진다.

예수님은 감정만으로는 신앙을 지탱하지 못한다고 말씀하신다. 믿음의 뿌리는 하나님의 말씀을 깨달아 생긴 신앙 체계와 내적 신념에 있다. 사도 바울은 말했다.

"너희는 이 세대를 본받지 말고 오직 마음을 새롭게 함으로 변화를 받아 하나님의 선하시고 기뻐하시고 온전하신 뜻이 무엇인지 분별하도록 하라"(롬 12:2).

하나님의 뜻은 이성으로 분별하여 감정과 함께 삶에 적용해 나가야 한다. 그러므로 성경 말씀의 대부분은 찬양하라는 권면보다는 하나님의 말씀을 가르치라는 분부를 더 강조하고 있다.

교회는 성도들의 감정에 호소하는 활동들을 균형 있게 활용하면서 작은 성경공부 모임을 통한 가르침과 제자 훈련에 더 힘써야 한다.

제9장

마음을 새롭게 한 예수님

예수님은 세계 복음화를 위한 기초 정비 작업을 마련하는 데 3년의 기간을 사용하셨다. 그는 이 엄청난 과업을 위해 아무런 지원도 받으시지 못했다. 그는 장차 유대인과 로마인들이 자기를 따르는 힘 없는 추종자들에게 엄청난 핍박을 가할 것도 미리 알고 계셨다. 그는 형편 없는 자격을 갖추고 신뢰할 수 없는 동기를 가지고 자기를 따르는 소수의 제자들을 모으시고 그의 꿈을 이루려 하셨지만 이들마저도 그가 죽었을 때 뿔뿔이 흩어졌다. 그러나 그의 전략은 기적을 이루었다. 한 세대 동안에 복음은 그의 추종자들에 의해 그 당시 알려진 전세계에 전파되었다. 인류 역사상 그 누구도 예수님이 성취하신 업적과 비교할 만한 성과를 이룬 사람은 없다.

예수님은 사람들의 온갖 어려움을 도와주셨지만 그들은 여전히 그의 도우심을 요구하고 있었다. 마태복음은 예수님의 진퇴양난에 빠진 어려운 사정을 기록하고 있다.

"예수께서 모든 도시와 마을에 두루 다니사 그들의 회당에서 가르치시며 천국 복음을 전파하시며 모든 병과 모든 약한 것을 고치시니라 무리를 보시고 불쌍히 여기시니 이는 그들이 목자 없는 양과 같이 고생하며 기진함이라 이에 제자들에게 이르시되 추수할 것은 많되 일꾼이 적으니 그러므로 추수하는 주인에게 청하여 추수할 일꾼들을 보내어 주소서 하라 하시니라"(마 9:35-38).

예수님의 전략은 자기의 제자들을 훌륭한 사역자로 변화시켜 자기가 하는 사역을 배가하는 것이었다. 예수님은 열두 명의 추종자들을 사도로 임명하셨다. 사도라는 말은 어떤 과업(mission)을 위해 하나님으로부터 파송되었다는 뜻이다. 예수님은 부활 후에 이들에게 분부하였다.

"예수께서 또 이르시되 너희에게 평강이 있을지어다 아버지께서 나를 보내신 것 같이 나도 너희를 보내노라"(요 20:21).

그는 제자들의 마음에 메시아 왕국(하나님 나라)을 세우기 위해 사람을 낚는 어부가 되는 꿈과 신념을 심어 주셨다. 그는 그가 떠날 때에 그 과업을 성취하기 위해 성령의 능력을 보내주겠다고 약속하셨다.

그는 제자들에게 그의 사역을 배가하기 위해 일꾼들을 보내어 달라고 하나님께 구하라고 하셨다. 그리고 그는 즉시 그의 제자들을 사역의 현장에 보내어 훈련을 받게 하셨다.

"예수께서 그의 열두 제자를 부르사 더러운 귀신을 쫓아내며 모든 병과 모든 약한 것을 고치는 권능을 주시니라"(마 10:1).

그는 자기가 가진 권세를 제자들에게 나누어 주시고 그들도 예수님이 하시던 사역을 하도록 위임하셨다.

예수님의 제자들이 처음 시도한 사역이 성공한 것에 대해 기뻐 들떠 있었을 때 그는 손쉬운 성공이나 그것에 따라오는 인기를 기대하지 말라고 경고하셨다. 세상은 하나님의 나라를 대적하기 때문에 그들은 곧 핍박과 시련을 당하게 될 것이라고 예수님은 제자들에게 경고하셨다. 그는 제자들이 늑대 가운데 양떼와 같은 처지에 있음을 말해 주시고 그들의 적에게서 엄청난 핍박을 당할 것을 예고하셨다. 그는 그들이 뱀처럼 조심스럽고 지혜로우며 비둘기처럼 순진하고 흠이 없어야 한다고 권면하셨다. 많은 사람들이 복음에 반발하고 대적할 것이므로 그들은 곡식과 가라지를 구별하는 지혜를 소유해야 사역을 유지할 수 있었다. 그들은 말과 행동이 일치하도록 하나님 앞에서 바른 양심도 지켜가야 했다(딤전 1:19).

예수님은 하나님 나라의 꿈을 그의 제자들에게 자주 이야기해 주셨다. 그는 하나님 나라를 비유로도 가르치셨다. 하나님 나라의 시작은 미미하여 잘 보이지 않지만 곧 빠르게 성장하여 온 세상에 뻗어 나간다고 하셨다. 하나님 나라는 한 계절 동안에 나무의 크기만큼 자라는 겨자씨와 같은 성장 능력이 있다고 예수님은 말씀하셨다.

예수님은 하나님 나라를 값비싼 좋은 진주로 비유하셨다. 그는 그의 제자들에게 귀한 진주를 구하기 위해 모든 것을 투자한 지혜로운 상인과 같이 하나님 나라를 위해 자신을 헌신하라고 부탁하셨다. 그는 제자들에게 자기를 따르려면 자기들의 뜻을 부인하고 날마다 자기의 십자가를 져야 한다고 하셨다. 성령의 능력이 그들을 돕기 때문에 자기가 한 것보다 더 큰 일도 할 것이라고 그는 약속하셨다. 그의 궁극적인 목적은 모든 민족으로 제자를 삼는 것이었다.

그는 또 모든 민족을 제자로 만들기 위한 단계적인 지침을 주셨다. 첫째로, 그들은 성령의 능력을 받기 위해 한마음으로 기도해야 했다. 성령은 예수님이 주신 위대한 위임, 즉 제자 삼는 사역을 성취하기 위해 그들과 함께 사역하신다.

둘째로, 그들은 먼저 예루살렘에서 전도하여 세계로 뻗어 나가는 교회의 기반이 되는 예루살렘 교회를 세워야 했다.

셋째로, 교회는 모든 유대와 사마리아를 복음화하여야 했다. 예수님은 갈릴리 지역과 사마리아 동네에서 상당한 준비 사역을 하여 교회들이 쉽게 정착하도록 도우셨다. 초대교회가 예루살렘에서 정체 상태에 이르자 하나님은 스데반의 순교로 온 핍박을 이용하여 신도들을 예루살렘에서 온 유대와 사마리아와 이방으로 몰아내셨다.

넷째로, 교회는 온 세상을 복음화하기 위해 선교 교회로 변신하여야 했다. 안디옥 교회에서 목회하던 바울과 바나바는 첫 선교팀을 만들어 소아시아와 유럽 전체를 복음화하였다. 도마는 복음을 남인도까지 전하여 그 당시 알려진 세상 끝까지 전도하였다.

예수님은 매일 제자들과 같이 사시면서 당신의 삶을 제자들에게 투자하셨다. 그는 열두 사도를 선택하셔서 같이 사는 공동체를 형성하셨다. 그는 기도하는 법을 그들에게 가르쳐 주기도 하셨지만 그보다 직접 기도하는 모습을 자주 보여주셨다. 기도뿐만 아니라 개인이나 군중에게 복음을 전파하는 법, 야외에서나 회당 안에서 말씀을 가르치는 법, 귀신들을 쫓아내는 법, 여러 가지 병들을 고치며 섬기는 법 등도 제자들에게 전수하셨다. 그는 아무것도 소유하지 않은 탐욕에서 자유로운 삶도 보여주셨다. 그는 또 자신의 뜻을 부인하고 하나님의 뜻을 따르는 것을 십자가에서 죽으심으로써 보여주셨다.

겟세마네 동산에서 그는 자신의 뜻을 부인하면서 하나님의 뜻을 추구하기 위해 기도하셨다. 그는 하나님의 뜻을 순종하기 위해서는 자신의 생명도 희생해야 함을 보여주셨다.

그의 제자 사이에 '누가 더 큰가' 논쟁이 났을 때 그는 자신이 온 것은 섬김을 받으려 함이 아니고 도리어 섬기려 하고 자기 목숨을 많은 사람의 죄의 값으로 바치려고 왔다고 하셨다.

마지막 만찬 때 아무도 예수님이나 제자들의 발을 씻으려고 하지 않았다. 왜냐하면 종이 아니면 다른 사람의 발을 씻어주지 않기 때문이다. 예수님은 식사 중에 일어나셔서 제자들의 발을 친히 씻어 종의 모습을 보여주셨다.

"내가 주와 또는 선생이 되어 너희 발을 씻었으니 너희도 서로 발을 씻어 주는 것이 옳으니라 내가 너희에게 행한 것같이 너희도 행하게 하려 하여 본을 보였노라"(요 13:14-15).

모세는 이스라엘 역사상 가장 뛰어난 지도자 가운데 한 사람이었지만 40년의 사역을 통해서 사람을 변화하는 일에는 완전히 실패하였다. 하나님의 도우심으로 수많은 기적과 하나님의 도움이 있었지만 이스라엘은 하나님을 신뢰하는 것을 배우지 못했다. 그들은 상황이 나빠지면 계속해서 불평하였고 하나님을 신뢰하지 않고 그의 인도하심을 따르기를 거부하였다. 모세는 그의 실패한 사역을 돌이켜보며 신명기에 그 근본 원인을 기록하였다. 그는 이스라엘을 모두 불러모아 말했다.

"여호와께서 애굽 땅에서 너희 목전에 바로와 그의 모든 신하와 그의 온 땅에 행하신 모든 일을 너희가 보았나니 곧 그 큰 시험과 이적과 큰 기사를 네 눈으로 보았느니라 그러나 깨닫는 마음과 보는 눈과 듣는 귀는 오늘 여호와께서 너희에게 주지 아니하셨느니라"(신 29:2-4).

그들은 육신의 눈으로 기사와 이적을 보았지만 그들의 영안은 감겨 있었다. 모세는 그들이 앞으로 저지를 불순종 때문에 하나님의 저주를 받아 세상 여러 나라들로 쫓겨가게 될 것을 예언하였다. 그때 비로소 그들은 회개하게 되고 하나님은 그들에게 새 마음을 주게 된다고 모세는 예언했다.

"네 하나님 여호와께서 네 마음과 네 자손의 마음에 할례를 베푸사 너로 마음을 다하며 뜻을 다하여 네 하나님 여호와를 사랑하게 하사 너로 생명을 얻게 하실 것이며"(신 30:6).

할례는 나쁜 옛 마음을 잘라낸다는 의미가 있다. 모세는 이스라엘이 영적 심장 수술을 받아 새 마음을 이식받아야 한다고 말했다.

모세가 십계명을 받았을 때 그것은 돌판에 기록되었다. 그것은 인간의 고집스럽고 반항하는 마음을 상징한다. 세상의 부패한 생각으로 가득 찬 인간의 마음은 돌과 같이 되어 하나님의 말씀에 반응하지 않는다. 그러나 성령의 능력은 우리의 마음을 변화시켜 하나님의 말씀에 반응하게 한다. 사도 바울은 성령이 하나님의 말씀을 고린도의 교인들 마음에 기록하여 그들의 삶이 변화되었고 이것은 복음의 능력에 대한 산 증거라고 말했다(고후 3:2-3). 예수님도 영적 생명은 매일 말씀을 먹어야만 유지될 수 있다고 하셨다(마 4:4).

강퍅한 마음은 하나님의 말씀에 저항하려고 한다. 그러나 하나님의 부드러운 사랑을 체험한 마음은 하나님의 목소리를 따라간다. 예수님의 부르심을 듣고 그를 따르기로 결단하고 꾸준하게 하나님의 말씀을 공부하는 사람에게는 평생을 통한 계속적인 변화가 일어난다. 성령은 신실한 성도를 지속적인 믿음의 걸음을 통해서 하나님의 여러 가지 능력의 말씀을 체험하도록 인도해 준다. 솔로몬은 말했다.

"아버지가 내게 가르쳐 이르기를 내 말을 네 마음에 두라 내 명령을 지키라 그리하면 살리라"(잠 4:4).

"모든 지킬 만한 것보다 더욱 네 마음을 지키라 생명의 근원이 이에서 남이니라"(잠 4:23).

마음은 삶의 중심에 있다. 우리는 기도와 하나님의 말씀으로 부지런히 우리의 마음에 영양을 공급하고 악에서 마음을 지켜야 한다.

예수님은 제자들의 믿음과 성품이 성장하도록 인내하며 훈련하였고 결국은 그들의 마음을 변화하는 데 성공하였다. 모세는 이스라엘에게 여러 가지 계명을 주어 그들을 변화시키려고 했지만 예수님은 자기의 삶을 나누어 주어 그들의 마음을 변화시키셨다. 그는 제자들을 한 사람씩 각자에 맞게 양육하셨다. 모세는 사람들에게 계명에 맞게 순종하라고 요구했지만 예수님은 먼저 그들의 마음을 변화시켜 그들이 스스로 순종하게 만들었다.

6장에서 말했듯이 율법은 상과 벌을 주어 습관을 만드는데는 효과적이지만 순종을 하도록 마음의 동기는 제공하지 않는다. 예수님은 제자들을 진심으로 사랑으로 양육하시여 그들의 마음을 변화시키셨다.

사도 바울도 같은 방법을 사용하여 추종자들의 영적 어머니의 역할을 하였다.

"도리어 너희 가운데서 유순한 자 되어 유모가 자기 자녀를 기름과 같이 하였으니 우리가 이같이 너희를 사모하여 하나님의 복음뿐 아니라 우리의 목숨까지도 너희에게 주기를 기뻐함은 너희가 우리의 사랑하는 자 됨이라"(살전 2:7-8).

그는 추종자들의 영적 아버지 역할도 하였다.

"너희도 아는 바와 같이 우리가 너희 각 사람에게 아버지가 자기 자녀에게 하듯 권면하고 위로하고 경계하노니 이는 너희를 부르사 자기 나라와 영광에 이르게 하시는 하나님께 합당히 행하게 하려 함이라 이러므로 우리가 하나님께 끊임없이 감사함은 너희가 우리에게 들은 바 하나님의 말씀을 받을 때에 사람의 말로 받지 아니하고 하나님의 말씀으로 받음이니 진실로 그러하도다 이 말씀이 또한 너희 믿는 자 가운데에서 역사하느니라"(살전 2:11-13).

예수님이 베드로를 처음 만나셨을 때 그에게 말했다.

"네가 요한의 아들 시몬이니 장차 게바(헬라어로 베드로)라 하리라"(요 1:42b).

이스라엘의 조상인 야곱의 둘째 아들이었던 시몬은 충동적이고 폭력적인 사람이었다. 베드로는 반석을 의미했지만 시몬 베드로는 신뢰할 수 없는 충동적인 사람이었다. 그러나 예수님은 그의 성품을 변화시키기 위해 먼저 그의 이름부터 바꾸어 주셨다. 예수님은 끝까지 그를 믿어주셨고 그는 결국 교회의 기둥이 되었다.

예수님과 처음 만난 후 베드로는 그의 고기잡이 생업으로 돌아갔다. 그가 밤이 새도록 한 마리의 고기도 잡지 못했을 때 예수님은 깊은 데로 가서 고기를 잡으라고 하셨다. 그가 순종했을 때 너무나 많은 고기가 잡혀 그물이 찢어지고 배가 잠길 정도가 되었다. 억센 어부 베드로였지만 예수님에게 있는 하나님의 능력을 보고 자신의 모든 것을 버리고 예수님을 좇았다. 예수님을 몇 년 동안 따른 후 베드로는 예수님이 하나님의 아들이신 메시아라는 확신을 가지게 되었다.

그러나 유대인 집권자들이 예수님을 체포했을 때 베드로는 크게 실망하였다. 그는 세 번이나 예수님을 모른다고 부인하였다. 부활하신 예수님을 만난 후에도 그는 옛날에 하던 고기잡이 생활로 돌아갔다. 베드로와 함께한 사람들은 또다시 밤새도록 고기를 한 마리도 잡지 못했다. 예수님은 그물을 배 오른편에 던지라고 말씀하셨고 그들이 순종했을 때 고기가 너무 많이 잡혀 그물을 끌어올릴 수가 없었다. 베드로는 자기에게 말한 사람이 예수님인 것을 깨달았다. 베드로는 예전에 있었던 기적적인 고기잡이와 그 후 예수님을 따른 것을 기억했을 것이다.

예수님은 "요한의 아들 시몬아 네가 이 사람들보다 나를 더 사랑하느냐"(요 21:15a)라고 물으셨다. 베드로는 시몬과 같이 신뢰할 수 없는 행동을 했지만 예수님은 자신의 변함없는 신뢰를 베드로에게 나타내셨다. 베드로가 예수님을 세 번 부인했으므로 예수님은 베드로에게 세 번 그의 사랑을 고백할 기회를 주셨다. 예수님은 베드로에게 세 번이나 자기의 양을 치라고 하시며 시몬에 대한 신뢰를 표현하셨다. 예수님의 시몬을 향한 변함없는 신뢰가 시몬을 반석인 베드로로 변화시켰다.

'우레의 아들'로 불렸던 요한은 매우 난폭한 성품을 지녔다. 그는 베드로처럼 거친 어부였다. 예수님이 사마리아를 지나서 예루살렘으로 가고자 하셨을 때 사마리아 사람들은 유대인 예수를 환영하지 않았다. 사마리아 사람들이 예수님을 받아들이지 않는 것을 보고 야고보와 요한은 자기들이 저주하여 사마리아인들에게 불이 내려오게 하겠다고 말했다. 예수님은 그들의 충동적인 행동을 꾸짖으셨다. 그러나 요한은 예수님과 매우 가까워 그의 사랑을 깊이 느꼈다.

제롬에 의하면 요한이 나이가 많았을 때 성도들이 그를 들것으로 옮겨 집회에 참석하게 도왔다. 그는 "어린 자녀들이여 서로 사랑하자"는 말만 되풀이하였다고 한다. 요한복음에서 요한은 자신의 이름을 말하지 않고 "예수님이 사랑하던 제자"로 자신을 언급하였다. 그는 예수님의 부드러운 사랑을 체험한 자로만 기억되고 싶었던 것이다.

예수님의 작별 강화에서(요 13-16장) 요한은 사랑이라는 단어를 31번이나 사용하였다.

"새 계명을 너희에게 주노니 서로 사랑하라 내가 너희를 사랑한 것같이 너희도 서로 사랑하라 너희가 서로 사랑하면 이로써 모든 사람이 너희가 내 제자인 줄 알리라"(요 13:34-35).

예수님은 제자의 표징은 자기가 그들을 사랑한 것처럼 서로 사랑하는 것이라고 말했다. 예수님의 사랑으로 채워진 마음은 조급하지 않고 쉽게 성내지도 않는다. '우레의 아들'이 '사랑의 사도'로 온전히 변화되었다.

예수님은 포기하지 않는 신뢰와 조건 없는 사랑으로 그의 제자들을 완전히 변화시키셨다. 사도 바울은 우리가 부서지기 쉬운 질그릇과 비슷하다고 말했다. 우리는 특히 정서적으로 연약하여 쉽게 상처를 받을 수 있다. 그러므로 인간의 마음은 세심한 정성으로 개조해 주어야 한다.

한 여인이 간음하던 현장에서 서기관들과 바리새인들에게 붙잡혀 예수님에게로 끌려왔다. 그들은 예수님을 함정에 빠뜨리려고 모세의 율법대로 그녀를 돌로 쳐서 죽여야 하는지를 예수님에게 물었다. 예수님은 진퇴양난에 빠진 것처럼 보였다. 로마 정부는 유대인들에게 사형 집행권을 주지 않았으므로 예수님이 그녀를 죽이는 것에 동의하면 국법을 어기는 것이 되었다. 그 반대로 예수님이 그녀를 죽이는 것에 반대하면 모세의 법을 어겼다고 공격받았을 것이다.

예수님은 죄 없는 자가 먼저 돌로 치라고 대답하셨다. 모든 사람은 궁극적인 심판자이신 하나님 앞에서 다 죄인이므로 아무도 돌을 던질 자격이 없음을 지적하신 것이다.

내 눈 속의 들보보다 이웃의 눈 속에 있는 티가 더 크게 보이기 때문에 범죄자를 비판하는 것은 쉽게 할 수 있다. 우리에게 필요한 것은 상대의 약점을 덮어줄 수 있는 사랑과 긍휼의 눈이다.

예수님은 연약한 인간의 마음이 정죄보다 긍휼을 필요로 하는 것을 잘 아셨으므로 범죄자가 회개하면 일흔 번에 일곱 번도 용서해 주라고 명하셨다. 성령께서 그 여인에게 돌을 던지려던 사람들의 마음에 가책을 받게 하여 하나씩 모두 돌아갔다. 예수님은 그녀에게 말씀하셨다.

"나도 너를 정죄하지 아니하노니 가서 다시는 죄를 범하지 말라" (요 8:11).

탕자가 자기의 죄를 회개하고 거지가 되어 집에 돌아왔을 때 그의 아버지는 그를 정죄하지 않았다. 오히려 그는 탕자에게 달려가 목을 껴안고 입을 맞추었다. 그는 잔치를 베풀고 아들이 살아 돌아온 것을 축하해 주었다. 탕자는 아버지의 무조건적이고 변함없는 사랑에 감복되어 새 사람으로 변화되었다.

예수님의 주요 사역은 하나님의 말씀을 가르치는 것이었다. 그는 일상생활에서 흔히 보이는 대상들을 사용하여 효과적으로 가르치셨다. 들판의 백합화와 공중의 새들을 예로 들어 하나님의 돌보시는 섭리를 가르치셨다. 작은 겨자씨의 생명력을 예로 들어 믿음을 의지적으로 활용하는 것이 믿음의 크고 작은 것보다 더 중요하다고 가르치셨다(눅 17:5-6).

남자 성인 오천 여 명이 들판에서 굶주리고 있을 때 예수님은 제자들에게 그들을 먹이라고 명령하셨다. 그들은 소년의 도시락 하나도 하나님이 사용하시면 모두를 먹이기에 충분하다는 것을 배우게 되었다. 소년이 바친 점심 도시락이 겨자씨 크기의 믿음을 활용한 예가 된다. 하나님의 전능한 능력이 겨자씨의 기적을 이루게 하였다.

예수님은 겨자씨와 누룩을 사용하여 미래의 하나님 나라가 팽창할 것을 가르치셨다. 겨자씨가 일년 내에 큰 나무처럼 자라고 누룩이 밀가루를 크게 부풀게 하듯이 성령의 능력이 천국을 크게 성장하게 한다는 말이다.

제자들이 천국에서는 누가 제일 크냐고 물었다. 예수님은 어린 아이를 불러 세우시고 천국에서 크려면 이 아이처럼 겸손해야 한다고 가르치셨다.

제자들이 서로 누가 제일 크냐고 다투었을 때 예수님은 그들의 발을 씻어 지도자는 종이 되어야 한다는 것을 가르치셨다.

하나님의 말씀을 일상에 일어나는 문제에 적용하기 위해서는, 일상 생활의 일을 하나님의 말씀과 연관시키기 위해 늘 말씀을 묵상하고 질문을 하는 것이 중요하다. 모세는 권면하였다.

"오늘 내가 네게 명하는 이 말씀을 너는 마음에 새기고 네 자녀에게 부지런히 가르치며 집에 앉았을 때에든지 길을 갈 때에든지 누웠을 때에든지 일어날 때에든지 이 말씀을 강론할 것이며 너는 또 그것을 네 손목에 매어 기호를 삼으며 네 미간에 붙여 표로 삼고 또 네 집 문설주와 바깥 문에 기록할지니라"(신 6:6-9).

매일 일어나는 상황을 이용하는 것은 하나님의 말씀이 사람들의 마음에 깊이 못 박히게 하는 효과가 있다. 많은 신학생들이 학교 강의실에서는 하나님의 말씀을 잘 연구하고 토론하지만 실생활에 연관시키는 훈련은 받지 못하는 경우가 대부분이다.

좋은 선생님은 듣는 귀가 잘 발달되어 제자들의 마음에 호소하는 대화를 잘 한다. 많은 정치가들이 평민들의 관심사와 관계없는 정책을 결정할 때가 많다. 이런 사람들은 자기 구역의 사람들과 거리가 생기게 되고 결국은 정치 생명이 오래 가지 못하게 된다. 예수님은 엄청난 양의 가르칠 것을 가지고 계신 것이 분명했지만 그는 주위 사람들이 물어오는 질문들을 한 번도 무시한 적이 없으시다. 그는 자주 질문을 던져 가르칠 교과의 내용으로 사용하셨다. 그의 제자들에게 자신이 누구인가를 설명하기보다 오히려 그들에게 질문을 던지셨다. "너희는 나를 누구라 하느냐"(마 16:15). 예수님은 그의 정체에 대해 질문을 던짐으로써 제자들의 마음에 있는 생각과 신념을 듣기를 원하셨다.

마음에 신념을 주기 위해서는 질문을 사용해 능동적으로 참여할 수 있도록 하는 것이 효과적이다. 그는 질문을 사용하여 상대방의 질문에 대답하시기도 하였다. 한번은 어느 율법사가 예수님에게 질문하였다. "선생님 내가 무엇을 하여야 영생을 얻으리이까"(눅 10:25). 예수님은 여기에 질문으로 대답하셨다. "율법에 무엇이라 기록되었으며 네가 어떻게 읽느냐"(눅 10:26). 율법사가 한 대답에서 시작하여 예수님은 선한 사마리아인 비유를 가르치시며 이웃을 자신의 몸과 같이 사랑하는 방법도 가르쳐 주셨다.

예수님은 제자들이 그의 가르침을 깨달을 때까지 여러 번 같은 내용을 되풀이해서 가르치셨다. 천부께서 공중의 새와 들의 백합화도 돌보심을 말씀해 주셨다. 하나님의 돌보시는 능력을 보여주시기 위해 그는 오병이어로 오천 명 이상을 먹이는 기적을 베풀어 주셨다. 그 후 사천 명 이상을 떡 일곱 개와 물고기 몇 마리로 먹이는 기적을 또 행하셨다.

예수님은 제자들의 모든 필요를 채워줄 충분한 능력이 있음을 보여주셨지만 제자들은 그를 믿지 않았다. 제자들은 남은 음식을 담은 바구니 가져오는 것을 잊은 것에 더 염려하고 있었다. 예수님은 그들이 제대로 깨닫지 못함을 보시고 그들을 꾸짖으셨다. 예수님은 그들이 공부한 것을 다시 복습하게 하셨다.

"너희가 아직도 깨닫지 못하느냐 떡 다섯 개로 오천 명을 먹이고 주운 것이 몇 바구니며 떡 일곱 개로 사천 명을 먹이고 주운 것이 몇 광주리였는지를 기억하지 못하느냐"(마 16:9-10)라고 예수님은 물으셨다. 예수님은 그들의 우선적인 관심이 하나님의 나라와 그의 의가 되어야 한다고 가르치셨다. 그들은 자기들의 물질적인 필요는 하나님이 채워주심을 믿고 신뢰하는 것을 배워야 했다.

여호수아가 모세에게서 지휘권을 물려받았을 때 하나님은 그에게 말씀을 묵상하여 순종하는 데 집중하라고 말씀하셨다.

"오직 강하고 극히 담대하여 나의 종 모세가 네게 명령한 율법을 다 지켜 행하고 우로나 좌로나 치우치지 말라 그리하면 어디로 가든지 형통하리니 이 율법책을 네 입에서 떠나지 말게 하며 주야로 그것을 묵상하여 그 가운데 기록된 대로 다 지켜 행하라 그리하면 네 길이 평탄하게 될 것이며 네가 형통하리라"(수 1:7-8).

하나님은 여호수아가 하나님의 말씀을 밤낮으로 묵상하면 강하고 담대해져서 율법을 지켜 행하게 된다고 가르쳐 주셨다. 양과 같은 사람들은 고집이 세고 빨리 배우지 못한다. 하나님은 여호수아에게 자기가 동행할 것과 이스라엘을 도와 가나안을 정복할 것을 약속하셨다. 하나님이 끝까지 동행하심에 대한 확신과 하나님의 말씀의 능력에 대한 신념은 하룻밤 사이에 생기지 않는다. 어떤 사람은 갑자기 큰 변화를 경험하기도 하지만 우리 대부분은 각자 자기의 속도에 맞추어 점진적으로 변화한다. 우리의 마음은 오랜 세월 동안의 실패와 회개를 통하여 비로소 새 마음으로 변화되는 기적을 일으킨다.

예수님은 인간의 본성에 대해 깊은 통찰력을 지니고 계셨다. 그는 유대교의 근본적인 문제점을 밝혀내어 지적하셨다. 이 문제점들은 현대인 들의 삶과도 밀접한 관계가 있다. 서기관들과 바리새인들은 자기들의 의를 사람들에게 인정받으려고 힘썼지만 하나님의 의는 무엇인지 알지도 못했다. 유대교 지도자들은 사람들을 감명시키려고 그들의 행위를 사람들에게 보여주어 칭찬받으려고 노력하였다. 그러나 그들은 사람들에게 보이지 않는 마음의 문제를 다루는 데는 완전히 실패하였다. 그들은 사람을 내부에서부터 변화시키지 않고 외적으로만 변화시키려고 하였다. 예수님은 마태복음 23장 13-36절에서 서기관과 바리새인의 여러 가지 위선적인 행동을 지적하셨다. 그는 그 당시 종교 지도자들에게 일곱 가지 화(심판)를 선언하셨다.

첫째 화는 그들이 하나님의 인도하심을 따르지 않고 자신들의 선입관과 배워온 지식에만 따라 행동한 문제 때문이다. 그들은 영적 통찰력을 가지지 못했고 결국은 메시아에 대항하여 성령을 훼방하는 죄를 짓게 되었다. 그들은 충분한 증거를 제시한 메시아를 알아보는 데 완전히 실패하였다. 그들은 백성들을 선동하여 예수님을 십자가에 못박아 죽였다.

둘째 화는 그들이 열심히 사람들을 유대교로 인도한 후 율법적인 정결 의식만 강조하여 그들을 위선자로 만든 문제 때문이다. 이 의식들은 유대교에 입교한 사람들의 마음을 정결하게 하는 데에는 아무런 도움이 되지 않았다. 그들은 변화된 삶은 보여주지 못하고 법과 규칙만 강조함으로 사람들을 더 위선자가 되게 하였다.

셋째 화는 그들이 여러 가지 맹세를 이용하여 거짓말을 하여 정직한 삶을 살지 못한 문제 때문이다. 그들은 사소한 맹세는 지키지 않아도 되고 중대한 맹세는 지켜야 한다고 선언하였다. 율법에 이와 같은 예외를 만들어 그들은 자신들의 거짓됨과 위선을 감추려고 하였다. 그 반면에 예수님은 사람들이 예외없이 자기의 말을 지키면 맹세할 필요도 없다고 설파하셨다(마 5:33-37).

넷째 화는 그들이 작은 양의 향료의 십일조 같은 것은 세밀하게 지키면서 율법에서 더 중요한 의와 자비와 신실함은 지키지 않는 문제 때문이다. 그들은 피상적인 수준에서 의식을 행하는 것에만 힘썼을 뿐 그들의 마음은 다른 곳에 가 있었다. 그들의 가르침은 마음과 가치관을 변화시키지 못했다. 오늘날에도 많은 교회들이 의식적인 행사를 하기 위하여 바쁘게 움직이지만 성도들의 마음과 삶의 변화를 위해 가르치고 훈련하는 것에는 소홀히 하고 있다.

다섯째 화는 넷째 화와 비슷하다. 그들은 그릇의 바깥은 열심히 닦았지만 마음속은 탐욕과 탐닉으로 더러워져 있었다. 그들은 사람들이 보는 외양은 깨끗하게 하려고 노력하였지만 하나님이 보시는 마음에는 관심이 없었다. 인류 역사를 되돌아보면 절제되지 않은 탐욕이 수많은 인간들의 불행의 원인이 되었다. 지금의 세계 경제 구조도 수많은 사람들이 자기의 탐욕을 만족시키려고 자유 시장 체제를 악용하기 때문에 위험 수준에 와 있다.

여섯째 화는 다섯째 화에서 비난한 위선을 더 강조하고 있다. 예수님은 그들이 밖은 예쁘게 석회를 칠하고 안은 죽은 사람의 뼈가 가득한 무덤과 같다고 그들을 정죄하셨다. 악한 왕이었던 헤롯은 500년 전에 스룹바벨이 지은 성전을 화려하게 개축하는 공사를 시작하였다. 헤롯 성전은 85년이나 걸려 완공하였지만 5년이 지난 후 디도 장군이 이끈 로마 군대에 의해 완전히 파괴되고 말았다. 하나님은 헤롯과 그의 추종자들이 만든 화려한 성전에 임재하지 않으셨다. 그 성전이 하나님의 거룩한 이름을 더럽혔으므로 하나님은 그 성전이 없어지는 것을 허락하셨다. 역사는 계속해서 반복된다. 유럽인들은 수많은 장엄한 성당들을 세웠지만 지금은 관광객들만 찾아가고 있다.

일곱째 화는 첫째 화를 더 설명하고 있다. 유대인 지도자들은 선지자들에게 반항한 자기들의 조상들을 비난하였다. 그러나 예수님은 그들 자신도 메시아와 하나님이 보내신 사자들을 핍박한 책임을 져야 한다고 말했다. 예수님은 그들이 자신들의 죄의 값을 지불하게 된다고 선언하셨다. 사람들은 하나님의 말씀을 다른 사람에게 쉽게 적용하지만 그 말씀이 자신에게 말하고 있는 것을 알지 못할 때가 많다.

이스라엘 왕 다윗이 우리아의 아내와 간음을 하고 그의 충성된 종 우리아를 죽음으로 내몰았을 때 하나님은 나단 선지자를 보내어 그를 꾸짖으셨다. 나단은 한 부자가 자기를 방문한 친구를 위해 가난한 이웃이 소유한 한 마리 양을 빼앗아 요리를 한 이야기를 다윗에게 하였다. 다윗은 나단의 이야기에 나오는 부자에게 매우 분노하여 그는 마땅히 죽어야 하고 양은 네 배로 갚아 주어야 한다고 외쳤다. 그때 나단이 말했다. "당신이 그 사람이라." 다윗이 나단에게서 꾸지람을 들을 때까지 다윗은 자신의 가증스러운 죄를 깨닫지 못하고 있었다.

예수님은 말씀하셨다.

"어찌하여 형제의 눈 속에 있는 티는 보고 네 눈 속에 있는 들보는 깨닫지 못하느냐 보라 네 눈 속에 들보가 있는데 어찌하여 형제에게 말하기를 나로 네 눈 속에 있는 티를 빼게 하라 하겠느냐 외식하는 자여 먼저 네 눈 속에서 들보를 빼어라 그 후에야 밝히 보고 형제의 눈 속에서 티를 **빼리라**"(마 7:3-5).

유대의 종교 지도자들이 백성들을 변화시키는 데 완전히 실패한 이유가 있다. 예수님은 일곱 가지 화를 열거하며 그 이유를 지적하심으로 우리가 같은 잘못을 되풀이하지 않도록 경계하셨다.

제10장
예수님의 신성에 대한 본인의 증언

사도 요한은 요한복음에서 예수님을 '말씀'이라고 소개하였다. 헬라인들에게 말씀은 우주를 다스리는 법칙 혹은 이성의 뜻으로 사용되었다. 유대인에게 말씀은 하나님의 지혜나 뜻을 나타내는 의미로 사용되었다.[1] 사도 요한은 이 말씀이 우주의 창조주이시고 신성을 소유하신 분이라고 말한다. 요한복음 1장 1절은 "태초에 말씀이 계시니라 이 말씀이 하나님과 함께 계셨으니 이 말씀은 곧 하나님이시니라"고 말한다.

창세기 1장 1절에서는 모세는 "태초에 하나님이 천지를 창조하시니라"고 말했다. 창세기 1장 1절의 '태초'(히브리어로 '베레쉬트')의 의미는 시간이 만들어졌을 때, 즉 시간이 처음 시작되었을 때를 가리키며 이때 공간과 물질도 함께 창조되었다고 말한다.

그 반면에 힌두교는 우주는 영원하고 영원한 것은 신이라고 하여 범신론(우주가 신)을 주장한다. 그러나 성경은 우주에는 시작이 있었고 영원하지 않으며 유한하다고 말한다. 이 말은 시간과 공간이 같이 시작되었다(시간과 공간의 4차원의 세계)고 말하는 아인슈타인의 일반 상대성 이론과 놀랍게도 일치한다.

요한복음 1장 1절은 헬라어 원본에 의하면 "태초에 말씀이 계셨다"로 번역되어야 한다. 즉 동사가 반과거 시제(imperfect tense)로 되어 있어 그 의미는 시간이 시작되었을 때 말씀은 이미 과거부터 계셨고 그 이후 계속해서 계신다는 의미를 지닌다.[2] 즉 요한은 말씀이 시간이 시작하기 전 영원부터 계셨으므로 말씀은 영존자라고 말한다.

요한은 말씀이 하나님(아버지)과 함께 계셨고 곧 하나님(성자)이라고 말한다. 그런데 그 말씀이 인간 육신이 되어 사람들 가운데 거하셨다고 말한다. 요한은 이 말씀을 하나님 아버지를 계시하는 예수님이라고 밝혔다.

"본래 하나님을 본 사람이 없으되 아버지 품 속에 있는 독생하신 하나님이(하나님을) 나타내셨느니라"(요 1:18).

요한은 분명하게 예수님이 영존자이고 창조자이며 아버지 하나님과 동등된 분이라고 선언하였다. 구약성경 시대의 사람들 가운데 몇 명은 하나님을 보았다고 기록되어 있지만 그들이 하나님의 완전한 영광의 모습이나 신성의 핵심들을 다 본 것 같지는 않다. 야곱이 하나님의 얼굴을 보았다고 했을 때 그는 천사의 얼굴을 보았던 것 같다(호 12:4). 출애굽기는 모세도 하나님의 얼굴은 보지 못하고 등만 보았다고 기록하였다. 그러나 요한은 영원부터 아버지 품 속에 있는 예수님이 하나님의 속성을 우리에게 직접 계시하셨다고 말하였다(요 1:18).

히브리서 저자도 예수님의 신성에 대해 요한의 주장에 동의하고 있다.

"옛적에 선지자들을 통하여 여러 부분과 여러 모양으로 우리 조상들에게 말씀하신 하나님이 **이 모든 날 마지막에 아들을 통하여 우리에게 말씀하셨으니 이 아들을 만유의 상속자로 세우시고 또 그로 말미암아 모든 세계를 지으셨느니라 이는 하나님의 영광의 광채시요 그 본체의 형상이시라 그의 능력의 말씀으로 만물을 붙드시며 죄를 정결하게 하는 일을 하시고 높은 곳에 계신 지극히 크신 이의 우편에 앉으셨느니라**"(히 1:1-3).

하나님은 구약 시대의 선지자들을 통해 여러 번 말씀하셨고 메시아 시대인 마지막 때에도 그 아들을 통해 말씀하셨다. 마지막에 아들로 우리에게 말씀하셨다는 것은 예수님이 구약성경의 하나님의 말씀을 성취한 마지막 선지자라는 뜻이다. 히브리서 저자는 아들이 성부와 함께 우주를 창조하셨다고 말한다. 하나님의 본체의 형상이시고 하나님의 속성(영광)을 비추는 하나님의 아들은 그의 말과 사역을 통해 하나님을 우리에게 직접 계시하였다.

예수님은 그의 대제사장 기도에서 요한복음과 히브리서 저자들이 한 말을 확인해 주셨다. 예수님은 자신이 하나님 아버지가 주신 사역을 완성하였음을 말씀하시고 난 후 성육신 이전에 가졌던 영광을 돌려달라고 아버지께 간구하였다.

"아버지께서 내게 하라고 주신 일을 내가 이루어 아버지를 이 세상에서 영화롭게 하였사오니 **아버지여 창세 전에 내가 아버지와 함께 가졌던 영화로써 지금도 아버지와 함께 나를 영화롭게 하옵소서**"(요 17:4-5).

예수님은 분명히 자신이 창조 전에 계셨음을 말씀하고 있다. 그는 또한 자신이 성부와 영원토록 영화를 공유했음을 말씀하셨다. 예수님은 대제사장 기도 마지막에 그의 영광을 성도들과도 나눌 것을 아버지께 부탁하셨다.

"아버지여 내게 주신 자도 나 있는 곳에 나와 함께 있어 아버지께서 창세 전부터 나를 사랑하시므로 내게 주신 나의 영광을 그들로 보게 하시기를 원하옵나이다"(요 17:24).

예수님은 그의 영존하심과 아버지와 아들 간의 영원한 사랑의 관계를 되풀이해서 말씀하셨다. 사도 요한은 우리가 거룩하신 예수님을 재림 때에 보게 되면 우리도 예수님처럼 변화된다고 예언했다.

"사랑하는 자들아 우리가 지금은 하나님의 자녀라 장래에 어떻게 될 지는 아직 나타나지 아니하였으나 그가 나타나시면 우리가 그와 같을 줄을 아는 것은 그의 참모습 그대로 볼 것이기 때문이니"(요일 3:2).

예수님이 영광이 충만한 가운데 계신 것을 볼 것을 상상하는 것이나 그가 영원토록 받아 누린 영광을 나누어 받아 누리는 것을 생각하는 것은 매우 감격적인 일이다.

유대인들이 예수님을 메시아로 알아보지 못한 이유는 유대인들이 가진 편견 때문이다. 예수님의 처음 제자 중 한 사람인 빌립이 그의 친구 나다나엘에게 예수님을 증거하였다.

"모세가 율법에 기록하였고 여러 선지자가 기록한 그이를 우리가 만났으니 요셉의 아들 나사렛 예수니라"(요 1:45).

나다나엘은 자신의 편견 때문에 빌립의 증거를 거절하고 말했다. 그래서 "나사렛에서 무슨 선한 것이 날 수 있겠느냐"(요 1:46a)고 했다. 고고학자들에 의하면 나사렛은 이스라엘의 북쪽 변방에 있는 작고 보잘 것 없는 마을에 불과하였다. 이 마을은 갈릴리 지역에 속해 있었다. 나다나엘은 메시아가 나사렛에서는 절대로 나올 수 없다고 믿었다. 나다나엘은 미가서의 예언에 의지해 메시아가 베들레헴에서 태어날 것은 알았겠지만, 그의 성장 장소나 사역 장소는 갈릴리 지역인 것을 전혀 몰랐다.

그러나 이사야 선지자는 메시아가 갈릴리 지역에서 온다고 예언하였다.

"옛적에는 여호와께서 스불론 땅과 납달리 땅이 멸시를 당하게 하셨더니 후에는 해변(갈릴리 바닷가) 길과 요단 저쪽 이방의 갈릴리를 영화롭게 하셨느니라 흑암에 행하던 백성이 큰 빛을 보고 사망의 그늘진 땅에 거주하던 자에게 빛이 비치도다"(사 9:1b-2).

나다나엘이 성경 전체를 공부하였다면 메시아와 갈릴리 지역이 밀접한 관계가 있음을 알았을 것이다.

예수님이 나다나엘에게 그가 무화과 나무 아래 있는 것을 보셨다고 말씀하셨을 때 나다나엘은 무척 놀랐다. 예수님은 나다나엘의 비밀한 기도를 듣고 그에게는 거짓이 없는 참 이스라엘 사람이라고 칭찬하셨다.

'속이는 자' 라는 뜻의 이름을 가진 야곱은 400명의 군대를 데리고 그를 만나러 오는 형으로부터 보호해 달라고 하나님께 간절히 기도하였다. 야곱은 그의 형에게서 축복을 훔쳤으므로 에서의 복수를 두려워하던 것이다. 그러나 하나님은 그의 기도를 들어주셔서 그에게 이스라엘이라는 새 이름을 주셨다. 이스라엘은 '기도로 하나님과 씨름한 자' 라는 의미를 가지고 있다. 야곱은 하나님께서 주시는 복을 빼앗기 위해 사람들과 씨름하는 것을 중단하였다. 그는 더이상 속이지 않고 자신의 보호를 위해 하나님만 의지하는 기도하는 사람으로 변화되었다. 예수님은 나다나엘이 변화한 야곱처럼 기도하는 사람인 것을 말씀하셨다. 예수님이 가지신 초인적 지식에 놀라 나다나엘은 예수님을 하나님의 아들이며 또한 이스라엘의 왕이라고 고백하였다. 그때 예수님은 말씀하셨다.

"진실로 진실로 너희에게 이르노니 하늘이 열리고 하나님의 사자(천사)들이 인자 위에 오르락 내리락 하는 것을 보리라 하시니라" (요 1:51).

예수님의 말을 이해하기 위해 야곱에 대해 기록한 창세기로 돌아가자. 야곱은 아버지가 형에게 주려던 복을 훔친 후 화가 단단히 난 에서를 피해 고향을 떠났다. 야곱은 벧엘에서 꿈을 꾸었는데 꿈에 계단이 하늘에 닿았고 그 계단 위로 천사들이 오르락 내리락 하였다.

예수님은 그 계단이 자신이 할 하나님과 인간의 중보자의 역할을 가리키는 예표라고 말씀해 주셨다.

천사들은 하나님의 말씀을 전하는 사환의 역할을 한다. 예수님은 자신이 하나님과 사람을 연결하는 중보자로서 하나님과 사람의 대화를 도우신다고 하셨다. 인간이 하나님께로 가는 유일한 길은 자신이라고 예수님은 말씀하셨다. 힌두교는 산의 정상에 오르는 길은 여러 개가 있다고 말한다. 인간이 만든 종교들에는 그 말이 맞을 수도 있다. 독일 철학자인 루드비히 포이에르바흐(Ludwig Feuerbach)는 신앙의 대상은 인간의 마음에 생각하는 대상의 투사에 불과하다고 주장했다. 세계 종교의 창시자들은 자기 자신이 만든 신을 섬겼다는 말이다. 그러므로 인간의 수준에서 보면 하늘로 가는 길이 여러 개가 있는 것처럼 보인다. 그러나 예수님은 종교의 창시자들과 다른 주장을 한다. 그는 산 정상에서 하나님 아버지와 같이 살다가 우리에게 정상으로 가는 유일한 길을 보여주러 산에서 내려 왔다고 말한다(요 3:12-13).

예수님은 장막절에 예루살렘으로 올라가셨다. 예수님은 성전에서 자신이 세상의 빛이라고 주장하셨다. 바리새인들은 그의 주장을 배척했다. 그러나 예수님은 그들이 자기를 모르기 때문에 자기를 판단할 자격이 없다고 하셨다.

"예수께서 대답하여 이르시되 내가 나를 위하여 증언하여도 내 증언이 참되니 나는 내가 어디서 오며 어디로 가는 것을 알거니와 너희는 내가 어디서 오며 어디로 가는 것을 알지 못하느니라"(요 8:14).

"너희는 아래에서 났고 나는 위에서 났으며 너희는 이 세상에 속하였고 나는 이 세상에 속하지 아니하였느니라"(요 8:23).

그후 예수님은 그의 제자들에게 다시 말했다.

"내가 아버지에게서 나와 세상에 왔고 다시 세상을 떠나 아버지께로 가노라 하시니"(요 16:28).

예수님은 자신의 기원이 하늘에 있고 자신은 다시 하늘로 돌아갈 것을 분명히 되풀이해서 말씀하셨다.

유대인의 특징 중 대표적인 것은 안식일을 철저히 지키는 것이다. 그러나 예수님은 안식일에 베데스다 못가에 있던 38년 된 환자를 치료하시고 그의 돗자리를 들고 가라(이사를 하라는 말)고 하셨다. 유대인들은 예수님이 안식일 법을 범했다고 핍박하였다. 예수님은 대답하셨다.

"내 아버지께서 이제까지 일하시니 나도 일한다"(요 5:17).

예수님은 이 후에도 여러 번 안식일에 병자들을 치료하셨고, 이 것은 유대인들을 격분하게 하여 그를 대적하게 만들었다.

천체 망원경으로 보면 지금도 매일 수천 개의 별들이 형성되고 있다. 또한 안식일에도 수많은 생명들이 탄생하고 있다.

그뿐 아니라 치료와 전도 같은 재창조의 사역도 일주일 내내 이루어지고 있다. 히브리어 성경을 헬라어로 번역한 70인역 성경에는 '하나님이 안식(히브리어로 '샤바트')하셨다'를 '멈추었다'가 아니고 '쉬었다'로 번역하였다. 유대인들은 하나님이 일곱째 날에 쉬신 것은 앞으로의 천당에 있을 영원한 안식을 가리키는 예표적 행동이었음을 알지 못했다. 예수님만 유일하게 안식일에도 사람들을 도와 참 안식을 누리게 해 주어야 한다고 주장하셨다. 예수님은 성부도 안식일에 일을 멈추지 않고 계속 우주를 경영하며 일을 하심으로 자신도 일을 해야 한다고 말하셨다.

"너희 중에 어떤 사람이 양 한 마리가 있어 안식일에 구덩이에 빠졌으면 끌어 내지 않겠느냐 사람이 양보다 얼마나 더 귀하냐 그러므로 안식일에 선을 행하는 것이 옳으니라"(마 12:11-12).

예수님은 불구자와 병자의 아픔을 같이 느끼셨으므로 하루 더 기다려 치료하려고 하시지 않았다. 안식일의 주인이고 제정자로서 예수님은 다른 날과 같이 안식일에도 병자들로 하여금 고통에서 놓이기를 원하셨다. 예수님은 우리를 돌보시고 고통에서 건져 주시려고 쉬지 않고 일하시는 하나님을 보여주셨다.

유대인들은 예수님이 안식일만 범할 뿐 아니라 하나님을 자기 아버지라고 불러 자신을 성부와 동등하게 삼았으므로 예수님을 더욱 죽이려고 하였다. 유대인들은 하나님을 '우리 아버지' 라고는 불렀지만 '나의 아버지' 는 너무 친밀하므로, 개인적인 칭호로 사용하지는 않았다.

예수님은 우리에게 기도를 가르쳐 주시기 위해 말씀하신 주기도문을 제외하면 한 번도 하나님을 '우리 아버지' 라고 부르지 않으셨고, 항상 '나의 아버지' 로 부르셨다.

부활 후 예수님은 막달라 마리아에게 말씀하셨다.

"나를 붙들지(매달리지) 말라 내가 아직 아버지께로 올라가지 아니하였노라 너는 내 형제들에게 가서 이르되 내가 내 아버지 곧 너희 아버지, 내 하나님 곧 너희 하나님께로 올라간다 하라"(요 20:17).

마리아는 예수님을 다시 잃어버리지 않으려고 예수님에게 매달렸지만 예수님은 그녀에게 자신이 하늘에 올라가기 전에 당분간 머물 것을 말씀하셨다. 예수님은 자신과 성부와의 독자적인 관계와 다른 사람들과 성부의 관계가 다름을 분명하게 밝히셨다.

예수님은 하나님의 아들로서 유대인들에게 말씀하셨다.

"아버지께서 죽은 자들을 일으켜 살리심 같이 아들도 자기가 원하는 자들을 살리느니라 아버지께서 아무도 심판하지 아니하시고 심판을 다 아들에게 맡기셨으니 이는 모든 사람으로 아버지를 공경하는 것 같이 아들을 공경하게 하려 하심이라 아들을 공경하지 아니하는 자는 그를 보내신 아버지도 공경하지 아니하느니라"(요 5:21-23).

하나님은 생명을 창조하시는 유일한 분이다. 그는 모든 사람의 최후의 심판자이다. 하나님은 마지막 때에 죽은 자들을 다시 살려 그들의 최후의 운명을 결정하실 것이다.

예수님은 자기가 생명을 주고 심판하는 자라고 주장하셨다. 하나님의 아들인 예수님은 하나님 아버지와 같은 목적과 사역을 가지고 일하며 완전 하나 되신 삼위일체 하나님이 되심을 말한다. 예수님은 성부와 같이 공경을 받는다고 말하여 같이 경배를 받는 분임도 말씀하셨다.

예수님이 갈릴리 바다 위를 걸으셨을 때 그의 제자들은 그를 경배하며 말했다.

"배에 있는 사람들이 예수께 절하며 이르되 진실로 하나님의 아들이로소이다 하더라"(마 14:33).

예수님은 그들의 경배를 받아들이셨다. 예수님의 부활한 육신을 점검한 후 도마도 예수님을 그의 주, 그의 하나님으로 고백했다.

예수님은 요한복음에서 자신의 신성을 증거하는 자들이 있다고 말했다. 예수님에 앞서서 사역한 세례 요한은 예수님이 성령과 불로 세례를 주는 하나님의 아들이라고 증언하였다. 그 당시 유다를 다스린 헤롯 안티파스 왕은 자기 동생인 빌립의 아내였던 헤로디아와 불륜한 결혼을 하여 세례 요한의 비난을 받았다. 헤롯은 세례 요한을 감옥에 가두었다. 세례 요한은 그의 제자들을 예수님께 보내어 그가 진짜 메시아인지 물었다.

요한은 메시아가 헤롯을 심판하고 하나님의 나라를 당장 세우기를 기대하였지만 그는 예수님이 메시아 왕국 설립을 지체하는 이유를 알 수 없었다. 예수님은 요한의 제자들에게 메시아 사역은 정치적 투쟁보다 그가 하던 말씀의 선포와 치료 등을 통한 섬김에 있다고 설명하셨다.

그리고 예수님은 세례 요한이 말라기서에 예언된 메신저(하나님의 사자)라고 말했다. 말라기 선지자는 예언하였다.

"만군의 여호와가 이르노라 보라 내가 내 사자를 보내리니 그가 내 앞에서 길을 준비할 것이요 또 너희가 구하는 바 주가 갑자기 그의 성전에 임하시리니 곧 너희가 사모하는 바 언약의 사자가 임하실 것이라"(말 3:1).

이사야는 언약의 사자가 메시아라고 오래 전에 말하였다.

"나 여호와가 의로 너(메시아)를 불렀은즉 내가 네 손을 잡아 너를 보호하며 너를 세워 백성의 언약과 이방의 빛이 되게 하리니"(사 42:6).

세례 요한이 말라기서에 예언된 메신저라면 그 메신저 후에 온 예수님은 메시아라는 주장에 동의해야 된다.

그러나 세례 요한조차도 메시아가 왕과 심판주로 다시 와서 메시아 왕국을 미래에 건설한다는 것을 이해하지 못했다.

다니엘은 메시아가 구름을 타고 온다고 예언하였다.

"내가 또 밤 환상 중에 보니 **인자 같은 이가 하늘 구름을 타고 와서 옛적부터 항상 계신 이에게 나아가 그 앞으로 인도되매 그에게 권세와 영광과 나라를 주고 모든 백성과 나라들과 다른 언어를 말하는 모든 자들이 그를 섬기게 하였으니 그의 권세는 소멸되지 아니하는 영원한 권세요 그의 나라는 멸망하지 아니할 것이니라**"(단 7:13-14).

다니엘 선지자는 메시아가 아기로 오지 않고 구름을 타고 하늘에서 직접 내려올 것을 예언하고 있다.

스가랴 선지자는 메시아가 감람 산에 재림해서 하나님의 나라를 세운다고 예언하였다.

"그날에 그의 발이 예루살렘 앞 곧 동쪽 감람 산에 서실 것이요 감람 산은 그 한 가운데가 동서로 갈라져 매우 큰 골짜기가 되어서……나의 하나님 여호와께서 임하실 것이요 모든 거룩한 자들이 주와 함께 하리라 그날에는 빛이 없겠고 광명한 것들이 떠날 것이라 여호와께서 아시는 한 날이 있으리니 낮도 아니요 밤도 아니라 어두워갈 때에 빛이 있으리로다 그 날에 생수가 예루살렘에서 솟아나서 절반은 동해로(사해), 절반은 서해로(지중해) 흐를 것이라 여름에도 겨울에도 그러하리라 여호와께서 천하의 왕이 되시리니"(슥 14:4-9a).

베들레헴에서 아기로 태어난 메시아가 장차 구름을 타고 다시 와서 심판주로, 왕으로 다스린다는 것은 예수님 이외에는 아무도 알지 못했다.

예수님은 자기가 행한 기적들도 자신이 하나님 아버지로부터 온 메시아인 것을 증거한다고 하셨다. 그는 세례 요한의 제자들에게 이사야 53장 5-6절에 예언된 메시아의 사역을 자신이 하고 있다고 말씀하셨다.

"맹인이 보며 못 걷는 사람이 걸으며 나병한자가 깨끗함을 받으며 못듣는 자가 들으며 죽은 자가 살아나며 가난한 자에게 복음이 전파된다 하라"(마 11:5).

예수님의 신성을 증거하려고 요한복음은 예수님이 한 35가지 기록된 기적 중 7가지만 기록하였다. 요한복음에 있는 기적들은 물을 포도주로 변화시킴, 왕의 신하의 아들을 고침, 38년 된 병자를 고침, 오천 명을 먹임, 물 위를 걸음, 소경의 눈을 뜨게 함, 나사로를 살림 등이다.

예수님이 말씀하신 또 다른 증인은 아버지 하나님과 성경 말씀이다. 성경은 세 번에 걸쳐 예수님이 자기 아들이고 그의 사역을 인정한다는 하나님 아버지의 목소리를 기록하였다. 이 사건은 세례 요한이 예수님에게 세례를 베푼 후에 일어났다. 그때 하늘에서 목소리가 들려왔다.

"하늘로부터 소리가 나기를 너는 내 사랑하는 아들이라 내가 너를 기뻐하노라 하시니라"(막 1:11).

이 사건은 예수님이 변화산에 올라갔을 때에도 일어났다. 예수님의 형상이 제자들 앞에서 변화되었고 모세와 엘리야가 나타나 예수님과 대화하였다. 이때 빛난 구름이 그들을 덮고 구름 속에서 소리가 났다.

"이는 내 사랑하는 아들이니 너희는 그의 말을 들으라"(막 9:7b).

구약성경의 모세와 엘리야는 메시아를 가리키는 예표적 인물들이었다. 그들은 예수님의 제자들과 함께 하나님의 아들인 예수님에게 순종하여야 하였다.

종려주일에 예루살렘에 승리의 입성을 한 후 예수님은 자신이 백성들을 구속하기 위해 죽으러 왔다고 하셨다. 예수님은 자신의 죽음으로 하나님 아버지께 영광 돌리기를 원하셨다. 그래서 아버지께 그의 이름을 영광스럽게 하라고 빌었다. 요한복음은 이 사건을 기록하였다.

"이에 하늘에서 소리가 나서 이르되 내가 이미 영광스럽게 하였고 또 다시 영광스럽게 하리라"(요 12:28).

성부는 성자의 지금까지의 사역이 이미 그의 이름을 영광스럽게 했음을 인정하고 또한 앞으로 성자의 십자가의 죽음이 그의 이름을 다시 영광스럽게 할 것을 말씀하셨다.

예수님은 유대인들에게 말했다.

"너희가 성경에서 영생을 얻은 줄 생각하고 성경을 연구하거니와 이 성경이 곧 내게 대하여 증언하는 것이니라 그러나 너희가 영생을 얻기 위하여 내게 오기를 원하지 아니하는도다"(요 5:39-40).

예수님은 부활하신 후 모든 성경이 그에 대해서 쓴 것임을 제자들에게 말씀해 주셨다(눅 24:27,44).

유감스럽게도 유대인들은 구약성경을 열심히 공부했지만 메시아에 대한 잘못된 선입관을 가지고 있었으므로 결국은 예수님을 메시아로 알아보지 못하였다.

그 반면에 예수님의 적들은 예수님을 메시아로 알아보았다. 예수님이 가버나움에서 사역을 시작하셨을 때 귀신들린 사람이 소리를 질렀다.

"나사렛 예수여 우리가 당신과 무슨 상관이 있나이까 우리를 멸하러 왔나이까 나는 당신이 누구인 줄 아노니 하나님의 거룩한 자니이다"(막 1:24).

누가도 귀신들이 예수님을 메시아로 알아 보았다고 말했다(눅 4:41). 예수님은 귀신들이 그의 신성을 증거하는 것을 원하지 않았으므로 귀신들을 엄하게 꾸짖고 조용하라고 명령하셨다.

예수님이 대제사장이었던 가야바에게 잡혀왔을 때 가야바는 예수님께 요구하였다.

"내가 너로 살아 계신 하나님께 맹세하게 하노니 네가 하나님의 아들 그리스도(메시아)인지 우리에게 말하라"(마 26:63).

예수님은 그렇다고 대답하셨다.

"**네가 말하였느니라 그러나 내가 너희에게 이르노니 이 후에 인자가 권능의 우편에 앉아 있는 것과 하늘 구름을 타고 오는 것을 너희가 보리라 하시니**"(마 26:64).

가야바는 그 즉시 심문을 중단시키고 예수님에게 사형을 선고하였다. 가야바는 예수님이 신성을 가진 메시아라고 주장하는 것을 알아 들었기 때문이다.

예수님이 장막절 축제를 위해 예루살렘에 가셨을 때, 유대인들이 그가 말한 진리를 거부했으므로 예수님은 유대인들을 '마귀의 자식들'이라고 비난하셨다. 유대인들도 예수님을 사마리아인이고 귀신들렸다고 공격하였다. 예수님은 그들이 자기의 말을 믿어야 죄의 능력과 죄의 결과인 사망에서 자유함을 얻을 수 있다고 말했다. 유대인들은 아브라함과 선지자들도 다 죽었는데 너는 아브라함보다 더 위대하냐고 물었다. 예수님의 대답은 유대인들을 경악하게 만들었다.

"너희 조상 아브라함은 나의 때 볼 것을 즐거워하다가 보고 기뻐하였느니라"(요 8:56).

하나님은 아브라함에게 네 씨(메시아)로 말미암아 천하만민이 복을 받게 된다고 약속을 하셨다(창 22:18). 이 약속에 근거해 아브라함은 믿음의 눈으로 메시아가 올 것을 바라보며 기뻐했을 것이다. 유대인들은 예수의 나이가 50이 안 되었으므로 그가 미쳤다고 말했다. 아브라함은 2000년 전 사람이었으므로 예수를 보았다는 것은 말도 되지 않는 일이라고 그들은 생각하였다. 예수님은 또 충격적인 대답을 하셨다.

"진실로 진실로 너희에게 이르노니 아브라함이 나기 전부터 내가 있느니라"(요 8:58).

예수님은 아브라함이 태어나기 이전부터 자기는 존재했다고 말씀했다. 다시 말하면 자신은 항상 있는 영존자 (I AM)이신 여호와라고 말했다. 유대인들은 예수님이 스스로 하나님이라고 주장하므로 그를 신성 모독죄로 몰아 돌로 쳐서 죽이려고 하였다.

하나님이 모세를 시내 산에서 부르셨을 때 그는 자신의 이름을 선포하여 자신의 속성을 계시하셨다. 하나님의 이름인 여호와는 "스스로 있는 자"로 해석해야 한다(출 3:14). 스스로 있는 자는 영어로 "I AM WHO I AM"이다. I AM을 반복한 것은 그 말을 강조하기 위한 것으로 이해되고, I AM의 의미는 예수님이 요한복음 8장 58절에서 사용하신 것같이 '영존자'로 일반적으로 이해된다.

창조자 되시는 하나님은 시간과 공간의 제한을 받지 않으신다. 그러나 하나님이 시공간의 법칙에 소속되지 않는다는 말의 뜻을 제대로 이해하기 어렵다. 그 뜻은 하나님이 시공간의 세계에 들어와 존재할 수 없다는 뜻이 아니다. 그 참 의미는 하나님은 시공간에 관계된 물리학적 법칙에 제한을 받지 않는다는 말이다.

피조물들은 시간 세계에서는 한순간에만 존재하고 공간 세계에서는 한 점에만 존재한다. 우리는 작년과 내년에 동시에 있을 수 없고 서울과 뉴욕에도 동시에 존재할 수 없다. 그러나 **하나님은 우주 그 어디에도 어느 때에도 항상 계신다**(하나님의 편재성). 예수님은 선언하셨다.

"**나는 알파와 오메가요 처음과 마지막이요 시작과 마침이라**"(계 22:13).

예수님은 편재하시는 하나님이시다. 하나님은 또한 시공간의 창시자이므로 시간과 공간의 차원을 넘어서 존재하신다. 하나님은 시간이 시작되기 전에도 계신 영존자이시다.

어떤 기독교 과학자들은 하나님이 시공간(4차원)을 넘은 더 높은 차원에 있다고 추측하기도 한다. 그러나 이 모든 고차원도 하나님이 만드신 것이므로 하나님은 차원 세계의 법칙에 제한을 받지 않으시는 분이다. 인간은 현재라는 순간에만 존재하는 제한된 피조물이다. 우리는 한 시간 이전에도 한 시간 이후에도 동시에 존재할 수 없는 유한자이다.

"I AM"이란 말은 하나님의 주권적인 자존하심(아무 피조물에도 의존하지 않음)을 뜻한다고 주장하는 학자들도 있다. "I AM WHO I AM"이라는 말은 하나님 자신 외에는 아무것도 하나님을 수식하거나 설명할 수 없다는 뜻으로 해석될 수 있다. 피조물의 그 어느 것도 무한하신 하나님을 설명할 수 없다는 말이다.

하나님만이 "I AM"이란 말을 더 설명하실 수 있다. **예수님은 "I AM"(나는 무엇이다)이라는 표현을 사용하여 하나님의 일곱 가지 속성을 가르쳐주셨다.**

오천 명이 넘는 군중을 오병이어로 먹이신 후 예수님은 첫 번째 I AM을 선포하셨다.

"나는 생명의 떡이니 내게 오는 자는 결코 주리지 아니할 터이요 나를 믿는 자는 영원히 목마르지 아니하리라"(요 6:35).

이스라엘이 모세의 인도로 광야에서 유랑할 때에 먹은 만나는 이 생명의 떡을 가리키는 예표였다. 이스라엘의 조상들은 만나를 먹었지만 배가 고팠다. 그러나 예수님, 즉 생명의 떡은 우리의 영혼의 고갈을 충족시켜 준다. 예수님은 물을 길러 온 사마리아 여인에게 약속하셨다.

"내가 주는 물을 먹는 자는 영원히 목마르지 아니하리니 내가 주는 물은 그 속에서 영생하도록 솟아나는 샘물이 되리라"(요 4:14).

예수님은 생명의 떡에 대해서 계속해서 설명하셨다.

"나는 하늘로서 내려온 살아 있는 떡이니 사람이 이 떡을 먹으면 영생하리라 내가 줄 떡은 곧 세상의 생명을 위한 내 살이니라"(요 6:51).

예수님이 십자가에서 바치신 몸을 나를 위해서 드린 제물로 믿으면 영생을 얻는다는 말이다. 이 생명은 영원한 생명이므로 예수님과의 믿음의 관계는 영원히 지속된다. 예수님은 산 만나로서 새 생명의 근원이시고 또 새 생명을 유지하게 하신다.

유대인들은 육신의 생명과 영의 생명을 혼동했으므로 예수님의 말에 의아해하였다. 예수님은 이들에게 다시 설명하셨다.

"살리는 것은 영이니 육은 무익하니라 내가 너희에게 이른 말이 영이요 생명이라"(요 6:63).

성령은 하나님의 말씀에 따라 생명 창조의 역사를 일으킨다. 성령은 예수님의 말씀을 따라 믿는 자의 영혼에 새 생명을 창조하신다.

장막절 축제의 중심 행사는 성전 안에 큰 등불을 켜는 것이었다. 이 행사는 하나님이 이스라엘의 조상들을 광야에서 낮에는 구름기둥으로, 밤에는 불기둥으로 인도하신 것을 기념하기 위한 것이다. 이때 예수님은 두 번째 I AM을 선포하셨다.

"나는 세상의 빛이니 나를 따르는 자는 어둠에 다니지 아니하고

생명의 빛을 얻으리라"(요 8:12).

사탄이 지배하는 지금의 세상은 어두움에 속해 있다. 그 반면에 빛이신 예수님은 우리의 어두운 마음에 진리의 빛을 비추시어 우리의 죄를 드러내시고 하나님에 대한 참된 지식을 계시하신다.

이사야는 메시아가 갈릴리 지역에 와서 사람들에게 큰 빛을 비출 것이라고 예언하였다(사 9:1-2). 그는 또 말했다.

"네가 나의 종이 되어 야곱의 지파들을 일으키며 이스라엘 중에 보전된 자를 돌아오게 할 것은 매우 쉬운 일이라 **내가 또 너를 이방의 빛으로 삼아 나의 구원을 베풀어서 땅 끝까지 이르게 하리라**"(사 49:6).

부활하신 후 예수님은 이 예언을 성취하시기 위해 그의 제자들을 모든 민족에게 보내시어 복음의 빛을 전파하게 하셨다. 복음의 빛을 받아들인 자는 예수님이 생명의 떡 되심을 증거하는 또 하나의 빛이 된다.

요한복음 9장에는 예수님이 태어나면서 맹인 된 자를 치료하시는 사건이 나온다. 바리새인들은 예수님이 안식일에 그를 고쳤다고 예수님을 공격하였다. 고침받은 사람은 예수님이 선지자라고 주장하였고 나중에는 메시아로 신앙고백을 하였다. 바리새인들은 그 사람이 예수님을 변호했으므로 그를 출교시켰다. 이때 예수님은 세 번째와 네 번째 I AM을 선포하였다.

"내가 진실로 진실로 너희에게 말하노니 나는 양의 문이라 나보다 먼저 온 자는 다 절도요 강도니 양들이 듣지 아니하였느니라 **내가 문이니 누구든지 나로 말미암아 들어가면 구원을 받고 또는 들어가며 나오며 꼴을 얻으리라** 도둑이 오는 것은 도둑질하고 죽이고 멸망시키려는 것뿐이요 내가 온 것은 양으로 생명을 얻게 하고 더 풍성히 얻게 하려는 것이라 나는 **선한 목자라 선한 목자는 양들을 위하여 목숨을 버리거니와**"(요 10:7-11).

예수님은 바리새인들은 도둑과 강도 같은 거짓 목자들이라고 그들을 공격하셨다. 그들은 장님이 어떻게 나음을 얻었는가에는 관심이 없었다. 그들은 단지 안식일법을 집행하여 그 사회를 다스리는 자신들의 입지를 굳히는 것에만 집중하였다. 그 반면에 예수님은 양을 섬겨 양들로 하여금 풍성한 삶을 살게 하려고 오셨다. 양들이 문을 통해 양우리에 들어가고 나가듯이 신도들은 예수님을 통해 하나님 아버지께 나아갈 수 있다. 또한 목자의 인도와 보호 아래 양들은 목초지로 가고 쉼터로 돌아온다. 양들의 복지와 행복은 양의 문과 목자를 따라가야 보장을 받는다.

다윗은 시편 23편에서 하나님이 그의 목자임을 고백하였다.

"여호와는 나의 목자시니 내게 부족함이 없으리로다"(시 23:1).

다윗은 하나님의 자기 자신에 대한 돌보심과 관심에 대한 확신을 고백하고 있다. 그는 어려운 상황에서 오는 모든 염려에서 참 자유함을 노래하고 있다. 예수님은 새와 백합화를 돌보시는 하나님이 새와 백합화보다 훨씬 더 귀한 우리를 분명히 돌보신다고 말했다.

예수님은 마르다와 마리아와 나사로의 가까운 친구였다. 나사로가 병들었다는 소식을 들으셨지만 예수님은 나사로가 죽은 후에야 그들을 방문하셨다. 예수님의 계획은 나사로가 죽은 후에 그를 다시 살려 사람들로 하여금 죽음에 승리한 예수님의 신적 권위를 믿게 하려는 것이었다.

예수님이 나사로의 집에 도착했을 때 마르다는 예수님이 너무

늦게 오셨다고 불평하였다. 그때 예수님은 다섯 번째 I AM을 선포하였다.

"나는 부활이요 생명이니 나를 믿는 자는 죽어도 살겠고 무릇 살아서 나를 믿는 자는 영원히 죽지 아니하리니 이것을 네가 믿느냐" (요 11:25-26).

그는 자신이 생명의 근원이고 또한 생명을 회복시키는 자라고 말씀하셨다. "죽어도 살겠고"는 육신이 죽어도 다시 부활한다는 말이다. 예수님의 부활을 믿는 자는 예수님의 재림 때에 예수님이 부활하신 것처럼 새로운 몸으로 부활하게 된다. "영원히 죽지 아니하리니"는 영적 생명, 즉 영생에 대한 설명이다. 영적 생명은 육신이 죽어도 계속 지속한다. 성도의 육신이 죽으면 그의 영은 주님 앞에 가서 영원히 주님과 교제하게 된다. 예수님은 나사로를 무덤에서 불러내시어 그가 사망을 이긴 부활의 하나님이심을 보여주셨다. 그는 그의 부활을 통하여 사탄과 사망의 권세에 승리하셨다.

사도 바울도 예수님의 부활에 대해 같은 말을 하였다.

"성결의 영으로는 죽은 자들 가운데서 부활하사 능력으로 하나님의 아들로 선포되셨으니 곧 우리 주 예수 그리스도시니라"(롬 1:4).

예수님은 고별강화(요한복음 13-16장까지)에서 그의 제자들에게 그가 올 수 없는 곳으로 가신다고 말했다. 제자들은 이 발표를 듣고 크게 동요되었다. 예수님은 제자들을 위로해 주시고 격려해 주시기 위해 여러 가지 약속들을 그들과 하셨다. 예수님은 제자들이 거할 처소를 예비하면 다시 오시겠다고 약속하셨다. 그는 또 자기 대신 다른 보혜사인 성령을 보내시어 그들과 영원히 함께 있게 하시겠다고 말씀하셨다.

도마는 예수님이 어디로 가는지 궁금해졌다. 도마의 질문에 예수님은 여섯 번째 I AM을 선포하였다.

"내가 곧 길이요 진리요 생명이니 나로 말미암지 않고는 아버지께로 올 자가 없느니라"(요 14:6).

다른 종교의 창시자들은 길을 찾았다. 진리를 깨달았다고 주장했지만 예수님은 자기 자신이 길이고 진리이고 생명 자체라고 주장하셨다. 그러므로 성경은 진리를 깨닫는 것보다 먼저 예수님을 나의 생명으로 영접하라고 요구한다. 예수님이 생명이시기 때문에 예수님을 영접하면 그 사람 안에 새 생명이 태어나게 된다(요일 5:11-12). 이때 그의 영안이 열려 예수님 안에 있는 진리를 깨닫게 된다(고전 2:14). 성경이 말하는 하나님은 인격적인 분이시므로 하나님은 우리와 새로운 생명 안에 있는 인격적인 관계를 가지기를 원하신다. 예수님은 우리를 하나님 아버지께로 연결하는 길이다.

다시 말하지만 예수님은 진리를 깨달은 분이 아니고 진리 자체이시다. 그는 인간의 삶의 이유와 목적과 문제에 모든 해답이 되신다. 그는 죄 문제를 십자가에서 해결하심으로 인간을 죄에서 해방시키셨다. 그는 죽음에서 부활하심으로 사망에서도 인간을 해방시키셨다. 그는 자신의 완전한 의를 모든 믿는 자에게 선물로 나누어 주심으로 우리와 하나님의 관계를 회복시키셨다.

그는 우리가 하나님을 사랑하고 이웃을 사랑하면 하나님의 성품을 삶에서 체험하게 되고 삶의 목적을 성취한다고 가르쳐 주셨다. 그는 우리의 연약한 육신을 입고 종으로 살아 우리의 연약함을 친히 체휼하셨기 때문에 우리를 위해서 하나님께 중보자의 역할도 충분히 해내실 수가 있다. 우리는 우리에게 항상 필요한 긍휼과 은혜를 받기 위해 그의 은혜의 보좌 앞에 그를 의지하고 담대히 나아갈 수 있다(히 4:16).

구약성경은 종종 이스라엘의 국가적 사명을 설명하기 위해 포도나무를 인용하였다. 농사꾼으로 비유된 하나님 아버지는 포도나무들이 좋은 열매를 맺도록 포도원을 위해 많이 노력했지만 포도원은 나쁜 열매만 맺었다(사 5:1-7). 하나님은 공평과 의의 열매를 바랐지만 이스라엘은 포악과 고통의 부르짖음의 열매만 맺었다.

예수님은 거짓 선지자들을 열매로 분별하라고 하셨다.

"그들의 열매로 그들을 알지니 가시나무에서 포도를, 또는 엉겅퀴에서 무화과를 따겠느냐 이와 같이 좋은 나무마다 아름다운 열매를 맺고 못된 나무가 나쁜 열매를 맺나니"(마 7:16-17).

아담이 처음 범죄한 후 모든 인류는 온갖 나쁜 열매를 맺어 왔다. 하나님은 아브라함을 불러내시어 그의 후손들에게 율법을 주시고 신정국가를 세우셨다. 그러나 이스라엘은 결국 제사장 나라도, 거룩한 나라도 되지 못했다.

마침내 하나님은 새로운 열매 맺는 나무를 보내셨다. 예수님은 일곱 번째 I AM을 선언하셨다.

"나는 포도나무요 너희는 가지라 그가 내 안에, 내가 그 안에 거하면 사람이 열매를 많이 맺나니 나를 떠나서는 너희가 아무것도 할 수 없음이라"(요 15:5).

그는 자신이 진짜 포도나무이고 그에게 접붙인 가지는 좋은 열매를 맺는다고 약속하신다. 그리스도를 닮은 삶을 살기 위해서는 그와 살아 있는 인격적인 관계를 가져야 한다. 그리스도에게서 지속적인 생명력을 받기 위해 하나님의 말씀과 기도를 통해 그리스도와 늘 대화해야 한다.

사도 바울은 그리스도를 닮은 삶을 다음과 같이 묘사하였다.

"오직 성령의 열매는 사랑과 희락과 화평과 오래 참음과 자비와 양선과 충성과 온유와 절제니"(갈 5:22-23a).

그리스도 안에서 삶을 이웃과 나누면서 살면 그의 사랑을 매일 체험하게 된다. 그의 사랑은 시련과 고난을 극복하게 하는 내적 기쁨과 평안을 체험하게 한다. 그의 사랑은 또한 우리를 변화시켜 우리가 더 인내하고 친절하며 선하게 되도록 하여 우리와 이웃의 관계를 돈독하게 한다. 그의 사랑은 우리의 성품이 더욱 신실하고 온유하며 절제하도록 변화시켜 좋은 열매를 풍성히 맺게 해준다.

제11장

예수님 신성의 궁극적 증거인 부활

기독교 흥망의 관건은 예수님의 부활사건의 사실성에 있다고 사도 바울은 말했다. 하나님이 예수님의 세상 죄를 위한 속죄 제사를 받으셨는가는 예수님이 정말로 부활하셨는가에 달려 있다.

"성결의 영(성령의 역사)으로는 죽은 자들 가운데서 부활하사 능력으로 하나님의 아들로 선포되셨으니 곧 우리 주 예수 그리스도시니라"(롬 1:4).

하나님은 예수님을 부활시키심으로 예수님이 하나님의 아들 되심과 죄 없이 우리의 죄를 위한 대속의 제물이 되신 것을 세상에 증거하셨다. 예수님의 부활은 우리의 죄 사함과 우리도 그의 재림 때 부활에 동참하게 되는 보증이 된다.

하나님은 아담을 창조하신 후 그에게 하나님의 창조세계를 다스리라고(운영하라고) 권세를 주셨다. 그러나 아담은 하나님의 말씀에 불순종하고 하나님께서 주신 권세를 사탄에게 넘겨 주었다.

사탄은 광야에서 또다시 예수님을 유혹하였다.

"마귀가 또 예수를 이끌고 올라가서 순식간에 천하 만국을 보이며 이르되 이 모든 권위와 그 영광을 내가 네게 주리라 이것은 내게 넘겨준 것이므로 내가 원하는 자에게 주노라 그러므로 네가 만일 내게 절하면 다 네 것이 되리라"(눅 4:5-7).

사탄이 주장했듯이 그는 지금 세상의 통치자이고 세상은 하나님을 대적하고 있다.

그러나 사탄은 예수님의 죽음과 부활로 확실하게 패배하였다. 예수님의 순종은 죽음의 위협을 이기고 하나님의 뜻을 온전히 지킨 우주적인 사건이었다. 부활은 인류를 죄와 사망의 권세에서 해방시킨 승리와 영광의 사건이다. 하나님은 부활을 통해 예수님이 하나님의 아들인 것과 세상의 통치자임을 선언하셨다. 인류의 대표인 두 번째 아담인 예수님은 세상을 다스리는 권세를 다시 물려받았다. 예수님은 그의 권세를 그를 따르는 교회에서부터 사용하신다. 예수님과 사탄의 왕권 다툼은 교회 내와 성도의 마음에서 가장 치열하게 벌어지고 있다. 예수님이 왕 중 왕으로 재림하실 때에 그의 추종자들도 그와 함께 하나님 나라에서 왕 노릇 하게 될 것이다.

예수님의 부활을 예표하는 것으로 초실절(첫 과실 기념일)에 바치는 첫 열매가 있다. 이 축제는 무교절 절기 중 안식일 다음날 즉 일요일에 지켜졌다(레 23:11). 3월 하순에 보리가 처음 수확되었을 때 제사장은 하나님 앞에서 첫 이삭 한 단을 흔들게 되어 있다. 추수자들은 이 제사를 드리기 전에는 새 빵이나 새 곡물을 먹지 못하게 되어 있었다.

사도 바울은 부활하신 그리스도께서 죽은 모든 성도의 첫 열매라고 말했다(고전 15:20). 그리스도가 첫 열매가 되었으므로 죽은 성도들의 부활은 자동적으로 그리스도의 부활을 따라 이루어진다. 예수님은 성도의 미래의 부활을 가리키는 푯대가 되었다. 이 축제가 안식일 후 다음날에 열렸듯이 예수님도 토요일인 안식일 다음날 일요일에 부활하셨다. 보리는 값싼 주식으로 예수님의 성육신과 고난을 상징한다고 여겨진다.

어떤 사람들은 구약성경에는 부활의 개념이 없다고 주장한다. 그러나 구약성경 여러 곳에서 부활의 소망을 말하고 있다. 하나님께서 아론과 그 후손을 선택하여 제사장을 삼은 것을 보여주시려고 아론의 지팡이에서 움이 돋고 순이 나고 꽃이 피어서 살구 열매가 열리게 하셨다(민 17:8). 아론의 지팡이는 하나님의 능력으로 죽은 사람도 부활할 것을 보여주었다. 나병환자의 병이 나으면 제사장은 새 한 마리를 죽여 그 피를 병이 나은 환자에게 일곱 번 뿌려 정결함을 선포하고 동시에 살아 있는 새를 한 마리 취하여 날려 보내야 한다(레 14:5-7). 나병은 영적으로 죄악을 상징하고 죽은 새와 피는 대속의 죽음과 속죄를 상징하며 살아 있는 새는 새로운 영적 생명, 즉 부활을 상징하고 있음을 알 수 있다. 이 외에도 예수님은 요나가 물고기 뱃속에서 사흘을 있다가 육지에 나온 것을 자신의 죽음과 부활의 예표적 사건이라고 하셨다.

다니엘은 다니엘서에서 죽은 자의 부활에 대해서 직접적으로 말했다.

"땅의 티끌 가운데에서 자는(죽은) 자 중에서 많은 사람이 깨어(부활하여)나 영생을 받는 자도 있겠고 수치를 당하여서 영원히 부끄러움을 당할 자도 있을 것이며 지혜 있는 자는 궁창의 빛과 같이 빛날 것이요 많은 사람을 옳은 데로 돌아오게 한 자는 별과 같이 영원토록 빛나리라"(단 12:2-3).

이사야는 마지막 때에 대해서 예언하면서 하나님은 사망을 영원히 멸하시고 모든 사람의 얼굴에서 눈물을 씻기신다고 말했다(사 25:7-8). 이사야는 사망의 세력이 생명의 세력, 즉 부활의 힘으로 극복되어 죽은 자들이 부활한 것을 말했다. 신약성경은 예수님의 부활을 말하면서 종종 다윗이 쓴 시편을 인용하였다.

"이는 주께서 내 영혼을 스올에 버리지 아니하시며 주의 거룩한 자를 멸망시키지 않으실 것임이니이다 주께서 생명의 길을 내게 보이시리니 주의 앞에는 충만한 기쁨이 있고 주의 오른쪽에는 영원한 즐거움이 있나이다"(시 16:10-11).

신약성경은 '거룩한 자'가 메시아 곧 예수님이라고 말한다.

예수님의 부활의 증거에 대해서는 많은 책이 썼으므로 이 책에서는 그 당시의 상황으로 추정할 수 있는 부활의 간접적인 증거들을 간단하게 제시하겠다. 예수님은 그의 공적 사역을 시작하실 때부터 그의 죽음과 부활을 예언해 오셨다. 예수님 당시 성전에서 제사용 동물을 팔고 유대인의 돈 세겔로 이방인들의 돈을 환전해 주던 상인들은 폭리를 취하고 있었다. 예수님은 이들을 쫓아내시고 이들이 장사하던 이방인의 뜰은 이방인을 위해 기도하는 곳으로 사용해야 한다고 주장하셨다. 유대인 관리들은 분노하여 예수님이 그들의 사업을 방해하며 하나님을 자신의 아버지로 부를 자격이 있는가라고 물었다.

예수님은 그들에게 이 성전을 헐면 자기가 사흘 동안에 다시 일으키는 표적을 보여주겠다고 하셨다. 요한은 예수님이 말한 성전(예표)은 자신의 육체를 가리켜 말한 것이라고 설명하고 있다. 예수님은 유대 관리들이 자신을 죽일 것이지만 자기는 3일 안에 다시 살아날 것을 예언하셨다. 예수님은 니고데모와의 대화에서도 모세가 광야에서 뱀에 물린 자들을 살리기 위해 놋뱀(예표)을 장대에 매단 것처럼 자신도 나무에 매달려야 한다고 말씀하셨다(요 3:14). 베드로가 예수님이 메시아이고 살아 계신 하나님의 아들이라고 말하여 예수님의 신성을 고백했을 때 예수님은 자신의 죽음과 부활이 가까이 왔음을 알려주셨다.

예수님의 죽음과 부활 후 그는 그의 추종자들에게 열한 번 나타나셨다. 그는 그의 추종자들에게 구약성경을 들어 메시아의 죽음과 부활에 대한 의미를 설명하셨다. 그는 의심 많은 도마에게 그의 손에 있는 못자국과 옆구리에 있는 창자국을 확인하라고 하셨다. 예수님의 부활한 육신을 확인한 도마는 예수님이 자신의 주님이고 하나님이라고 고백하였다(요 20:28). 예수님은 도마의 신앙이 더 자라도록 권면하셨다.

"너는 나를 본 고로 믿느냐 보지 못하고 믿는 자들은 복되도다" (요 20:29).

예수님은 위대한 도덕 교사나 성자가 될 수는 없다. 그는 자신이 진리이고 생명이고 하나님께로 가는 유일한 길이라고 주장하셨다. 그는 또 자신이 구약성경의 예언과 예표를 성취한 메시아라고 주장하셨다. 루이스(C. S. Lewis)가 말했듯이 **그는 거짓말쟁이거나 미친 사람이거나 하나님이다.**[1] 그는 그 자신이 죽었다가 다시 살았다고 말씀하셨으므로 그의 모든 주장이 사실인가는 사람이 할 수 없는 부활이 정말 일어났는가에 달려 있다.

예수님의 부활의 증거들을 살펴보기 전에 먼저 그가 정말 죽었는가를 확인해야 한다. 기절 이론을 말하는 자들은 예수님이 십자가에서 정말 죽은 것이 아니고 단지 기절했을 뿐이라고 주장한다. 이 이론에 의하면 기절했던 예수님이 시원하고 편안한 돌무덤에 누워 있다가 다시 소생했다고 한다. 그는 무덤에서 걸어 나가 자신을 제자들에게 보여 주었고 무지한 그의 제자들은 그가 소생한 것이 아니고 죽은 자들 중에서 부활했다고 주장하였다는 것이다.

실제로 예수님은 엄청난 고문과 괴로움을 당하셨으므로 십자가에 처형된 대부분의 희생자들보다 더 빨리 죽으셨다. 몸을 찢기 위해 뼈나 쇠붙이를 매단 채찍으로 그는 수십 번 이상 매를 맞으셨다. 이런 조각들은 피부만 찢는 것이 아니고 뼈도 부러뜨렸다. 유대인들은 채찍질을 사십 번으로 한정해 놓았지만 로마 군인들은 채찍질 수를 제한하지 않았다. 로마 군인들은 예수님의 머리에 가시로 만든 관을 씌우고 그를 왕이라고 하며 비웃었다. 이 가시들은 성인 남자의 손가락 길이만큼 길다고 한다.

예수님은 심한 고문으로 너무나 탈진되셨기 때문에 십자가를 메고 처형의 장소로 갈 수도 없었다. 그는 십자가를 메고 가면서 여러 번 쓰러지셨다. 로마 군인들은 구레네 사람 시몬을 잡아 강제로 십자가를 지고 가게 하였다. 예수님은 이외에도 세상의 모든 죄를 대신 담당하며 자신의 추종자들과 하나님 아버지로부터 버림을 받는 엄청난 마음의 고통을 참아내셔야 했다.

예수님이 죽었다는 소식을 들은 빌라도 총독은 로마 군인 중 백부장을 보내어 예수의 죽음을 확인하였다. 한 군인이 예수님의 옆구리를 창으로 찔렀고 피와 물이 흘러나왔다. 어떤 의학자들은 예수님이 심장이 터져 죽었으며 심장의 피가 심장 주위의 공간에 고여서 물과 피로 분리되었다고 설명하였다. 다른 학자들은 창이 예수님의 여러 내장들을 한 번에 찔러 물과 피가 흘러나왔다고 주장한다. 어느 이론이 맞는지는 모르겠지만 로마 군인이 예수님의 죽음을 확인한 것은 틀림없다. 로마인 백부장은 예수님의 죽음을 빌라도에게 보고했다.

아리마대 사람 요셉과 니고데모와 다른 예수의 추종자들도 예수님의 죽음을 증거하였다. 아리마대 요셉은 예수님의 시체를 자신의 무덤에 안치하고 유대인의 관습에 따라 큰 돌을 굴려와 무덤 입구를 막았다. 예수님이 죽지 않고 심한 부상만 입어서 자기 혼자 1톤에서 2톤이 되는 돌을 밀어내고 그 무덤을 지키던 로마 군인들을 피해서 도망 나왔다는 이야기는 매우 믿기 어렵다. 예수님이 심각하게 부상을 입은 상태로 부활하신 날 14마일이나 되는 예루살렘에서 엠마오까지의 거리를 다녀왔다는 이야기도 상상하기 힘들다(눅 24:13-36).

예수님이 이 모든 불가능한 상황을 이기고 기절했다가 회복했다고 가정하더라도 그가 왜 40일 후에 갑자기 사라졌는가를 설명하기도 매우 힘들다. 그가 정말 회복했다면 자신이 시작한 그 연약한 운동을 계속 밀고 나갔어야 신뢰하기 힘든 그의 제자들도 그를 따랐을 것이다. 그러나 그가 갑자기 사라졌다면 그의 제자들이 부활의 메시지를 외치며 그들의 일생을 바쳤을까? 기절 이론을 믿는 것은 예수님의 부활을 믿는 것보다 더 많은 상상력을 필요로 한다.

예수님을 안치했던 무덤이 부활절 이후로 비어져 있었다는 것도 부인하기 힘들다. 오순절날 이후로 베드로와 다른 사도들의 메시지는 예수님이 죽음에서 부활했다는 것이었다. 만약에 예수님의 시체가 아리마대 요셉의 무덤에 그대로 있었다면 예수님의 적들은 쉽게 예수님의 시체를 들고 나와 사도들의 부활 메시지를 반박할 수 있었을 것이다. 마태복음은 대제사장들과 장로들이 무덤을 지키던 군병들에게 돈을 주어 그들이 자고 있을 때 제자들이 시체를 훔쳐갔다고 사람들에게 말하도록 지시했다고 한다. 유대인 지도자들은 만일 이 소문이 총독에게 알려지면 군인들이 어려움을 겪지 않게 해 주겠다고 약속했다. 대제사장들과 장로들이 거짓 소문을 퍼뜨렸다는 것도 시체가 없어졌음을 증거하고 있다.

그러나 예수님의 제자들이 시체를 훔쳤다는 말은 정말 믿기 힘들다. 예수님이 죽은 후 대제사장들과 바리새인들은 빌라도에게 가서 예수님의 제자들이 예수의 시체를 훔쳐가지 못하게 무덤을 보호해 달라고 요청했다고 마태는 기록하였다. 빌라도는 로마 군인들을 파송하였고 그들은 돌에 로마 인(seal)을 봉하고 무덤을 지켰다. 로마 군인들은 네 명에서 열여섯 명이 한 조가 되어 무덤 앞을 지켰다. 일반적으로 네 명이 지키고 열두 명은 반원을 그리며 그 앞에서 잤다. 네 시간마다 잠자던 네 명이 파수 섰던 네 명과 교대했다.[2]

로마 군인들은 인류 역사상 가장 잘 훈련된 군대에 속해 있었고 임무 중에 자는 것은 사형에 처해졌으므로 군인들이 자는 동안에 겁먹은 제자들이 예수의 시체를 훔쳐 갔다는 이야기는 상상하기 힘들다. 더구나 그 무덤은 로마 정부의 공식 인장으로 봉해져 있었다. 이 말은 로마 정부의 권위로 예수의 시체를 훔쳐가지 못하게 했다는 것이다.

예수님이 체포되셨을 때 그의 제자들은 모두 그를 버리고 도주하였다. 그의 제자들 중 가장 용감했던 베드로도 자신이 예수님의 추종자였던 것을 감추기 위해 예수님을 모른다고 세 번이나 부인하였다. 막달라 마리아는 부활하신 예수님을 만난 후 슬퍼하며 울고 있던 제자들에게 예수님이 부활하신 것을 알렸지만 그들은 믿지 않았다. 그 후에 예수님은 제자들에게 나타나 그들의 믿음 없음과 부활을 보았다는 증인들의 말을 듣기를 거부한 잘못을 꾸짖으셨다(막 16:14).

예수님이 제자들이 모인 곳에 나타나셨을 때 도마는 그들 중에 없었다. 다른 제자들은 다같이 부활하신 예수를 보았다고 말했지만 도마는 자기 주장을 굽히지 않았다.

"내가 그의 손의 못 자국을 보며 내 손가락을 그 못 자국에 넣으며 내 손을 그 옆구리에 넣어 보지 않고는 믿지 아니하겠노라"(요 20:25).

도마는 다른 제자들이 산 사람을 본 것이 아니고 귀신을 보았다고 확신하였다. 일주일 후에 예수님은 도마에게 나타나셔서 그의 못박힌 손과 창에 찔린 옆구리를 보여주셨다. 예수님의 상처를 직접 만진 후 도마는 그의 신앙고백을 하였다. 예수님의 부활에 대한 기사들은 모두 그의 제자들이 예수님의 부활을 믿지 않으려 했던 사실을 기록하고 있다. 이렇게 연약한 제자들이 예수의 시체를 훔쳐가고 그 후 사기를의 생명을 희생하면서 부활의 메시지를 전했다는 것은 믿을 수 없다.

예수님의 부활의 첫 증인은 막달라 마리아였다. 2,000년 전 유대인 사회에서 여인의 증언은 법정에서 인정되지 않았다. 만약에 예수님의 추종자가 부활 사실을 조작하였다면 일곱 귀신들이 들었다가 고침을 받은 여인을 첫 증인으로 내세우지는 않았을 것이다. 베드로나 교회의 지도자 중 한 사람이 한때 귀신 들렸던 여인보다 부활의 첫 증인으로 훨씬 더 믿음직하게 보였을 것이다.

사도 바울은 예수님의 동생이었던 야고보도 부활하신 예수님을 보았다고 기록하였다. 예수님의 가족들은 예수님이 메시아라고 주장한 것을 믿지 않은 것 같다. 사람들이 예수님을 미쳤다고 함으로 그의 가족들은 가버나움에 와서 예수님을 강제로 집으로 데려가려고도 하였다.

장막절이 되었을 때 예수님의 동생들은 예수님에게 예루살렘으로 올라가서 자신이 사람들이 기다리던 메시아임을 기적을 통해 보여주라고 권하였다. 예수님은 자신이 메시아로 나타나는 시점은 하나님이 정해 놓으셨다고 대답하셨다. 그는 그의 동생들의 의견을 따르지 않으셨다. 반 년이 지난 후 예수님은 메시아가 나타나는 때에 예언에 맞추어 어린 나귀를 타고 예루살렘에 입성하셨다. 그러나 예수님은 기적을 행하려고 예루살렘에 가신 것은 아니었다. 그는 자신의 몸을 우리의 속죄 제물로 바치려고 가셨다.

야고보는 부활하신 예수님을 보고 비로소 완전히 변화되었다. 그는 예루살렘에서 초대교회의 지도자가 되었다. 야고보가 쓴 서신에서 그는 자신을 '하나님과 주 예수 메시아의 종'이라고 소개하고 있다. 예수님을 하나님과 동격으로 놓음으로써 야고보는 예수님의 신성을 인정하고 있다. 예수님의 또다른 배다른 형제인 유다도 유다서에서 자신을 예수 그리스도(메시아)의 종으로 소개하고 있다. 그들은 자신들이 예수님의 형제라고 말할 수 있었지만 그런 인간적인 표현을 피하고 자신들은 주님이신 예수님의 종이라고 말했다. 그 당시 구약성경은 헬라어로 번역된 70인역을 사용하였는데, 이 성경은 여호와를 주(퀴리오스, κύριος)로 항상 번역하였으므로 주는 여호와 하나님을 가리킨다.

사도 바울은 부활한 예수님이 500여 형제에게 일시에 보이셨으며 그 중에 반 이상은 아직도 살아있다고 말했다(고전 15:6). 고린도전서는 예수님의 부활 후 25년 내에 쓰인 것이 확실하다. 바울은 그 당시 증인의 반 이상이 살아 있다고 말했다. 바울은 예수님을 믿기 전에는 교회를 핍박하고 대적했으므로 그의 사도직에 많은 사람들이 의문을 가졌고 그는 항상 그의 사도직을 변호해야 했다. 만약에 바울이 증인의 다수가 아직 살아 있다는 말을 잘못 말했다면 그의 사도직은 엄청난 공격을 받았을 것이고 그의 신뢰성은 땅에 떨어졌을 것이다.

예수님의 부활의 가장 결정적인 증거는 예수님의 죽음 후에 제자들이 완전히 변화된 사실에 있다. 예수님이 체포되셨을 때 제자들은 다 그를 버리고 자신들의 목숨을 위해 도주했다. 예수님의 부활을 보았다는 여러 증인들이 나왔어도 그들은 믿지 않았다. 그들이 유대인들이 무서워 밤에 문을 잠그고 모였을 때 예수님이 나타나 자신의 부활을 그들이 믿지 않음을 꾸짖으셨다. 마가복음은 이 사실을 생생하게 보고하고 있다.

"그 후에 열한 제자가 음식 먹을 때에 예수께서 그들에게 나타나사 그들의 믿음 없는 것과 마음이 완악한 것을 꾸짖으시니 이는 자기가 살아난 것을 본 자들의 말을 믿지 아니함일러라"(막 16:14).

예수님은 못박혔던 자신의 손과 발과 창에 찔렸던 옆구리를 제자들에게 보여주셨다. 그는 구운 생선 한 토막도 잡수셨다. 그는 그들의 영안을 열어서 성경이 그에 대해 말한 것을 깨닫게 해주셨다.

"또 이르시되 이같이 그리스도가 고난을 받고 제삼일에 죽은 자 가운데서 살아날 것과 또 그의 이름으로 죄 사함을 받게 하는 회개가 예루살렘에서 시작하여 모든 족속에게 전파될 것이 기록되었으니 너희는 이 모든 일의 증인이라 볼지어다 내가 내 아버지께서 약속하신 것을 너희에게 보내리니 너희는 위로부터 능력으로 입혀질 때까지 이 성에 머물라 하시니라"(눅 24:46-49).

제자들은 서서히 예수님이 돌아가시기 전부터 미리 말씀하신 그의 부활을 믿기 시작했다.

예수님이 하늘로 승천하시는 것을 본 후 제자들은 다락방에 모여 예수님이 약속하신 성령을 기다리며 합심하여 기도하였다. 열흘 후에 성령이 그들에게 임하셨고 그들은 새로운 능력을 받아 예수님의 부활을 증거하기 시작하였다. 유대인들과 로마 정부로부터 엄청난 핍박이 있었지만 제자들은 예루살렘과 온 유대와 사마리아와 땅끝까지 가서 예수님의 부활을 성공적으로 증거하였다.

예수님의 부활을 증거하기 위해 열한 명의 제자 중 열 명은 순교 당했다. 요한만 순교당하지 않았다. 교회에 전해 내려오는 이야기에 의하면 사도 요한은 끓는 물에 담겨졌지만 하나님이 그를 살려주셨다. 그는 나이가 많을 때 밧모 섬으로 유배되어 요한계시록을 집필하였다.

예수님을 모른다고 세 번이나 부인했던 베드로는 수천 명의 관중 앞에서 예수님의 부활의 메시지를 외쳤다. 삼천 명이나 그의 메시지를 듣고 세례를 받아 예루살렘 교회의 회원이 되었다. 베드로는 유대인 종교 지도자들에 의해 위협받고 감옥에 갇히기도 하였지만 초대교회의 부흥운동을 선두에 서서 이끌었다. 후에 기록된 것에 의하면 베드로는 십자가에 거꾸로 달려 순교했다고 한다. 그는 예수님처럼 십자가에 바로 달릴 자격이 없다고 말했다고 한다. 충동적이고 바람 앞의 갈대처럼 흔들리던 시몬은 바위 같은 베드로로 변화되었다.

도마는 언제든지 솔직하고 배후를 캐어 묻는 질문을 던지곤 하였다. 열 제자들이 부활하신 예수님을 보았다고 했지만 도마는 그들의 증언을 부인하고 자신이 직접 못박히셨던 예수님의 손과, 창에 찔렸던 옆구리에 손가락을 넣어 확인해야만 믿겠다고 주장하였다. 그런데 예수님은 도마의 믿음을 도와주시려고 직접 나타나 부활한 자신을 검증하라고 하셨다.

"네 손가락을 이리 내밀어 내 손을 보고 네 손을 내밀어 내 옆구리에 넣어 보라 그리하여 믿음 없는 자가 되지 말고 믿는 자가 되라"(요 20:27).

예수님의 상처를 확인한 도마는 예수님이 주님이고 하나님인 것을 고백하였다. 도마는 부활하신 예수님을 증거하려고 남인도까지 갔다. 그는 결국 피부가 벗겨져 순교하였다. 의심 많은 도마도 완전히 변화되어 신념으로 무장된 헌신하는 사역자가 되었다.

예수님의 제자들이 부활의 메시지를 그 당시 알려진 전 세계에 선했으므로 우리는 이 사람들의 동기에 대해 진지하게 생각해 보지 않을 수 없다. 그들이 예수님의 죽음과 부활을 전파하기 위해 온전히 헌신하였지만 그 누구도 그들에게 대가를 지불하겠다는 약속은 하지 않았다. 그들은 오히려 자기 나라 사람들과 역사적으로 가장 강한 로마 사람들에게서 엄청난 핍박을 받았고 일부는 감옥에 갇혔으며 대부분은 순교까지 하였다. 무엇이 그들로 하여금 십자가에 처형당한 이름 없는 목수의 부활이라는, 상상할 수 없는 메시지를 온 세상에 전파하게 하였을까? **그 제자들이 자신들의 눈으로 부활한 예수님을 직접 보았다는 것 이외에 어떠한 이유도 제자들의 완전한 변화를 설명할 수 없다.** 거짓된 조작으로 만들어진 종파들은 몇 세대를 지나지 않아 없어져 버린다. 왜냐하면 거짓은 서서히 드러나게 되어 있기 때문이다. 그러나 예수님의 부활의 메시지는 온 세상에 전파되었고 지난 2,000년 동안 세계 역사와 그를 믿은 사람들을 완전히 바꾸어 놓았다.

제12장
다른 종교의 창시자들

기독교 외에도 세상에는 오래되고 규모가 큰 세계적인 종교들이 많다. 특히 잘 알려진 종교로는 힌두교, 불교, 유교, 이슬람교, 유대교 등이 있다. 이 종교들의 주장은 제각기 크게 차이가 있어 어느 주장이 가장 수긍이 가는지를 결정하는 것은 쉽지 않다. 대다수의 사람들은 이 모든 종교들의 주장이 다 일리가 있다고 믿고 있다. 우리는 다원화 시대에 살고 있다.

그러나 얼핏 보아도 예수님과 다른 종교의 창시자들 사이에는 큰 차이가 나타난다. 다른 종교의 창시자들 가운데 그 누구도 자신이 하늘에서 왔다거나 죽었다가 부활하였다고 주장하지는 않았다. 아무도 자신이 영존자라고 말하지도 않았다. 예수님만 혼자서 자신이 하나님의 아들, 즉 하나님이라고 주장하셨다.

유교는 시금 현재의 삶에서 바르게 사는 것을 강조하지만 내세에 대해서는 관심이 없다. 한번은 누군가가 유교의 창시자인 공자에게 내세에 대해 질문을 했다고 한다. 현명한 공자는 지혜롭게 대답하였다. "내가 내일 일어날 일도 알려줄 수 없는데 어떻게 내세의 일을 말해줄 수 있겠는가?" 과학자들은 지금도 지진이 언제 올 지

예측해 보려고 연구를 계속하고 있다. 아무도 내가 언제 차 사고를 당할지 예측할 수 없다. 그 시간을 예측할 수 있다면 그 시간에 차를 타지 않을 것이고 사고도 일어나지 않을 테지만 예측은 불가능하다.

종교 창시자들의 공통된 특징의 하나는 아무도 미래에 일어날 사건을 구체적으로 예언하지 못했다는 점이다. 그러나 예수님은 곧 다가올 예루살렘과 성전의 파괴(마 24:1-3, 15-22), 복음의 땅 끝까지의 전파(마 24:4), 예수님의 재림 전에 예루살렘의 회복과 유대인의 가나안(팔레스타인) 지역으로의 복귀(눅 21:24) 등의 중요한 역사적 사건들을 예언하셨다.

앞에서 말했듯이 힌두교는 산의 정상에 오르는 길이 여러 개가 있다고 주장한다. 내가 산 밑에서 산 위를 보고 있다면 힌두교의 주장에도 일리가 있어 보인다. 이 경우에 나의 시야는 매우 좁아서 어느 길로 올라가야 제대로 정상으로 가는지를 알 수가 없다. 그러나 내가 산 위 하늘에서 내려다보고 있다면 이야기는 완전히 달라진다. 세상을 만든 창조주도 서로간에 모순되고 서로간에 소통이 안되는 온갖 주장들을 모두 수용하려고는 하지 않을 것이다. 이 문제에 대한 한 예를 다음에 제시한다.

유대교와 기독교를 제외한 대부분의 종교들은 다른 종교에 대해 비교적으로 관용적 태도를 취한다. 요사이는 관용이 미덕으로 칭송을 받지만 진리를 희생하면서까지 관용을 추구하는 것은 옳지 않다. 이슬람교의 창시자인 마호메트는 아담, 노아, 아브라함, 모세, 세례 요한, 예수 등 성경에 나오는 많은 인물들을 하나님의 예언자라고 《코란》에서 말했다. 그러나 예수님은 자신만이 하나님께로 가는 유일한 길이고 다른 길은 없다고 말씀하셨다. 예수님은 자신만이 유일한 길이라고 하며 마호메트의 주장에 반대되는 말을 했으므로 마호메트와 예수는 동시에 옳을 수는 없다. 마호메트에 의하면 예수도 '참 예언자' 이므로 예수는 거짓 예언자가 아니다. 그러나 '참 예언자' 인 예수가 자기만이 진리라고 했으므로 알라신을 가르친 마호메트는 거짓 예언자다. 만일 예수가 거짓 예언자면 그를 참 예언자라고 한 마호메트는 또다시 거짓 예언자가 된다. 이와 같이 다른 종교 간의 다른 주장들은 온갖 모순을 일으키고 관용이라는 이름으로 덮어 버릴 수 없는 원초적인 문제들을 일으킨다.

기독교는 다른 종교들과 여러 면에서 근본적으로 다르다. 가장 근본적인 질문 중의 하나는 '사람의 운명을 누가 결정하는가' 라는 질문이다. 기독교를 제외한 다른 종교들, 즉 힌두교, 불교, 유교, 이슬람교, 유대교 등은 인간이 스스로 자신의 영원한 운명을 결정한다고 주장한다. 힌두교도와 불교도는 영혼의 윤회를 믿는다. 다음 세계에서 태어날 때의 신분은 지금 세계에서의 삶의 공과에 달려 있다고 믿는다. 내가 다음 세계에서 신으로 승진하거나 동물이나 벌레로 강등되는 것은 전적으로 나의 노력에 달렸다는 것이다.

내 이웃에 사는 한 여인은 자기가 전생에서 새 둥지에서 알을 훔쳤기 때문에 자기 자녀들이 차 사고로 죽었다고 주장하였다. 불교는 진리를 깨달아 열반(극락에 들어감)하는 것을 강조한다. 그러기 위해 평생을 벽을 대하고 앉아 명상을 하며 수양한다. 오랜 명상을 통해 온 세상이 하나의 환상(헛된 것)임을 깨닫기를 원한다. 그러한 깨달음을 얻으면 모든 열정과 욕망에서 자유함을 누리게 되며 자신의 마음속에 있는 부처의 마음(불심)만이 참인 것을 깨닫게 된다는 것이다. 고난을 포함한 모든 것도 환상임을 깨달아 모든 고난도 극복하게 되며 이러한 진리를 깨달으면 살아 있는 부처(생불)가 된다고 주장한다.

이슬람교도는 사람이 죽으면 자신이 평생에 행한 선행과 악을 측량하는 저울 위에 선다고 한다. 모든 선행이 모든 악보다 더 많으면 그 사람은 낙원으로 가게 된다. 그 반대의 경우에는 지옥에 가서 벌을 받게 된다. 이슬람교는 하나님이 모든 것을 예정했다고 가르치지만 인간은 자신의 자유의지로 자신의 행동을 선택할 수 있다는 모순적인 교리를 주장한다. 그러므로 각 사람은 자신의 운명을 결정하게 된다.

유대교인은 자신의 의로운 행위로 하나님의 복을 받게 된다고 믿는다. 그들은 수많은 법과 장로의 유전을 만들어 자신이 법을 세밀하게 지키고 있음을 과시하려고 노력한다. 신약성경은 이것을 '율법의 의'라고 불러 '은혜로 받는 의'와 대조해서 설명한다. 은혜의 의는 메시아의 의를 나에게 주어진 하나님의 선물로, 즉 믿음으로 받을 수 있다.

성경은 인간을 창조하신 절대자 하나님이 우리의 운명을 결정한다고 말한다. 하나님이 아브라함을 고향에서 불러내어 가나안으로 인도하신 후 하나님은 아브라함에게 주신 약속을 확실하게 하는 언약식을 거행하셨다. 하나님의 지시를 따라 아브라함은 동물들을 죽여 둘로 쪼갰다. 아브라함 시대에 언약식에 참여하는 자들은 자신들이 언약서를 반드시 지킨다는 것을 보여주려고 두 사람이 같이 동물들의 시체 사이를 걸어갔다고 한다. 그 언약식에는 언약을 위반한 자는 쪼개어진 동물처럼 죽는다는 의미가 포함되어 있었다.

언약식을 거행하기 위해 하나님을 기다리던 아브라함은 깊은 잠에 들었다. 그때 연기 나는 풀무불과 횃불이 나타나 쪼갠 고기 사이로 아브라함의 참여 없이 지나갔다. 아브라함의 후손들은 언약의 조건을 지키는 데 완전히 실패했지만 하나님은 메시아를 보내시어 자신의 의무를 완수하셨음을 이 언약식이 미리 보여주었다. 창세기 12장 1-3절의 복의 언약을 성취하기 위해서 메시아는 자신의 몸을 희생의 제물로 바쳤다. 메시아는 다시 와서 약속된 하나님의 나라를 다스릴 것이다.

하나님이 자신의 이름을 "나는 스스로 있는 자"로 계시한 것은 자기 자신 외에는 자신을 설명할 말이 없는 절대자임을 의미한다. 모세는 이스라엘 민족을 애굽에서 하나님을 처음 만난 시내 산으로 다시 인도하였다. 하나님은 그들과 언약을 맺으시고 하나님의 백성으로서 살아갈 기준으로 십계명을 주셨다. 그러나 이스라엘은 곧 금송아지를 신상으로 만들어 하나님과의 언약을 깨뜨렸다.

모세는 이스라엘의 용서를 위해 중보 기도를 하면서 하나님의 모습을 보여 달라고 간청하였다. 모세는 이스라엘 민족을 광야에서 이끌면서 좀더 확실한 하나님의 임재를 체험하기 원했던 것 같다. 하나님은 그들과 동행하시겠다는 약속을 확실히 하기 위해 자신의 이름을 선포하셨다.

"내가 내 모든 선한 것을 네 앞으로 지나가게 하고 여호와의 이름을 네 앞에 선포하리라 나는 은혜 베풀고 자에게 은혜를 베풀고 긍휼히 여길 자에게 긍휼을 베푸느니라"(출 33:19).

이 말씀에서 하나님은 자신의 주권적 사역 방법을 묘사하셨다. 그는 자기 스스로 결정하지 자신 밖의 그 무엇도 그를 대신해서 결정하지 못한다고 말한다.[1] 성경에 묘사된 하나님은 절대 주권적인 분이다. 그가 어떤 사람이나 계획을 선택하실 때에 천사나 사람에게 상의하거나 의지하지 않는다. 이것을 '예정론'이라고 말한다.

예정론의 개념은 원래 성경에 나오지만 후에 성 어거스틴에 의해 다시 설명되었다. 인간들은 죄로 인하여 영이 죽었으므로 그들 스스로 하나님을 찾지도 않고 또한 찾을 능력도 없다. 그러므로 하나님께서 먼저 주도권을 가지고 인간과의 관계를 회복시켜야 한다. 하나님은 자격 없는 죄인들을 하나님 나라의 백성이 되도록 미리 정하시고, 부르시고, 구원하시고, 보호하시고, 인도하신다. 사도 바울은 하나님의 은혜를 다음과 같이 요약하였다.

"우리가 아직 죄인 되었을 때에 그리스도께서 우리를 위하여 죽으심으로 하나님께서 우리에 대한 자기의 사랑을 확증하셨느니라" (롬 5:8).

우리가 처음 구원의 복음을 들었을 때는 아무도 죄인에 대한 하나님의 사랑을 상상도 하지 못했다.

예정론은 하나님의 역할을 강조하고 인간의 역할을 줄여 버린다. 그러나 사람이 과연 하나님보다 인간의 운명을 더 잘 선택할 수 있을까? 불행하게도 사람은 지적 능력이나 육체적 힘에 있어서 매우 연약하다. 인간의 육신의 한계를 깨닫기 위해서는 큰 노력이 필요하지 않다. 집 근처에 있는 공동묘지에 가서 비석에 쓰여진 묘비명들을 조금만 읽어도 인생의 무상함을 금방 깨닫게 된다. 인간은 지적으로도 매우 유한하여 수천 년의 연구 후에도 인간이 어디서 와서 어디로 가는지, 무엇을 위해 살아야 하는지 등의 근본적인 질문에 당황해한다.

그러나 더 심각한 문제는 인간의 도덕적, 영적 유한성에 있다. 아무도 죄의 능력을 극복할 수 없다. 아무도 자기 자신을 항상 완전하게 조절할 수 없다. 성경은 온 인류의 대표로 창조된 아담이 완전한 환경에서도 사탄의 유혹에 넘어가 죄의 종이 되었다고 말한다(롬 5:12). 타락한 천사장인 사탄은 사람보다 훨씬 더 영리하고 힘이 세다. 베드로 사도는 우리에게 경고하였다.

"근신하라 깨어라 너희 대적 마귀가 우는 사자 같이 두루 다니며 삼킬 자를 찾나니"(벧전 5:8).

《함무라비 법전》은 도둑질, 강도질, 살인, 강간 등을 범죄 행위로 나열하고 있다. 이러한 범죄 행위들은 4,000년 전이나 지금이나 인간의 성품이 변하지 않았음을 증거하고 있다. 신문이나 TV에는 매일같이 전쟁, 살인, 갱 폭력, 강도, 부정, 횡령, 사기 등의 죄악들이 크게 보고된다. 종교, 철학, 교육, 법, 과학, 윤리 등은 인간을 도덕적으로 완전하게 되도록 변화시키지 못한다. 우리는 모두 솔직하게 우리가 죄의 능력을 이길 수 없는 탕자와 탕녀임을 고백하고 하나님의 도우심을 구해야 한다.

예수님은 자주 사회에서 버림받은 자들과 어울리셨다. 바리새인들은 그를 '세리들과 죄인들의 친구'라고 비난했다. 예수님은 그들에게 반박하셨다.

"건강한 사에게는 의사가 쓸 데 없고 병든 자에게라야 쓸 데 있나니 내가 의인을 부르러 온 것이 아니요 죄인을 불러 회개시키러 왔노라"(눅 5:31-32).

예수님은 바리새인들이 괜찮다라고 말한 것은 아니다. 바리새인들도 세리들과 마찬가지로 영적으로 병들어 있었다. 그러나 세리

중의 일부만 와서 자기들이 죄의 능력의 종이 되었음을 자백하고 예수님의 도우심을 요청하였다. 만약에 정신병자가 자신에게 있는 문제를 인정하지 않고 의사의 도움을 거절한다면 유능한 정신과 의사도 그 환자를 도와줄 수 없다.

계몽주의 시대(17-18세기 유럽의 이성에 근거한 합리주의 운동) 때에 과학과 지식의 엄청난 발전이 있었다. 인간은 자신들의 능력을 과신하기 시작했다. 지구는 우주의 한구석에 존재하는 작은 점과 같으며, 인생은 끊임없는 내적 갈등에 시달리다 마지막 숨을 내쉬는 허무한 존재라는 것을 잊어버렸다. 인간이 달까지 갔다고 해서 다른 별이나 소우주까지도 갈 수 있는 것은 아니다. 지구에서 가장 가까운 태양 같이 빛을 내는 별까지(알파 세츄리온) 가려면 초음속의 속도로 달려도 300만 년이나 걸린다. 우주 전체에 있는 태양 같은 별의 수는 100억×조×조=10^{34}개가 된다. 이 숫자는 바다에 깔린 모래 수보다 더 많다.

과학자들은 모든 물질이 원자로 구성되어 있고 원자는 쿼크(quark)와 렙톤(lepton)이라는 소립자들로 되어 있음을 알아내었다. 과학자들은 쿼크와 다른 쿼크를 분리시켰는데 이를 위해 브룩헤이븐 국립연구소에 있는 입자가속기인 상대론적 중이온 입자 충돌기(Relativistic Heavy Ion Collider)를 사용하였다. 과학자들은 금의 원자핵을 가속하여 태양 내부보다 10만 배 더 뜨거운 섭씨 이조도(2×10^{12} ℃)로 양성자에 충돌시켜 쿼크를 서로 분리시켰다. 이것은 쿼크들이 엄청난 힘으로 모여 원자핵을 이루고 있다는 말이다. 우주에는 아직도 우리가 상상하기 힘든 수많은 현상들이 일어나고 있다.

불교도는 사람이, 세상이 환상이라는 것을 깨닫기만 하면 모든 문제를 극복할 수 있다고 주장한다. 그러나 간단한 생각 하나를 바꾸어 모든 문제가 해결될 만큼 우주가 그렇게 간단한 것 같지 않다. 인간이 아무리 환생을 되풀이해도 10^{84}개나 되는 별 세계를 통제할 수 있을 것 같지도 않다. 성경은 우주의 창조자 하나님의 도우심을 받아야만 인간의 죄 문제도, 죽음의 문제도, 영생의 문제도 근본적으로 해결될 수 있다고 말한다. 인간의 능력과 우주의 신비에는 무한한 거리가 있으므로 무한자에게 인간의 운명을 맡기는 것이 더 합리적인 것 같다.

인간의 근원적인 문제들은 죽은 사람이 살아나는 것처럼 인간의 유한성을 극복한 기적을 보기 전에는 해결되었다고 믿기 어렵다. 공자나 석가나 마호메트(승천 주장도 있다)나 다른 종교 창시자들의 무덤이 지금 있다는 것은 비밀이 아니다. 공자의 무덤은 산동성의 취푸 시에 있다. 이 무덤에는 매일 수많은 사람들이 방문하여 그를 신처럼 숭배하고 있다.

인간은 인간의 영혼과 육신을 직접 만드신 분, 그리고 인간의 운명을 결정하실 수 있는 분의 도움을 받아야 한다. 우리와 마찬가지로 죽음의 운명을 피할 수 없는 종교 창시자들의 주먹구구식 이론에 우리의 영원한 운명을 맡길 수는 없다. 나사로가 죽었을 때 예수님은 그의 집을 방문하셨다. 그는 마르다에게 무덤의 입구를 막은 돌을 치우라고 말했다. 그리고 그는 죽은 자를 불러내셨다.

"큰소리로 나사로야 나오라 부르시니 죽은 자가 수족을 베로 동인 채로 나오는데 그 얼굴은 수건에 싸였더라 예수께서 이르시되 풀어 놓아 다니게 하라 하시니라"(요 11:43-44).

이와 같이 예수님과 다른 종교 창시자들의 죽음에 대한 접근 방식에는 근본적인 차이가 있다.

성경은 예수님이 여러 명의 죽은 자들을 살리셨을 뿐 아니라 예수님 자신도 죽음에서 부활하셨음을 증언한다. 사도 바울도 예수님의 부활을 증언하였다.

"그리스도께서 다시 살아나신 일이 없으면 너희의 믿음도 헛되고 너희가 여전히 죄 가운데 있을 것이요 또한 그리스도 안에서 잠자는 자도 망하였으리니 만일 그리스도 안에서 우리가 바라는 것이 다만 이 세상의 삶 뿐이면 모든 사람 가운데 우리가 더욱 불쌍한 자이리라"(고전 15:17-19).

그리스도인들은 세례식과 성찬식의 두 성례식을 거행한다. 세례식은 새 성도가 그리스도의 죽음과 부활에 믿음으로 동참함을 선언하는 행사. 성찬식은 신도들의 죄의 용서를 위한 그리스도의 죽음과 그의 부활, 생명을 우리가 누리는 것을 기념하는 행사. 예수님의 부활이 없었다면 모든 신도들은 지난 2,000년 동안 거짓된 사실을 축하해 오고 있는 한심한 사람들이 된다.

성경의 하나님은 자신이 인류를 포함해 모든 것을 창조하셨다고 말한다. 또한 에베소서 1장 4절은 하나님이 세상 창조 이전에 누가 자신의 자녀가 될지도 예정하셨다고 말한다.

나의 딸은 두 살에 입양되었다. 나의 아내와 나는 입양 수속을 하는 데 일 년 반이 걸렸다. 우리는 엄청난 양의 서류와 돈을 들여 입양 수속을 마쳤다. 만약에 이 아이가 성장해 성인이 된 후에 자기 스스로 가족의 일원이 되는 것을 결정하는 법이 있다면 우리는 입양을 포기했을 것이다. 인생에는 인간이 미리 예측할 수 없는 너무나 많은 문제와 사건들이 일어나므로 이 아이가 앞으로 어떻게 될

지는 아무도 모른다. 그러므로 무한히 지혜로우시고 능력 있는 하나님이 나의 영원한 운명을 직접 결정하신다는 것은 우리에게는 놀라운 복이다.

나는 그리스도인이 되기 전에 신구약성경을 세 번 통독하고 성경대로 살아보려고 힘써 노력하였다. 그러나 내가 성경의 모든 법을 지키는 것은 전혀 불가능한 것을 깨달았다. 그러던 중 어느 분이 예수님이 이미 나의 모든 죄를 지고 십자가에서 죽어 나의 죄의 값을 지불하셨다고 말했다. 내가 그분을 나의 구세주로 믿기만 하면 모든 죄를 용서받는다는 것이었다. 내가 그 복음을 믿기로 작정했을 때 나는 내 마음에서 무거운 짐이 사라지는 것을 느꼈다. 나는 더 이상 하나님에게 인정받기 위해 완벽하게 살지 않아도 되는 것을 깨달았다. 이제부터는 나를 양아들로 입양한 그분이 나의 구원을 위해 모든 준비를 해놓으신 것을 믿기만 하면 그분이 나의 삶을 책임져 주시는 것을 깨달았다.

예수님은 우리의 구원은 그의 손과 아버지 하나님의 손에 있다고 말씀하셨다.

"내가 그들에게 영생을 주노니 영원히 멸망하지 아니할 것이요 또 그들을 내 손에서 빼앗을 자가 없느니라 그들을 주신 내 아버지는 만물보다 크시매 아무도 아버지 손에서 빼앗을 수 없느니라"(요 10:28-29).

하나님 아버지와 예수님은 우리에게 선물로 준 영생을 영원토록 보존하겠다고 약속하셨다.

이슬람교의 창시자 마호메트는 자기가 마지막에 온 가장 위대한 예언자라고 주장하였다. 이슬람이라는 말의 뜻은 '하나님의 뜻에 복종한다'는 것이다. 하나님께 복종하는 사람을 이슬람교에서는 '무슬림'이라고 부른다. 마호메트가 40세가 되었을 때 그는 참 종교의 예언자가 되라고 하나님이 그를 선택하셨다고 느꼈다고 한다. 그는 천사로부터 하나님의 계시를 직접 받았다고 주장했다. 그는 이것을 《코란》이라는 책에 기술하였다. 코란은 114장(Suras)으로 되어 있다. 《코란》은 652년 이슬람의 정경으로 채택되었다. 이슬람교에서 하나님의 말씀으로서의 코란의 권위는 마호메트의 권위보다 더 위에 있다.

무슬림들은 하나님의 이름이 '알라'라고 주장한다. 마호메트가 이슬람교를 창시했을 때는 아랍 부락들 사이에 수백의 신들이 있었다. 달의 신이었던 알라가 그 중에 가장 높은 신이었다. 달의 신의 상징은 초승달이었는데 이슬람은 지금도 초승달을 그들의 종교의 상징으로 사용하고 있다.

마호메트는 아랍의 많은 신들 가운데 알라 신만 참 신이라고 주장하였다. 그러므로 이슬람교는 기독교의 하나님이나 예수님을 참 신으로 인정하지 않는다.

특히 무슬림은 기독교의 삼위일체론을 완전히 오해하였다. 성경이 예수님을 하나님의 아들이라고 말할 때는 예수님이 성부와 마리아의 부부관계를 통해 태어났다는 말이 아니다. 그 말은 예수님이 모든 특성이나 속성에서 성부와 같다는 말이다. 옛날 히브리어를 포함한 셈족 언어는 '누구의 아들'이라는 표현을 사용하여 속성이 같거나 동등한 존재임을 나타내었다.[2] 삼위일체(Trinity 즉 Three in Unity)라는 말은 남자와 여자가 연합하여 한 몸을 이루는 것처럼(창 2:24), 성부와 성자와 성령이 각각 다른 인격체이면서 하나의 속성과 성품을 가지셨다는 말이다. 예수님은 우리를 위해 속죄 제물이 되시기 위해 잠시 마리아의 몸을 빌려 인간으로 태어나셨지만 그분은 영원 전부터 성부와 같은 본성을 지니고 계셨다. 그러므로 예수님은 영원부터 성자이시지 마리아에 의해 성자가 된 것이 아니다.

《코란》에는 수많은 문제성 문구가 있다.[3] Suras 19장 28절에 보면 예수님의 어머니인 마리아가 모세의 누님이라고 나온다. 성경에 의하면 이 두 사람이 산 시대는 1,400년 이상 시간의 거리가 있다. 마리아는 헬라어로 '마리암'으로 표기된다. 모세의 누님의 이름이 미리암이므로 마리암과 발음이 비슷하여 마호메트가 두 사람을 혼동한 것 같다. 이 두 사람이 같은 사람이거나 같은 시대에 살았다고 생각하는 기독교 학자는 아직까지 한 사람도 없다.

《코란》에 기록된 말 중에 서로 간에 모순이 되는 표현들이 상당수 있다. Suras 19장 34-35절에 보면 예수님이 처녀 마리아에게서 태어나 죽었다가 부활했다고 말한다. 이 말만 보면 《코란》이 예수님의 동정녀 탄생과 죽음과 부활을 인정하는 것처럼 보인다. 그러나 Suras 4장 156-158절에서는 예수님의 죽음을 부인하고 있다. 코란은 유대인들이 메시아인 예수를 죽이려고 했으나 알라신은 그를 자신에게로 데리고 갔다고 말한다. Suras 3장 40절에서는 마리아의 아들 예수는 이 세상에서 지극히 존경받고 내세에서는 하나님 가까이 거하는 메시아라고 말한다. 그러나 Suras 5장 78-79절은 마리아의 아들 메시아는 전령에 불과하지 세 번째 하나님이 아니라고 말한다. 기독교는 성자를 두 번째 하나님으로 부르지만 코란은 세 번째 하나님과 연관해서 말한다.

그렇지만 구약성경에 나오는 메시아는 전령이 아니고 하나님 자신이시다. 이사야는 메시아를 능하신 하나님, 영존하시는 분, 평강의 왕이라고 부른다(사 9:6). 이사야는 메시아가 영존자이고 따라서 하나님이라고 분명히 말하고 있다. 마호메트가 메시아가 누구인지를 제대로 알고서 예수님을 메시아라고 믿었다면 그는 예수님을 하나님으로 경배했어야 했다.

성경은 하나님이 우주를 창조하셨을 때 시간도 창조하셨다고 말한다.

"태초에 하나님이 천지를 창조하시니라"(창 1:1).

태초라는 말은 시간이 영원하지 않으며 시간이 처음 시작된 때라는 뜻이다. 힌두교는 우주와 시간이 영원하므로 우주가 신이라고 가르치지만 창세기 1장 1절은 시간과 공간을 포함한 우주의 시작이 있었고 그러므로 우주는 영원하지 않다고 말한다.

아인슈타인의 일반 상대성 이론에서 펜로즈(Roger Penrose)와 학킹(Stephen Hawking)은 우주가 특이점(singular point)에서 출발한 것을 증명하였다(Singularity Theorem). 우주는 이 점에서 시간과 공간과 같이 처음 시작하였다. 모든 알려진 물리학의 법칙은 대폭발 후부터 10^{-43}초 이전에는 팽창 대폭발을 했으므로 적용되지 않는다. 그렇지만 기독교 과학자들은 창세기 1장 1절과 현대 물리학이 말하는 우주의 기원이 놀랍게 일치하는 것을 인정한다. 우주배경복사 탐사위성 코브(COBE)와 더블유맵(WMAP)이 시행한 우주 관측은 우주가 특이점에서 폭발하여 시작하여 지금까지 팽창한 것을 확인하였다.

힌두교는 우주가 영원토록 팽창과 수축을 반복하므로 우주는 신이라고(영원성) 주장한다. 힌두교의 경전은 이 팽창과 수축의 주기가 40억년이라고 주장한다. 현대과학은 힌두교의 주장이 틀린 것을 증명하였다. 우주는 시작이 있었을 뿐이고 수축은 하지 않는다. 우주가 수축하려면 중력의 끌어당기는 힘 때문에 우주의 팽창 비율(expansion rate)이 점점 줄어들어야 한다. 그러나 초신성(supernova) 1A를 거리와 시간의 기준으로 측정한 결과에 의하면 우주의 팽창 비율은 점점 빨라지고 있다고 한다. 즉 우주는 영원히 수축하지 않는다. 그 이유는 암흑 에너지(dark energy)가 중력보다 강한 것으로 학자들은 추측하고 있다.

지금의 우주가 계속해서 팽창만 하면 우주는 모든 것이 얼어붙어 죽음의 장소가 될 것이다. 그러나 성경은 하나님이 마지막 때에 지금의 우주를 새 하늘과 새 땅으로 대치한다고 말한다(벧후 3:10-13).

마호메트는 유대인들의 마을에서 성장하였으므로 그는 유대교의 영향을 많이 받았을 것이다. 《코란》에 나오는 많은 이야기는 성경의 이야기와 매우 유사하다. 유대교와 이슬람교는 율법적인 종교다. 하나님이 용서의 하나님으로 묘사되고 있지만 하나님의 법을 어긴 자는 예외 없이 법에 정해진 벌을 받아야 한다. 어느 서양에서 온 방문객이 실수로 이슬람에 속한 소년을 차로 치어 죽였다고 한다. 그 방문객은 법정에 불려갔다. 그는 자신의 과실을 인정하고 벌을 받겠다고 말했다. 그러나 원고인 죽은 소년의 아버지는 서양인의 아들을 처형하는 것이 공평한 법의 집행이라고 주장했다고 한다.

위의 이야기가 사실인지는 알 수 없지만 '눈에는 눈'의 보복 정신이 이 사회에 풍미하고 있는 것은 사실이다. 이미 나치가 제2차 세계대전 때 600만 명의 유대인들을 독가스로 처형했지만 이란의 대통령이 공식적으로 이스라엘을 지상에서 없애버리겠다고 발표한 것도 이러한 보복 정신에 기초한 것이다. 예수님은 우리에게 더 높은 차원에서 살도록 가르치셨다.

"또 눈은 눈으로, 이는 이로 갚으라 하였다는 것을 너희가 들었으나 나는 너희에게 이르노니 악한 자를 대적하지 말라 누구든지 네 오른편 뺨을 치거든 왼편도 돌려 대며"(마 5:38-39).

1962년에 단과 캐럴 리처드슨(Don and Carol Richardson)이 뉴기니아의 사위 족에게 복음을 전하러 갔다.[4] 그들이 도착한 곳에는 세 부락들이 오랫동안 서로 싸우고 있었다. 야만인들은 이전에 당한 피해에 대해 복수하기 위해 옆의 부락을 향한 야습을 반복하였다. 복수는 또 새로운 복수의 반격을 유도하였고 이 악순환은 계속하여 이어졌다. 리처드슨 가족은 자신들의 안전을 위해 이 마을을 떠나려고 하였다.

어느 날 사위 족들이 모여 서로 간에 화해하기로 단합하였다.. 축제 중에 반목하는 부족끼리 어린아이들을 교환하였다. 리처드슨은 한 사람이 적의 진영으로 달려가 화평을 위해 자신의 아들을 주는 것을 보았다. 리처드슨은 자기의 적에게 자기의 아들을 주는 사람은 정말 신뢰될 수 있는 사람이라는 것을 깨달았다. 이들은 적에게 준 아들을 '화평의 아이'(Peace Child)라고 불렀다. 리처드슨은 사위 족에게 하나님이 그들을 너무 사랑하기 때문에 자기의 아들을 '화평의 아이'로 보내 주셨다고 설명하였다. 그들은 하나님이 그리스도를 희생해서 자신들을 구원하려고 하신 것을 깨닫고 그들 사이에도 용서와 하나님의 사랑을 실천하기 시작하였다.

힌두교의 성서는 베가라고 한다. 베가의 중요한 가르침을 모은 책을 《우파니샤드》라고 한다. 주전 900년경에 저작된 《우파니샤드》

는 우주적인 혼(브라만)과 개인의 혼(아트만)과 종교 행사를 위한 여러 가지 법칙들을 설명하였다. 우파니샤드 내의 여러 주장들이 서로 모순되는 경우가 자주 있는 것은 힌두교도들도 인정한다. 이들 중에 특별히 중요한 가르침은 혼의 윤회 사상이다. 이 가르침에 의하면 현재의 삶은 전생(前生)의 행위에 의해서 결정된다. 인과법칙, 즉 카르마가 다음 세상의 삶을 결정한다는 말이다. 힌두교는 명상과 요가의 수련을 통해 윤회의 업보를 피해 우주적인 혼에 흡수되어야 한다고 가르친다. 개인의 삶은 마치 바다 표면에 순간적으로 생겨난 물거품이고 이것이 다시 바다(우주적 혼) 속으로 사라지면 모든 윤회의 과정이 끝이 난다는 주장이다.

지난 3,000년 동안 힌두교는 모든 힌두교도들을 다섯 개의 계층으로 엄격하게 구분하였다. 낮은 하층에 태어난 사람은 신의 기준으로 결정된 자신의 운명을 수동적으로 받아들이고 살아야 했다. 그들의 유일한 희망은 다음 세상에서 더 높은 계층의 일원으로 태어나는 것뿐이다. 최하층인 접촉 금지 천민(untouchables)들은 가장 더럽고 비인간적인 노동을 해야만 한다. 최상층인 브라만들은 수백 세대를 이어가면서 모든 특혜를 누려왔다. 하층의 사람들은 인종차별제도와 다르지 않은 사회 구조를 그들의 운명으로 여기며 불평 없이 살고 있다.

부처로 알려진 싯다르타 과타마는 불교를 주전 6세기경에 만들었다. 그는 인도에 살던 통치자 중 한 사람의 아들로 태어났다. 싯다르타는 사람들이 겪는 여러 가지 고통을 보고 인간의 문제를 해결하기 위해 아내와 자식을 버리고 집을 떠나 나섰다. 그는 모든 문제의 근원은 인간의 마음에 있는 강한 욕망인 것을 깨달았다. 그는 모든 인간의 고통을 극복하기 위해 인간의 마음을 다스리는 방법을 찾기 시작했다.

마음에서 욕망을 제거하기 위해서 그는 세상에 보이는 모든 것이 사막에서 신기루를 보듯이 환상에 불과하다고 선언하였다. 세상의 모든 것이 공허하다는 것을 깨달으면 욕망과 고통에서도 놓여나게 된다고 부처는 가르쳤다. 모든 욕망에서 순화된 사람은 열반(Nirvana)에 들어갔다고 말하며, 그러한 사람을 생불(生佛)이라고 부른다. 싯다르타의 가르침을 모은 경전에는 내세나 하나님에 대해서는 한마디도 없다. 싯다르타의 가르침에만 기초한 종파를 소승(小乘) 즉 히나야나(Hinayana)라고 부른다.

불교가 중국의 당나라에 전파되었을 때 기독교의 한 분파인 네스토리안들도 중국의 귀족들을 중심으로 복음을 전파하였다. 중국의 수많은 사람들을 선교하기 위해 고민하던 불교의 고승들은 네스토리안의 가르침을 도입하기 시작했다. 그들은 죽음 후의 세상을 설명하기 위해 극락과 지옥의 개념을 불교에 도입하였다. 그들은 또 보살을 새로 도입했는데, 보살은 깨달음을 얻었으나 중생을 구제하기 위해 극락에 가지 않고 세상에 머물러 있는 자들이다. 보살은 예수님의 성육신의 개념과 유사한 점이 많다. 이러한 종파를 대승(大乘) 즉 마하야나(Mahayana)라고 부른다. 이 종파는 대승, 즉 큰 수레에 많은 불교 신도들을 태우는 것을 목적으로 설립되었다. 그러나 불교는 인도에서는 힌두교에 밀렸고, 중국에서는 유교와 도교에 밀려 크게 발전하지 못하였다.

불교의 또 다른 종파는 아미타불 부처를 섬기는 정토 불교(Pure Land Buddhism)이다. 아미타불은 모든 추종자가 환생을 하여 극락에 들어가도록 살기로 맹세하고 실천하는 부처이다. 일반 신도들은 오랜 기간 참선의 훈련을 하지 못하므로 아미타불의 이름만 계속 불러도 극락에 들어갈 수 있다고 한다. 이것은 예수님을 구세주로 부르면 구원받는다는 기독교 교리와 매우 유사하다. 불교의 가르침에는 도덕적으로 뛰어난 면도 많이 있지만 그 가르침이 인간 세상에 얼마나 많은 영향을 끼쳤는가에는 회의적이 될 수밖에 없다.

이 책에서 여러 종교들의 세세한 면들까지 비교 고찰하는 것은 본래의 의도가 아니다. 그러나 서른세 살에 십자가에서 처형당한 사형수가 설립한 종교가 세계의 역사와 문화에 끼친 영향에는 누구든지 크게 놀라지 않을 수 없다. 그는 아무것도 소유하지 않았고 그가 십자가에 달렸을 때 군병들은 그의 속옷까지 빼앗았다. 그와 그의 추종자들은 정상인들이 믿을 수 없는 메시지인 "예수님은 하나님의 아들이고 죽었다가 부활하셨다"라고 전파하였다. 그들은 엄청난 핍박 가운데서 이 소식을 한 세대 동안에 온 세상에 전파하였다.

또 신기한 것은 인간 역사상 예수님에 대한 책이 그 누구에 대한 책보다 압도적으로 많다는 사실이다. 불과 3년 동안 사역하고 없어진 그 사람에 대해 말할 것이 그렇게 많은 이유는 무엇일까? 그 어느 종교 창시자보다 예수님을 따르는 사람들이 더 많은 이유는 무엇일까? 그의 삶과 가르침은 매우 높은 수준이었으므로 그가 사람 이상의 어떤 분일 가능성을 부인하기 힘들다. 아무런 정식 교육을 받지 못한 젊은 목수가 다른 모든 유대인들이 상상도 하지 못한 구약성경의 메시아에 대한 완전히 혁명적인 다른 개념을 소유하고 그 메시아의 삶을 산 것은 쉽게 설명할 수 없다. 예수님의 신성에 대한 주장을 뒷받침할 증거들은 성경이나 예수님의 추종자들의 간증을 통해 얼마든지 발견할 수 있다. 이 책은 성경에 나타난 중요한 증거들을 모아서 독자 여러분들의 판단에 도움이 되게 하기 위해서 출판되었다.

맺음말

사람의 귀는 음향의 주파수가 3,000 사이클에서 4,000 사이클 사이인 소리에 가장 민감하다고 한다. 아무도 10 사이클 이하나 3만 사이클 이상의 소리는 듣지 못한다. 반면에 박쥐는 8만 사이클, 돌고래는 12만 사이클의 소리도 듣는다고 한다. 돌고래는 사람이 들을 수 없는 높은 주파수의 소리로 서로 연락한다. 사람은 밤에만 하늘에 반짝이는 별들을 볼 수 있지만 낮에도 별들은 하늘에서 반짝이고 있다. 이렇게 사람은 자연에서 나오는 많은 신호들을 의식하지 못하고 있다.

시편 기자는 우주가 항상 하나님의 영광을 찬양하고 있다고 증언하였다.

"하늘이 하나님의 영광을 선포하고 궁창이 그의 손으로 하신 일을 나타내는도다 날은 날에게 말하고 밤은 밤에게 지식을 전하니 언어도 없고 말씀도 없으며 들리는 소리도 없으나 그의 소리가 온 땅에 통하고 그의 말씀이 세상 끝까지 이르도다 하나님이 해를 위하여 하늘에 장막을 베푸셨도다"(시 19:1-4).

나는 수년 전에 놀라운 꿈을 꾼 적이 있었다. 하늘의 별들이 합창을 하는데 강약에 따라 밝기가 강해졌다 약해졌다 하였다. 파도가 치는 것도 강약과 리듬에 맞추어 올라갔다 내려갔다 하였다. 절벽 위의 상록수들도 합창을 하는데 그 가지들이 모두 하늘을 향해 뻗어 있었다. 자연이 함께 합창을 하는 모습에 자연스럽게 하나님께 대한 경외감이 우러나왔다. 시편 기자는 메시아가 다시 올 때에 온 세상이 합창을 할 것을 예언하였다.

"하늘은 기뻐하고 땅은 즐거워하며 바다와 거기에 충만한 것이 외치고 밭과 그 가운데에 있는 모든 것은 즐거워할지로다 그 때 숲의 모든 나무들이 여호와 앞에서 즐거이 노래하리니 그가 임하시되 땅을 심판하러 임하실 것임이라"(시 96:11-13a).

메시아가 재림할 때에는 그가 임재하여 영광이 온 세상에 가득할 것이다.

최후의 만찬 후에 예수님은 제자들에게 당신이 떠나실 때가 임박했음을 말씀하셨다. 낙심한 제자들을 위로하려고 그는 장차 다시 돌아오실 것을 그들에게 약속하셨다. 도마는 예수님의 말에 어리둥절해져서 예수님이 어디로 가는지 자기들은 모른다고 말했다. 예수님은 제자들에게 자기가 하나님 아버지께로 돌아간다고 대답했다. 제자들은 예수님의 말을 이해하지 못했으므로 더 혼동이 되었다. 빌립이 문제의 핵심을 물었다. "주여 아버지를 우리에게 보여주옵소서 그리하면 족하겠나이다"(요 14:8). 오늘날에도 많은 사람들이 빌립과 같은 요구를 하고 있다.

예수님은 빌립에게 자신과 하나님 아버지와의 관계를 설명하셨다. **"나를 본 자는 아버지를 보았거늘 어찌하여 아버지를 보이라 하느냐 내가 아버지 안에 거하고 아버지는 내 안에 계신 것을 네가 믿**

지 아니하느냐 내가 너희에게 이르는 말은 스스로 하는 것이 아니라 아버지께서 내 안에 계셔서 그의 일을 하시는 것이라 내가 아버지 안에 거하고 아버지께서 내 안에 계심을 믿으라 그렇지 못하겠거든 행하는 그 일로 말미암아 나를 믿으라"(요 14:9b-11).

예수님은 자신이 하나님 아버지를 계시한다고 주장하셨다. 그는 하나님과 하나라고도 하셨다. 그가 하신 말은 그 안의 하나님이 그를 통하여 하신 말이고 그가 하신 일은 하나님이 그를 통하여 하신 일이다. 사도 요한도 예수님이 하나님의 계시라고 증언하였다.

"본래 하나님을 본 사람이 없으되 아버지 품 속에 있는 독생하신 하나님이(하나님을) 나타내셨느니라"(요 1:18).

십계명 중 제2계명은 하나님의 형상을 만드는 것을 금한다. 하나님의 완전한 형상은 하나님의 아들인 예수님만이 정확하게 계시할 수 있다.

한번은 변화산상에서 예수님이 하나님의 영광의 모습을 그 제자들에게 잠깐 보여주셨다. 베드로후서에서 사도 베드로는 자신이 변화산상에서 본 예수님의 영광스러운 모습을 회상하고 있다. 예수님의 모습이 베드로와 야고보와 요한 앞에서 변형되어 그의 얼굴이 해같이 빛나며 옷이 희어져 광채가 났다(마 17:2; 눅 9:29). 모세와 엘리야도 나타나 예수님과 대화하였다. 모세와 엘리야는 메시아를 예표하는 여호수아와 엘리사를 위해 준비 사역을 한 사람들이었다. 예수님은 구원 사역의 궁극적인 성취자가 되기 때문에 모세와 엘리야는 예수님의 마지막 사역을 보조하기 위해 다시 나타났다. 모세와 엘리야는 구약성경의 율법과 선지자를 대표하기 때문에 이들이 온 것은 예수님의 구약성경의 성취를 암시하는 의도도 있을 것이다.

제자들은 하늘에서 들려온 하나님의 음성도 들었다.

"구름 속에서 소리가 나서 이르시되 이는 내 사랑하는 아들이요 내 기뻐하는 자니 너희는 그의 말을 들으라"(마 17:5b).

하나님은 예수님이 성경의 예언들을 성취하는 책임자로서 수행할 그의 과업을 확증하였다. 예수님은 제자들에게 메시아 왕국에서 나타날 왕의 영광을 미리 보여주셨다. 사도 베드로는 이것이 교묘하게 만들어낸 이야기가 아니고 자신과 다른 두 제자는 예수님의 장엄한 영광의 모습을 직접 본 증인이라고 말한다(벧후 1:16-18).

사도 요한은 로마 황제 도미시안 때 밧모 섬으로 유배되어 하늘에 계신 예수님의 영광을 환상 가운데 보았다.

"몸을 돌이켜 나에게 말한 음성을 알아 보려고 돌이킬 때에 일곱 금 촛대를 보았는데 촛대 사이에 인자 같은 이가 발에 끌리는 옷을 입고 가슴에 금띠를 띠고 그의 머리와 털의 희기가 흰 양털 같고 눈 같으며 그의 눈은 불꽃 같고 그의 발은 풀무불에 단련한 빛난 주석 같고 그의 음성은 많은 물소리와 같으며 그의 오른손에 일곱 별이 있고 그의 입에서 좌우에 날선 검이 나오고 그 얼굴은 해가 힘있게 비치는 것 같더라"(계 1:12-16).

다니엘도 바벨론 왕 벨사살의 첫 해에 하나님의 모습을 꿈속에서 보았다. 다니엘이 본 하나님과 요한이 본 예수님은 매우 비슷하다.

"내가 보니 왕좌가 놓이고 옛적부터 항상 계신 이가 좌정하셨는데 그의 옷은 희기가 눈 같고 그의 머리털은 깨끗한 양의 털 같고 그의 보좌는 불꽃이요 그의 바퀴는 타오르는 불이며"(단 7:9).

하늘에 계신 예수님은 더 이상 낮은 종이 아니다. 그는 하나님 아버지와 같은 속성을 지니신 분임에 틀림없다.

영광의 하나님이 팔레스타인의 작은 마을에서 목수로 살다가 결국은 십자가에서 죄수로 처형당했다는 것은 매우 믿기 힘든 사실이다. 사도 바울은 전능하신 하나님이 어떻게 자신의 영광을 감추고 낮은 종의 몸으로 우리를 찾아왔는지를 설명하였다.

"그는 근본 하나님의 본체시나 하나님과 동등됨을 취할 것으로 여기지 아니하시고 오히려 자기를 비워 종의 형체를 가지사 사람들과 같이 되셨고 사람의 모양으로 나타나사 자기를 낮추시고 죽기까지 복종하셨으니 곧 십자가에 죽으심이라"(빌 2:6-8).

예수님이 사람으로 우리 가운데 오셨을 때 그는 하나님의 위엄과 영광으로 자신을 나타낼 권리를 포기하였다. 예수님은 죄인들을 종으로 섬기기 위해 자신의 신적 영광을 감출 수밖에 없었다. 그는 자신의 몸을 속죄 제물로 바치려고 온 것이지 왕으로 다스리려고 온 것이 아니었다.

사도 베드로는 그의 서신에서 또 다른 충고를 하고 있다. "또 우리에게 더 확실한 예언이 있어 어두운 데 비추는 등불과 같으니 날이 새어 샛별이 너희 마음에 떠오르기까지 너희가 이것을 주의하는 것이 옳으니라"(벧후 1:19). 변화산상에서의 예수님의 영광의 모습은 구약성경의 메시아 예언들이 성취될 것을 확실히 보여주어 성경의 예언들의 신뢰성을 증거한다. 그러므로 베드로는 메시아에 대한 예언의 말씀에 주의하라고 권면하였다. 예언의 말씀들은 새벽별이신 예수님을 가리키는 빛이다. 그 예언들은 예수님이 재림 때에 하나님의 영광으로 나타나실 것도 증거하고 있다.

주

■ 머리말

1) Barth, Karl. Church Dogmatics Ⅰ/1, The Doctrine of the Word of God, part 1, translated by G. W. Bromiley. Edinburg, U.K.: T & T Clark, 1975, p.241.

■ 제2장 메시아 예언의 성취자

1) Walvoord, John F, and Roy B. Zuck, eds. The Bible Knowledge Commentary, New Testament edition. Wheaton, Illinois:Division of Scripture Press Publications Inc., Victor Books, 1983, p.16.
2) Ibid., p.1364.

■ 제3장 메시아 출현의 예언들

1) Gaebelein, Frank E. The Expositor's Bible Commentary Volume 7. Grand Rapids, Michigan: Zondervan Corporation, 1985, pp.114-119.
2) Stedman, Ray C. What's This World Coming To? An Expository Study of Matthew 24-26, the Olivet Discourse. 3505 Middlefield Rd, Palo Alto, California:Discovery Publications, 1970.

■ 제4장 구약성경의 메시아 예표들

1) Walvoord, John F. The Bible Knowledge Commentary, New Testament edition. Wheaton, Illinois: Division of Scripture Press Publications Inc., Victor Books, 1983, p.330

2) Elwell, Walter A, ed, Prophecy in Evangelical Dictionary of Theology. Grand Rapids, Michigan: Baker Book House, 1984, p.886.

3) Ibid., p.793.

■ 제5장 메시아 예표의 성취자

1) Gundry, Robert H. Matthew, a Commentary on His Literary and Theological Art. Grand Rapids, Michigan:William B Eerdmans Publishing Company, 1982, p.244.

■ 제6장 구약성경의 계명의 성취자

1) Elwell, Walter A, ed, Evangelical Dictionary of Theology, p.624.

■ 제7장 예수님의 의와 바리새인의 의

1) Cason, D. A. The Sermon on the Mount. Grand Rapids, Michigan:Baker Book House, 1978, p.53.

2) Plummer, Alfred. An Exegetical Commentary on the Gospel According to S, Matthew, London:Robert Scott, 1915.

3) Walvoord, John F. The Bible Knowledge Commentary., p.490.

■ 제8장 문화를 초월한 예수님

1) Hiebert, Paul G, Anthropological Insights for Missionaries. Grand

Rapids, Michigan:Baker Book House, 1985, p.45.

■ 제10장 예수님의 신성에 대한 본인의 증언

1) Gaebelein, Frank E. The Expositor's Bible Commentary Volume 9., p.28.
2) Ibid., p.29.

■ 제11장 예수님 신성의 궁극적 증거인 부활

1) Lewis, C.S. Mere Christianity. New York, New York:Simon & Schuster, Inc., 1952.
2) McDowell, Josh and Compiled by Bill Wilson. A Ready Defense, San Bernadino, CA:Here's Life Publishers, Inc., 1990, p.228.

■ 제12장 다른 종교의 창시자들

1) Piper, John. www. desiringgod. org/Resource Library/Sermons, quote from "I Will be Gracious to whom I Will be Gracious", Sermon on September 23, 1985.
2) Jackson, Mark. www. sermon central. com, quote from "Taking the Mystery out of Muslims", p.8
3) Arberry, Arthur J, Translator of the KORAN Interpreted. New York, New York:Macmillan Publishing CO, Inc., 1955. 모든 KORAN의 인용은 이 책에서 했음.
4) Richardson. Don, Peace Child, Glendale, CA:Regal Books Division, G/I Publications, 1974.

| 판 권 |
| 소 유 |

예수님은 하나님이신가?

2013년 4월 05일 인쇄
2013년 4월 10일 발행

지은이 | 김경준
발행인 | 이형규
발행처 | 쿰란출판사

주소 | 서울 종로구 이화동 184-3
TEL | 02-745-1007, 745-1301~2, 747-1212, 743-1300
영업부 | 02-747-1004, FAX / 02-745-8490
본사평생전화번호 | 0502-756-1004
홈페이지 | http://www.qumran.co.kr
E-mail | qrbooks@gmail.com
　　　　　qrbooks@daum.net
한글인터넷주소 | 쿰란, 쿰란출판사

등록 | 제1-670호(1988.2.27)

책임교열 | 심윤이 · 최잔미

값 12,000원

ISBN 978-89-6562-436-3 93230

* 이 출판물은 저작권법에 의해 보호를 받는 저작물이므로 무단 복제할 수 없습니다.
  잘못된 책은 교환해 드립니다.